Romanik in Altbayern

Richard Strobel/Markus Weis

Romanik in Altbayern

zodiaque – echter

Titelbild des Schutzumschlages: *Allerheiligenkapelle im Domkreuzgang zu Regensburg.*
Umschlag Rückseite: *Wandmalerei in der Krypta von St. Mang in Füssen.*

Dank

Die kontrastreichen Schwarzweißaufnahmen dieses Kunstbildbandes erlangen ihre Brillanz erst durch die Anwendung des heute selten gewordenen Druckverfahrens der Heliogravüre (Kupfertiefdruck). Diese Technik ermöglicht die volle Ausspielung der Schwarzweißnuancen in der Fülle des Lichtes wie in der Tiefe des Schattens.
Trotz des relativ hohen Kostenaufwandes, der mit diesem hochwertigen Verfahren verbunden ist, hat der Kupfertiefdruck bei Zodiaque-Echter Tradition. Da er immer seltener Anwendung findet, fühlen wir uns verpflichtet, der Druckerei Loos in Saint-Dié, Frankreich, besonderen Dank zu sagen.

Fotos: Angelico Surchamp – Zodiaque
Bild 7: Verlag Schnell & Steiner Regensburg (Gregor Peda, Passau).
Reproduktion der Aufnahmen von der Stephans- und Allerheiligenkapelle in Regensburg mit Genehmigung des Landbauamtes Regensburg.

(französische Ausgabe und Gesamtherausgeberschaft der Reihe »La nuit des temps«: bei Zodiaque, La Pierre-qui-Vire)
Wissenschaftliche Betreuung der Reihe »Romanik in Deutschland«:
Dethard von Winterfeld

Der Bildteil wurde in Frankreich gedruckt.
Karten und Grundrißzeichnungen: Dom Noël Deney, Zodiaque
Satz und Druck des Textteils sowie buchbinderische Verarbeitung:
Echter Würzburg, Fränkische Gesellschaftsdruckerei und Verlag GmbH
ISBN 3-429-01616-9

Inhalt

DER DONAURAUM MIT DEN DIÖZESEN REGENSBURG UND PASSAU

DIÖZESE EICHSTÄTT

DIÖZESE AUGSBURG

DIÖZESE FREISING UND EINSTMALS ZUM BISTUM SALZBURG GEHÖRIGE ORTE

Die Beiträge der Seiten 9–33, 47–160 sowie 329–334 stammen von Richard Strobel, die der Seiten 33–41, 163–325 und 335–413 von Markus Weis.

Einführung

Räumliche und zeitliche Abgrenzung

Zur Ausdehnung einer Stilepoche in Raum und Zeit können neben den einprägsamen »Eckdaten« auch die Benennung von Eigen- und Besonderheiten klärende Aufschlüsse liefern. Zur räumlichen und zeitlichen Abgrenzung der Romanik in Bayern sind zusätzlich ein paar Vorbemerkungen notwendig. Die zu betrachtende Kunstlandschaft mit romanischer Sakralarchitektur, der sich das vorliegende Buch widmet, ist eine eher willkürlich begrenzte. Diese Grenzen sind zunächst von modern-politischem, dann kirchengeschichtlichem und zuletzt erst von kunstgeographischem Gewicht. Flächenmäßig sind es fast zwei Drittel des heutigen Bundeslandes (Freistaates) Bayern mit den Regierungsbezirken Schwaben, Ober- und Niederbayern, Oberpfalz und einem kleineren Teil von Mittelfranken. Dies entspricht im großen und ganzen dem Gebiet der fünf heutigen Bistümer Augsburg, München-Freising, Passau, Regensburg und Eichstätt. Dabei sind die Außengrenzen der Bistümer mit den Landesgrenzen des heutigen Freistaates Bayern identisch, wie sie nahezu unverändert erst seit 1819 (ohne die Rheinpfalz) existieren.

Mit ganz anderen Grenzen hat es der für unseren Zeitabschnitt viel wichtigere Geschichtsraumbegriff »Altbaiern« zu tun. Dieses so benannte Land umfaßte zwar nicht das Gebiet westlich des Lechs, heute Bayerisch-Schwaben genannt, sowie die fränkischen Landesteile Bayerns, dafür aber im Osten Teile der heutigen österreichischen

Bundesländer Oberösterreich, Salzburg und Tirol. Die Grenzen sind zumindest im Süden und Osten gegenüber Österreich wegen des Programms der Buchreihe vorgegeben gewesen. Das grenzt heute Salzburg aus, einst für die bayerischen Bistümer als Metropolitanbistum und Haupt der Kirchenprovinz seit 798 maßgeblich, und läßt damit die engen Beziehungen zwischen Südostbayern und Salzburg unberücksichtigt.

Anders steht es mit der Abgrenzung nach Westen und Norden. Im Westen umfaßte das Bistum Augsburg schon immer sowohl kleinere Teile des schwäbischen wie des bayerischen Herzogtums. So bietet sich hier die heutige Staatsgrenze an, auch wenn die Bistumsgrenzen einst über Ellwangen und Schwäbisch Gmünd hinausreichten. Die Abgrenzung gegenüber »Franken« mag problematisch erscheinen, da Eichstätt wenigstens anfangs, d. h. in seiner Frühzeit als ein gegen das bayerische Stammesherzogtum gerichtetes Bistum zählte, aber doch aus Teilen des Nordgaus und des schwäbischen Sualafelds entstand. Nimmt man hier die Geomorphologie und die Gewässerkarte zu Hilfe, gibt es jedoch eine leidlich konsequente Abgrenzung zwischen den Bistümern Eichstätt – Würzburg/Bamberg und Regensburg – Bamberg. Es handelt sich überwiegend um das Einzugsgebiet von Altmühl und Naab, das hier bereits anfänglich durchscheint und die Betrachtung des altbayerischen Raumes abrunden hilft.

Die Grenze nach Böhmen ist eindeutig durch den Bayerischen und Böhmischen Wald gezogen, spätestens seit der Abtrennung des Bistums Prag 973 und dessen Zuordnung zu Mainz wirksam. Freilich blieben hier Querverbindungen erhalten, denn das Egerland gehörte über Jahrhunderte zum Bistum Regensburg, und das Bistum Passau griff bis 1784 weit in die österreichischen Lande aus.

*

Die zeitliche Abgrenzung mag für den altbayerischen Raum ähnlich wie in den benachbarten Gebieten verlaufen. Die Romanik kündigt sich mit charakteristischen Eigenheiten und überhaupt mit einer regeren Bautätigkeit um die Jahrtausendwende an. Die Bauten davor können in unserer Betrachtung nicht ganz außer acht bleiben, da sie als Vorstufe wichtig erscheinen, auch wenn sie mehr als anderswo nur rudimentär erhalten blieben.

Höhepunkte der Architektur zeichnen sich erst in der zweiten Hälfte des 12. Jahrhunderts ab, so besonders mit St. Jakob in Regensburg und seinem Umkreis. Die Spätromanik, hier weit entfernt von der Prachtentfaltung niederrheinischer Kirchen oder auch des großartigen Bamberger Domes, geht eher unmerklich in frühgotische Formen über und hält besonders auf dem Land bis weit zur Mitte des 13. Jahrhunderts, ja noch in die zweite Hälfte an. Das mag mit dem bekannten bayerischen Beharrungsvermögen zusammenhängen, das auch in der Typenwahl für den Kirchenbau eher ohne große Experimente verfuhr.

In Jahreszahlen ausgedrückt, mögen als Eckdaten der Wiederaufbau des Augsburger Domes nach dem Einsturz der Westteile 994 und seine Weihe 1065 dienen. Oder in Regensburg die Bautätigkeit an St. Emmeram unter Abt Ramwold um 980 und schließlich bereits als ein früher Höhepunkt unter Abt Reginward dortselbst die Weihe der Westteile von 1052, mit der auch bedeutende Steinskulpturen verknüpft sind.

Als Beispiel für das Ende der Romanik kann die als Gewölbebau gegen 1220 fertiggestellte und mit Kelchblockkapitellen gezierte Pfarrkirche Altenstadt genannt werden. Oder das bereits mit frühgotischen Formen durchsetzte St. Ulrich in Regensburg um 1220/40 und die ebendort erbaute Katharinenspitalkirche um 1226.

Innerhalb dieses Zeitraums von annähernd 250 Jahren sind die verschiedenen romanischen Bauten Altbayerns entstanden, die im folgenden nach ihrer Typologie und ihren einzelnen Bauteilen zu betrachten sind.

Landeskundliche Voraussetzungen, Herrschaft und Stifter, Bistümer und Klöster

Bayern gehörte in den ersten Jahrhunderten nach Christi Geburt mit dem Anteil südlich der Donau und der Altmühl zur Provinz Raetia des römischen Weltreichs. Der Limesverlauf entlang der Donau bis Eining bei Kloster Weltenburg und dann über Weißenburg nach Lorch wurde allerdings bereits um 260 zurückverlegt an die Grenze Donau-Iller-Rhein. Augsburg war die Hauptstadt von Rätien. Dort dürfte ein bei Venantius Fortunatus um 570 bezeugter Afrakult eine spätrömische Christengemeinde voraussetzen. In Regensburg war seit etwa 170 n. Chr. die III. italische Legion stationiert, in Passau-Innstadt und entlang des Limes gab es einige Kastelle. Zerstörungen fanden durch die Einfälle der Alamannen 233 und um 270 statt. Für Passau mag das Wirken des heiligen Severin im späteren 5. Jahrhundert stabilisierend gewirkt haben. Damals aber wurde das Alpenvorland endgültig von Rom aufgegeben. Wie weit die römische Besatzungszeit Kontinuität durch Umwidmung oder langwirksame Vorbildhaftigkeit im Bauwesen verbürgte, ist hier viel umstrittener als im Rheinland oder gar in den südlichen Provinzen, wo die römische Präsenz bis heute aufscheint. Jedenfalls mögen für das mittelalterliche Städtewesen freundlichere Bedingungen in Regensburg mit seiner mächtigen Lagermauer oder in Augsburg und Passau mit kultischen oder topographischen Gegebenheiten vorgelegen haben.

Die Baiovarii sind seit dem 6. Jahrhundert hier bezeugt. Regensburg wurde Herrschaftssitz der Agilolfinger, bis endlich unter Karl dem Großen die Franken nach Absetzung des letzten Agilolfingerherzogs Tassilo 788 auch in Bayern das Regiment übernahmen. Bayern war damit für über hundert Jahre eine Provinz des Frankenreichs geworden. Allerdings blieb es im vollen Umfang erhalten, damals bedeutend größer, nämlich vom Lech bis zum Wienerwald, vom Fichtelgebirge bis Bozen reichend. Zudem gelang unter Ludwig dem Deutschen die Festigung des ostfränkischen Reiches und der Ausbau Regensburgs zu seiner Hauptstadt. Hand in Hand damit ging die Gründung vieler Klöster, deren herrschaftsstützende Aufgabe neben der missionarischen gewiß eine große Rolle spielte. Die Bistumsgrenzen waren bereits unter Bonifatius im Jahre 739 festgelegt worden. Dies war mit einer Neuordnung des Kirchenwesens verknüpft, wie sie in den Grundzügen bis heute Bestand hat. 798 wurde Salzburg zum Erzbistum und Metropolitansitz für die bayerische Kirchenprovinz gemacht, was mit dem Ausgreifen der Mission nach Südosten erklärt wird. Die reiche Klosterlandschaft aber hat Bayern bis zur Säkularisation, ja teilweise bis heute ein eigenes Gesicht verliehen und zur Blüte romanischer Kunst ganz entscheidend beigetragen. Niederaltaich, Füssen, Tegernsee, Benediktbeuern, Herrenchiemsee, Thierhaupten, Heidenheim, Wessobrunn, Ilmmünster und viele andere gehen auf diese frühe Gründungswelle des 8. Jahrhunderts zurück. Die Ortslagen um diese Klöster blieben auch später noch meist klein, das Städtewesen hatte andere Wurzeln. Dennoch geht die kulturelle Entwicklung zum größten Teil von diesen übers Land verstreuten Klöstern aus. Oft werden die Gründer später als Heilige verehrt, oder die Erwerbung und Übertragung besonderer Reliquien trägt zu Wallfahrten und zum Aufblühen der Klöster bei. Freilich haben sich aus dieser Frühzeit kaum Bauten erhalten, höchstens Spolien oder ergrabene Reste.

Nach dem Jahr 911, als der letzte Karolinger, Ludwig das Kind, starb, kommen die Luitpoldinger mit Herzog Arnulf I. in Bayern an die Macht. Aber bereits unter Otto dem Großen wird Bayern in die Hand einer Seitenlinie des sächsischen Herrscherhauses gegeben, wobei es zu manchen Auseinandersetzungen kommt. Zum zeitweiligen Niedergang des kulturellen Lebens mögen die Ungarneinfälle beigetragen haben, wenigstens bis zur Schlacht auf dem Lechfeld 955. Für das kirchliche Leben wird die Ausbreitung der Gorzer Reform von Bedeutung, die über St. Maximin in Trier nach St. Emmeram vermittelt wird. Von dort aus werden unter anderem Tegernsee, Seeon, Weihenstephan, Weltenburg und Niederaltaich reformiert.

Im 11. und 12. Jahrhundert sind besonders für Bayern, aber auch weit darüber hinaus, zwei Faktoren von ausschlaggebender Bedeutung: zum einen der Investiturstreit, zum anderen die Herrschaft der Welfen, die mit Unterbrechungen von 1070 bis 1180 als Herzöge in Bayern regieren. So ist im späteren 11. Jahrhundert nicht nur von der Doppelung der Päpste, sondern auch der Könige, Herzöge und Bischöfe die Rede. Der Gegensatz zwischen Staufer und Welfen findet erst ein gewaltsames Ende, als 1180 Heinrich dem Löwen die Herzogtümer Sachsen und Bayern aberkannt werden. Bereits zuvor (1156) war der babenbergisch-welfische Streit unter Loslösung der Mark Österreich vom bayerischen Stammland beigelegt worden. 1180 treten endgültig und für über 700 Jahre die Wittelsbacher die Herrschaft in Bayern an, wenn auch zunächst nur für kleinere Teilflächen. Ausgangspunkt war im frühen 12. Jahrhundert ihre neu erbaute Burg Wittelsbach bei Aichach, nachdem der Familienbesitz Scheyern in ein Hauskloster umgewandelt worden war.

Damals konnten auch die Bischöfe – teilweise im Gegensatz zum Stammesherzogtum – ihre weltliche Macht stärken und mehr oder weniger große eigene Territorien aufzubauen beginnen, am eindrucksvollsten wohl Salzburg. Aber auch Eichstätt und Passau erwarben umfangreiche hochstiftische Gebiete. Sie bildeten bis zur Säkularisation eigenständige Bereiche. Der Bischof behielt meist das Stadtregiment in Händen und wurde zum wichtigsten Auftraggeber, häufig noch vor den Landesdynasten, sei es für Dom- und Domstiftsbauten, sei es für Klosterbauten, Spitäler oder Befestigungen.

Neben den Wittelsbachern sind einige weitere Landesdynastien zu nennen, so vor allem die Andechs-Meranier. Bis zu ihrem Aussterben 1248 waren sie in Bayern und darüber hinaus (zeitweilig als Pfalzgrafen von Burgund) von größter Bedeutung. Sie hatten die Vogtei über Benediktbeuern und Tegernsee inne. Daneben gab es eine Anzahl mittlerer und kleiner Grafengeschlechter, die als Stifter und Vögte von Klöstern, auch eigener Hausklöster, die Kulturlandschaft mitprägten. So waren die Ortenburger Vögte von Frauenchiemsee, Baumburg und Aldersbach. Die Grafen von Grögling-Hirschberg statteten ihr Hauskloster Plankstetten aus und die Sulzbacher Grafen Kastl und Berchtesgaden, die Burggrafen von Regensburg Walderbach, die Diepoldinger, die bis zur Ablösung durch die Staufer besonders im Egerland aktiv geworden waren, Reichenbach; die Grafen von Bogen stifteten Niederaltaich und Windberg, letzteres für den Prämonstratenserorden. Besonders interessant sind die häufiger verbürgten Umwandlungen von Burgen in Stammklöster, wobei spröde Profan- und Wehrarchitektur vom Reichtum der Kirchen- und der Klosterarchitektur abgelöst wurde. Biburg, Kastl, Oberelchingen, Reichenbach, Windberg sind hier zu nennen, wenngleich sie weniger bekannt sind als die württembergischen Beispiele Großkomburg und Lorch.

Der Einfluß der Hirsauer Reform, von Cluny ausgehend, auf Altklöster und Neugründungen muß noch besonders genannt werden. Direkt von Hirsau aus besiedelt wurden Fischbachau, Petersberg und Scheyern, während als intensivster Förderer Bischof Otto von Bamberg wirkte. Von seiner Gründung Prüfening aus wurden unter anderem Asbach, Münchsmünster und Biburg gestiftet oder reformiert. Die Augustinerchorherren sind durch Bischof Altmann von Passau, einem entschiedenen Gregorianer, erstmals in Deutschland bevorzugt bestiftet worden (St. Nikola in Passau, Rottenbuch). Eine besondere Spielart der monastischen Erneuerung stellen die irischen Benediktiner in Bayern dar, die in Regensburg den Sitz ihrer Kongregation hatten. Von dort aus wurden St. Jakob in Würzburg, St. Ägid in Nürnberg, St. Marien in Wien, Hl. Kreuz in Eichstätt, St. Nikolaus in Memmingen, St. Jakob in Erfurt und in Konstanz betreut.

König und Herzog einerseits, ab etwa 1070 einzelne Bischöfe und Landesdynasten andererseits sind als Stifter und Gründer von Klöstern hervorgetreten und haben das kirchliche Leben und natürlich auch den Kirchenbau begleitet. Erst gegen Ende der Romanik bekam das selbstverwaltete Städtewesen so viel Bedeutung, daß es nun eigenmächtig als Auftraggeber tätig werden konnte. Viel früher waren jedoch schon Handel und Gewerbe, vor allem der Fernhandel im Gefolge der Kreuzzüge mit der Levante, entscheidende Voraussetzung auch für das Bau- und spätere Hüttenwesen. Pfarr-, Kollegiats- und Spitalkirchen werden neben den Ordenskirchen – und hier gehören die Bettelorden bereits der Gotik an – zu den wichtigsten städtischen Aufgaben der Sakralbaukunst. Als überraschend mag erscheinen, daß in Städten wie Straubing nur ein einziges spätromanisches Kelchblockkapitell an den bürgerlichen Nachfolgebau von St. Peter erinnert, ebenso wie für die Pfarrkirchen St. Martin in Landshut oder Dingolfing, St. Peter und die Frauenkirche in München oder in Laufen nur Fundamentbruchstücke des Vorgängers, in St. Moritz zu Ingolstadt nur ein Umbau bescheidenes Zeugnis ablegen können. Wir haben also für das frühe Städtewesen mutatis mutandis eine Erhaltungssituation wie im frühen Klosterbau, diesmal veranlaßt durch die rege Bautätigkeit der Spätgotik. Nur St. Nikolaus in Bad Reichenhall oder die erhaltenen, außerhalb der neuen Städte liegenden Pfarrkirchen St. Peter in Straubing, Altenstadt und St. Jakob in Plattling können diese eigene Kategorie der dreischiffigen Pfarrkirchen vertreten. Wiederum spielt Regensburg mit St. Ulrich als einziger Pfarrkirche eine Sonderrolle, da es in dieser Stadt bei jeder Kloster- und Stiftskirche eine eigene Klosterpfarrkirche gab und somit weitere Pfarrkirchen zunächst überflüssig waren. Nicht umsonst sind in Regensburg die meisten romanischen Kirchen einer bayerischen Stadt überhaupt versammelt und dank eines gütigen Geschicks erhalten geblieben. Dort, aber auch anderswo, sind Profanbauten der Bürgerschaft zur Zeit der ausgehenden Romanik entstanden, die nun neben den Herrschaftsbauten Pfalz und Burg immer mehr die Gestalt der Stadt formten.

Die allgemeine Landesgeschichte wird in einer Architekturbetrachtung – außer dem notwendigen Hintergrund für die Nicht-Landeskinder – fruchtbar und interessant dann, wenn sich zwischen bekannten, politisch aktiven Personen und dem Baugeschehen Verbindungen herstellen lassen. Dabei bleibe die Schwierigkeit nicht außer acht, daß Auftraggeber und Bauidee, Entwerfer oder Architekt, die Ausführung durch Handwerker und Künstler kaum in einer linearen oder streng kausalen Abfolge standen, wie es oft scheinen möchte. Dennoch soll der Hinweis auf einige Persönlichkeiten der Auftraggeberschicht den Blick zusätzlich auf Abhängigkeiten lenken, die sonst unbeachtet blieben und das Bauwerk eventuell noch isolierter erscheinen ließen. Der eigentliche Künstler, Architekt und Bildhauer, bleibt sowieso meist anonym. Taucht ein Name auf, wie etwa der Liutpreht der Freisinger Domkrypta, lassen sich ihm nur schwerlich bestimmte Anteile zuweisen. So behalf man sich bisher wie anderswo mit Hilfsnamen, etwa dem sogenannten »Moosburger Meister«. Dagegen sind in der Schicht der Auftraggeber, denen Finanzierung und Initialzündung zukamen ebenso wie die Heranziehung der Bauleute und Künstler, einige Namen hervorgetreten. Erinnert sei an heiligmäßig wirksame und »politische« Figuren wie Ulrich von Augsburg, Wolfgang und Hartwig II. von Regensburg, Otto von Bamberg oder den Abensberger Konrad I. von Salzburg.

Für Bischof Ulrich von Augsburg (923–973) sind Baumaßnahmen am Dom und an St. Ulrich und Afra überliefert. So ließ er die von den Ungarn zerstörte Afrakirche wiederherstellen und um drei Fuß höherbauen. Auf der Südseite veranlaßte er eine Außenkrypta als seine Begräbnisstätte. Ferner ist er als Gründer des Heiligkreuzspitals und des Damenstifts St. Stephan hervorgetreten.

Von Bischof Wolfgang von Regensburg (972–994), der später als Heiliger sprechenderweise mit einem Kirchenmodell als Kirchengründer dargestellt wurde, wird berichtet, daß er sich gern unter den Steinmetzen von Mittelmünster in Regensburg, eine seiner Reformgründungen, aufhielt. In St. Emmeram hat er ein *armarium*, eine Schatzkammer oder Sakristei, erbauen lassen, und er war wohl ebenfalls an der Planung der Ramwoldkrypta mit beteiligt. Sein Reformeifer ist unbestritten, was ihm fünfzig Jahre nach seinem Tod die Heiligsprechung, dem Kloster St. Emmeram Neubauten und Wallfahrten eintrug.

Bischof Otto von Bamberg (1102–1139) hat Kloster Prüfening gestiftet und beschenkt und dorthin die Hirsauer Reform vermittelt. Seine Tätigkeit in Speyer und Bamberg wird heute im Gegensatz zu früher eher auf die Bauverwaltung bezogen, jedoch wird er Einfluß auf die Gestaltung in Speyer und die Wiederherstellung des Bamberger Domes genommen haben.

Konrad I. von Abensberg (1106–1147) hat als Erzbischof von Salzburg wesentlich Einfluß genommen auf die Gründung und Förderung von Augustinerchorherren-Stiften, etwa Herrenchiemsee, Berchtesgaden oder St. Zeno in Bad Reichenhall. Er brachte die Zisterzienser nach Raitenhaslach. Zu seinen Lebzeiten seien seiner Vita zufolge viele Kirchen im Salzburger Raum, das heißt auch auf heute bayerischem Territorium, neu gebaut oder zumindest erneuert worden.

Bischof Hartwig II. von Regensburg (1155–1164) aus dem Geschlecht der Ortenburger ist zwar als *inutilis episcopus* in die Geschichte eingegangen, aber auch als Bauherr der Allerheiligenkapelle in Regensburg. Er nahm unter Friedrich Barbarossa am Italienzug 1160 und an der Synode in Pavia teil. Von dort mag seine Vorliebe für oberitalienische Architektur und die Beauftragung comaskischer Bauleute herrühren, die dann noch mehrfach in Regensburg tätig wurden.

Die vorromanischen Bauten

Kirchenbauten der zweiten Hälfte des ersten Jahrtausends kennen wir in Bayern überwiegend aus Grabungen. So bleibt die Kenntnis der vorromanischen Bauten in ihrer dritten Dimension recht verschwommen: Alles Aufgehende, das den Grundrissen entnommen werden könnte, ist bis auf wenige aufrecht stehende Baureste (Regensburg St. Emmeram Ostteile, Regensburg Dom und Alte Kapelle, Solnhofen Bau E 2) nur der Rekonstruktion überantwortet. Auch ist die Typenvielfalt des frühen Kirchenbaus nicht sehr groß. Wir haben es, seien es Holz- oder Steinbauten, bis gegen 800 überwiegend mit Saalkirchen zu tun, deren Altarraum als annäherndes Quadrat oder Rechteck ausgebildet ist: Straubing, Barbing-Kreuzhof, Vohburg, Regensburg

Niedermünster I und II, Aschheim II. Auch später noch gibt es diesen einfachsten Kirchentypus, der bei Landkirchen bis in die Gotik hinein gebräuchlich sein kann. Seltener sind die Saalbauten mit Apsis, wie Herrsching, Herrenchiemsee, Eichstätt Dom I, Oberammertal oder Lauterhofen. Einen Sonderfall stellen hier Kirchen dar, die aufgegebene römische Thermen wiederverwenden, wie Harting bei Regensburg mit Apside oder Bad Gögging mit einem römischen Rechteckraum, in dem der Fund von 80 eisernen Kreuzen des 7. Jahrhunderts auf einen neu in Nutzung gekommenen christlichen Versammlungsraum weisen.

Einen Sonderfall stellt bisher auch die erste Kirche von Sandau-Landsberg am Lech aus der Mitte des 8. Jahrhunderts dar, wo ein Dreiapsidensaal rechteckig ummantelt ist, wie man es ähnlich von Romanshorn oder bei einschiffigen Bauten im rätischen Gebiet kennt (Ems, Jenins). Die Doppelapsis von Solnhofen A, wohl Mitte 7. Jahrhundert, dürfte auf Vorbilder im Alpenraum (Graubünden, Mendrisio, Como) und Mittelmeerbereich zurückgehen.

Wichtig ist für die Frühzeit mit ihren durch Pfostenlöcher erschließbaren Holzbauten das Verhältnis zu den Friedhöfen, die sich als Reihengräber (durch Beigaben bis etwa 700 datierbar) oder als Sondersepulturen für den Adel zeigen. Ortskirchen und Friedhofskirchen sind zu unterscheiden, aufgegebene und solche mit Nachfolgebauten, wobei Grabungen und Bauforschung, wie auf Herrenchiemsee, sicher noch bedeutsame Aufschlüsse werden bringen können.

Mehrschiffige Bauten scheinen erst ab 800 Verbreitung gefunden zu haben. St. Emmeram in Regensburg gehört zu den frühesten, bekanntesten und auch größten. Genannt sei ferner Passau Niedernburg II oder Sandau II. Eine komplizierte Abfolge von Bauten haben die Grabungen im Eichstätter Dom erbracht. Auf den von Anräumen umstellten Apsidensaal und den Saalbau der Willibaldzeit des 8. Jahrhunderts folgten ein merkwürdiger Rundbau, der als Baptisterium, sowie ein Halbrundbau, der als Memorie gedeutet wird.

Ein interessantes Kapitel betrifft die Ausstattung der vorromanischen Kirchen mit Steinmetzarbeiten oder Stuck, mit Wandmalereien und Gerät. Vor allem Schrankenteile sind erst in den letzten Jahren bekannt und zusammengestellt worden (Rekonstruktion von Ilmmünster in der Prähistorischen Staatssammlung München, Abb. S. 356). Neben reich verzierten Schrankenplatten und Pfosten gibt es kleine Kapitelle und Balken- oder Giebelbalkenfragmente (Sandau, Herrenchiemsee). Für manche Orte sind diese Spolien oft einziger Hinweis für die Bestätigung ihrer frühen, d. h. vorkarolingischen Gründung und Bautätigkeit (Benediktbeuern, Wessobrunn, Bernried). Ein großer Reichtum der Erfindung in den Flechtwerk- und Rankenmotiven wird sichtbar, der diese Steine in das große Verbreitungsgebiet der sogenannten langobardischen Flechtwerksteine einreiht.

Tegernsee gehört zu den berühmtesten Klöstern Bayerns, seit es 804 die Reliquien des hl. Quirinus erhalten hatte. Für diese Zeit ist bereits ein Kryptabau überliefert, von dem sich Spolien erhalten haben. Karolingische Kapitelle waren als Basen im Neubau des 11. Jahrhunderts wiederverwendet worden.

In Solnhofen sind, wie bereits kurz angedeutet, verschiedene Vorgängerbauten ergraben worden. Aufrecht stand noch bis 1957 eine Säulenreihe mit reich verzierten Rankenkapitellen. Ferner gab es Stuckbögen und ein Stuckrelieftondo mit der fackeltragenden Halbfigur des Sola-Sol, einer höchst eigenwilligen Darstellung, deren Wurzeln sicher in antiken Sonnenpersonifikationen zu suchen sind. Die Stücke sind heute auf mehrere Museen verteilt, aber man kann sich lebhaft vorstellen, wie dieser Bau in seiner originalen Farbigkeit, von der beträchtliche Reste gefunden wurden, auf den Betrachter gewirkt haben mag. Schließlich sei nochmals auf St. Emmeram in Regensburg mit seinen noch unvollständig aufgedeckten Gewölbemalereien in der Ringkrypta hingewiesen. Mit den reichen und farbig höchst diffizil abgesetzten Flechtbändern steht hier die insulare Buchmalerei als Anregerin ebenso zur Diskussion wie gleichzeitige oder ältere Schrankenreliefs in Stuck und Marmor. Weiße, rote und schwarze Bänder, letztere gelb gesäumt, verflechten sich mit Kreisformen zu dichten, dennoch klar strukturierten Figuren, deren Anbringung in breiten Streifen formal als Felderung, thematisch als Gürtung, Festigung, Einflechtung des heiligen Ortes interpretiert werden mag.

Der romanische Kirchenbau und seine Bauteile

Basilika und Hallenkirche

Basilika

Für die bayerische Romanik mit ihren Domen, Stifts-, Kloster- und Pfarrkirchen ist ein bestimmter Typus der Basilika maßgeblich geworden, an dem beharrlich festgehalten wurde. Freilich sind auch in Bayern verschiedene andere Kirchenbautypen anzutreffen. Rein quantitativ hat jedoch – soweit unter den barocken Veränderungen überhaupt mit Sicherheit feststellbar – die sogenannte alpenländisch-bayerische Basilika die Sakrallandschaft beherrscht. Es ist die dreischiffige, querhauslose Pfeilerbasilika mit drei Apsiden oder nur einer mittleren. Wenn so zäh an diesem Typus im 12. und 13. Jahrhundert festgehalten wird, was bayerische Eigenart sein mag, möchte man wenigstens in den Proportionen des Baukörpers und der Bauglieder eine Entwicklung oder zumindest Varianten ablesen wollen. Dies würde viele gesicherte Einzelbaugeschichten, präzise Niveaus und Aufmaße mit Schnitten voraussetzen, was in unserem Zusammenhang nicht zu leisten ist. Statt dessen sei auf die Beispiele verwiesen, die das etwas gleichförmige Bild der altbayerischen Basiliken auflockern und bereichern können.

Für Grund- wie Aufriß mag die jeweilige Lage und Größe einer Krypta oder die Stellung und Höhe der Türme, die Lage und Form der Eingänge und Portale, der Emporen und Vorhallen gewisse Varianten und Seriationen ergeben. Das ist im folgenden jeweils angesprochen. Für die Querhäuser und die Stützenform sei vorweg darauf hingewiesen, daß die Anzahl der »Normalbasiliken« dadurch sehr eingeschränkt wird. Durch die östlichen Querhäuser wird mit der Kreuzform die sonst ausschließliche Längstendenz sowohl in der Außenerscheinung wie im Inneren aufgehoben; mit der Vierung wird ein Verweilort und eine Zentrierung geschaffen, die den Altarraum nicht mehr im gleichen Maß wie sonst mit der Apsis als alleinigem Höhe- und Schlußpunkt erscheinen läßt. Die »Westquerhäuser« dagegen mögen, außer im Sonderfall Augsburger Dom, als Abschluß und im Inneren als verbaute Sonderräume gewirkt haben. Das mag wiederum mit den komplizierteren Fragen des Zugangs und der Westemporen, der Vorhallen und Westtürme zusammenhängen.

Die wichtigste Stützenform ist für Bayern, wie gesagt, der Pfeiler. Dort, wo die Rundstütze erscheint, wird sie nicht wie anderswo aus einem einzigen Schaft oder wenigstens ganzen Trommelstücken aufgerichtet, sondern aus Zylinderteilen oder noch kleinerem Steinmaterial erst zusammengefügt. Es entsteht dann eher ein Rundpfeiler als eine Säule. Dabei ist der Stützenwechsel in Bayern nicht ganz fremd. Während er in St. Peter zu Salzburg durch die Vermittlung Erzbischofs Konrad I., der in Hildesheim Domherr gewesen war, mit dem Rhythmus abba auftaucht, wird er nach Kastl mit dem einfachen Wechsel wohl aus der Lombardei (S. Celso in Mailand, Rivolta d'Adda) vermittelt. Wieder sind es schwere gemauerte Rundpfeiler statt Säulen, wie auch in Petersberg mit der mittigen Säule oder in Perschen. Auch Seeon mit seinen Säulen (unter barocker Vermauerung) kann hier angeführt werden.

Hallenkirche

Eine kleine Gruppe von sechs romanischen Bauten in Altbayern und Bayerisch-Schwaben hat schon immer besondere Aufmerksamkeit erregt, weil sie als frühe Hallenbauten vereinzelt in der Baulandschaft stehen und aufschlußreiche Querverbindungen anzeigen. Allerdings

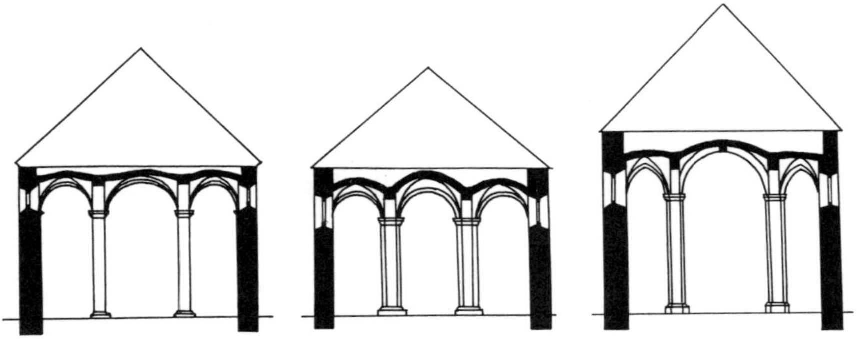

Querschnitte romanischer Hallenkirchen nach L. Stoltze

ist die Gruppe keineswegs so homogen, wie es wegen des gemeinsamen Nenners »Halle« scheinen mag. Größe, Maßverhältnisse, Details und Datierung variieren doch sehr. Dennoch hat die Raumgestalt der drei gleichhohen kreuzgratgewölbten Schiffe – das Mittelschiff anderthalb bis zweimal so breit wie die Seitenschiffe – etwas Faszinierendes an sich, was auf der Raumvereinheitlichung und Lichtführung beruht. Letztere läßt keineswegs das Mittelschiff ins Dunkel absinken, aber wie bei der Wölbung wird auch hier das Einbinden und Angleichen betont. Als Stütze überwiegt der Pfeiler. Nur in Regensburg/St. Leonhard gibt es den Rundpfeiler und in Nabburg/St. Nikolaus schlanke Säulen. Allen Bauten gemeinsam ist die Westempore, die abgetrennt oder offen die Wölbung verdoppelt und wie eine Antwort auf die Ostapsiden erscheint.

Größenmäßig schließen sich am ehesten St. Leonhard und Nabburg sowie Prüll und Augsburg/St. Peter zusammen, während die großen Anlagen Walderbach und zuletzt Bergen mit zehn Jochen die Reihe auch zeitlich beschließen.

Die Frage nach der Herkunft der Halle kann nicht eindeutig beantwortet werden. Man hat einerseits an Einflüsse aus Burgund gedacht, die über Schweizer Bauten vermittelt worden sein könnten (Payerne). Andererseits gibt es bereits im 11. Jahrhundert für Regensburg Hinweise, daß die Halle nicht nur auf kleine Kryptenräume beschränkt war, sondern auch bei größeren Räumen (Außenkrypta St. Ramwold in St. Emmeram) Anwendung fand.

Chor, Querhaus, Westempore, Vorhalle

Chor

Die Chorlösungen der romanischen Kirchen in Bayern differieren nur wenig. Bekannt und am verbreitetsten ist der Dreiapsidenschluß, der die sogenannte bayerisch-alpenländische Basilika kennzeichnet. So altertümlich er wirkt, so charakteristisch ist er für die beharrende und genügsame Situation des bayerischen Kirchenbaus. Allerdings haben häufig jüngere Umbauten die Ostpartie verändert. Durch Grabung, ältere Pläne oder Apsidenreste ist aber der Dreiapsidenschluß an verschiedenen Kirchen nachzuweisen (Walderbach, Reichenbach, Steingaden, Fischbachau). Daneben gibt es die gerade schließenden Seitenschiffe mit großer Mittelapsis, so mehrmals in Regensburg (Dom, Ober- und Niedermünster, St. Leonhard), in Plankstetten und Bad Reichenhall/St. Zeno, oder an den kleineren dreischiffigen Dorfkirchen Pfaffenmünster und Aiterhofen. Letztere besitzen auch ein eigenes Chorjoch. Sonst wird der Mönchschor durch Erhöhung (auch wenn keine Krypta vorhanden), durch die Wahl anderer Stützen oder einer anderen Wandgliederung abgesetzt. Freilich ist das wichtige Element der Chorschranke oder des Lettners, einst wirksamste Zäsur zwischen Mönch- und Laienteil, nirgends mehr vorhanden. In Regensburg/St. Jakob ist wenigstens noch die romanische steinerne Rückwand des Gestühls erhalten geblieben.

Die Apsiden können unmittelbar an ein östliches Querhaus anschließen (Regensburg/Niedermünster Bau III, vermutlich auch Alte Kapelle) oder aber durch Chorjoche abgesetzt sein, so daß der Mönchschor in klassischer Form über die Vierung hinaus bis ins erste Langhausjoch reicht. Wenn sich dann die Wölbung nur auf das Chorjoch oder die Vierung erstreckt (Regensburg/St. Jakob, Prüfening, Biburg, Straubing/St. Peter, Windberg), bedeutet das stets eine besondere Steigerung des Sanktuariums. Ebenso ist die immer gewölbte Apsidenkalotte als auszeichnend zu werten, einst durch Malerei zusätzlich hervorgehoben.

Die Außengliederung der Apsiden weist darauf hin, daß es sich nicht um belanglose »Rückseiten« gehandelt hat, auch wenn das Konventionelle kaum verlassen wird. Lisenen oder dünne Säulenvorlagen tragen Rundbogenfriese. Diese können gelegentlich auf figürlichen Konsolen aufruhen, meist auf Tierköpfen oder Pflanzen. Nur ganz wenige Beispiele für gefüllte Rundbögen gibt es (Bergen, Bad Reichenhall/St. Nikolaus).

Auf den Chor von Bad Reichenhall/St. Zeno ist als Sonderfall nochmals hinzuweisen. Er ist sozusagen in der Länge verdoppelt, wobei ein westliches großes Joch von Seitenchören begleitet wird, während das östliche allein steht und den Altar ungewöhnlich weit wegrückt (80 Meter innere lichte Gesamtlänge). Daß hier tatsächlich der »Chor« gemeint ist, darauf lassen die Stufen, die Auszeichnung der Chorbeginnpfeiler mit je zwei Halbsäulen und der Wechsel der Wandgliederung mit Emporen schließen.

Ungewöhnlich ist auch die Lösung in Frauenchiemsee, wo der rechtwinklig herumgeführte Chorumgang den quadratischen Altarraum umstellt und sich zu ihm in großen Bögen öffnet. Die Empore an seiner Ostseite zeichnet sich außen querhausartig ab.

Querhaus

Die Querhäuser der bayerischen Basiliken lassen Baugepflogenheiten erkennen, die mit wenigen Ausnahmen den ganzen Bau neu interpretieren können. Bei unseren Beispielen handelt(e) es sich wohl durchwegs um sogenannte ausgeschiedene Vierungen. Das Querhaus weitet den Raum, teilweise unerwartet beim Durchschreiten, es bringt eine neue Dimension der Ausrichtung ins Spiel und zugleich die Vorstellung der Kreuzsymbolik, zumindest beim östlichen Querhaus.

Es ist auffallend, daß alle Ostquerhäuser in Bayern ausladen und nicht mit den Langhausmauern fluchten, wie es die westlichen »Querhäuser« tun. Somit wird die Kreuzform sehr deutlich vor Augen gestellt. Aufzuzählen sind Prüfening und Biburg, Heidenheim und Oberelchingen (nicht erhalten), Windberg und Rottenbuch. Auch der Eichstätter Dom und die Regensburger Alte Kapelle müssen hier genannt werden, letztere wohl älter als das ergrabene östliche Querhaus von Bau III des Niedermünsters aus der Mitte des 10. Jahrhunderts. Das für Bad Reichenhall/St. Zeno zu erschließende »Querhaus« war vermutlich mit Emporen zugestellt und nur in der Außenerscheinung wirksam.

Dagegen fluchten die westlichen »Querhäuser« der Regensburger Kirchen, lediglich St. Emmeram lädt gering aus. Freilich ist weder beim Obermünster noch bei St. Jakob – der Regensburger Dom bleibt eher schemenhaft und kann nicht zur genaueren Einordnung dienen – von einem echten Querhaus zu sprechen. Vielmehr spiegelt die Dachform mit Giebeln ein Querhaus vor, innen aber verstellen Emporen den Raum. So könnte auch die Reichenbacher Vorhalle hierher zählen, tut es aber ebensowenig.

Der Augsburger Dom lädt mit seinem Westquerhaus aus, allerdings nahezu in Flucht mit den Osttürmen. Da sich anscheinend die Hauptapsis im Westen befand und zwei Zugänge neben der östlichen Apsis, nimmt dieses Querhaus eine Sonderstellung ein nach dem Vorbild von St. Peter in Rom und Fulda.

Westempore

Die Westempore mit Gewölben über die drei Schiffe hinweg scheint eine Eigenheit der bayerischen Hallenkirchen zu sein. Karthaus-Prüll, St. Leonhard in Regensburg, Walderbach, teilweise abgemauert Nabburg-Venedig/St. Nikolaus und Augsburg/St. Peter besitzen jeweils eine gewölbte Westempore. Am ausgeprägtesten ist dieser Bauteil beim bereits genannten St. Jakob in Regensburg anzutreffen, während beim ältesten Beispiel in Obermünster (frühes 11. Jahrhundert) die »Emporen«, soweit man sie als solche interpretieren kann, auf die Querhaus-Seitenarme beschränkt blieben.

An der Aufstellung von Altären auf der Empore kann kaum gezweifelt werden. Für Prüll und Nabburg-Venedig sind sie gesichert.

Interessant ist die Verbindung der Westempore mit Räumen über der Vorhalle wie in Prüll oder die Öffnung von Obergeschossen über Vorhallen ins Mittelschiff, wie beispielsweise Auhausen, Heidenheim, Plankstetten, Reichenbach, Passau/Niedernburg. Ist das Mittelschiffjoch zwischen den Westtürmen eigens gewölbt, wie in Rebdorf oder Straubing/St. Peter, möchte man auch hier romanische Westemporen folgern. In Reichenbach ist die Empore in das Schiff hinein geöffnet, die früh bezeugt drei Altäre enthielt, während darunter der Raum die Rolle der abgemauerten Vorhalle nur mit einem mittleren Portal spielte. Das leitet über zu den anderen romanischen Vorhallen, deren Form recht unterschiedlich sein kann, allerdings auch sehr dezimiert ist.

Vorhalle

Vorhallen können im Westen zwischen den Türmen liegen oder auf ganzer Kirchenbreite dem Langhaus vorgelegt sein. Sie können als Vorbau eigens in Arkaden geöffnet sein wie in Frauenchiemsee oder wie bereits bei der frühest datierbaren Vorhalle an einer Nordseite, Regensburg/Obermünster (frühes 11. Jahrhundert). Sie können zweischiffig sein wie in Regensburg/St. Emmeram oder dreischiffig wie ursprünglich in Kastl.

Eine Besonderheit bietet Plankstetten mit seiner zweigeteilten Vorhalle. Der schmale, tonnengewölbte Eingang zwischen den Türmen öffnet sich seitlich in torähnlichen Rundbögen, die als Kapellen dienten. Nach Osten aber folgt ein Rippengewölbe als eine Art Baldachin vor dem Hauptportal, seitlich wiederum von zwei schmalen Tonnen begleitet. Vergleichbar, wenn auch viel einfacher, ist die Vorhalle zwischen den Westtürmen in Auhausen oder die zweijochige, zweischiffige Vorhalle zwischen den (erneuerten) Westtürmen in Heidenheim.

Eine recht eigene Qualität besitzen freistehende Torkapellen oder

Klostertorhäuser, am eindrucksvollsten wohl in Frauenchiemsee, ganz schlicht die Klostertore in Windberg und Kastl oder das Spitaltor in Auhausen.

Krypta und Turm

In vielen romanischen Kirchen markieren zwei ganz entgegengesetzte Bauteile zwei äußerste Pole: die eingetiefte Krypta, die das zuunterst liegende Niveau der Kirche erreicht, nur bedingt, d. h. nur als verschließbarer Raum im Raum zugänglich, das Innerste des Baus und oft auch des Kults umfangend. Ihr steht der himmelragende Turm gegenüber, Glockenträger und unzugänglich für den normalen Kirchenbesucher, aber unübersehbar und unüberhörbar, meist markant gegliedert, sich ganz nach außen wendend, auf Fernsicht berechnet und in der Höhenerstreckung bereits in der Romanik das äußerst Mögliche.

Beide Bauteile markieren neben den größten Höhendifferenzen oft auch – bei Westtürmen – die weitest auseinanderliegenden Längenpositionen einer Kirche. Sie haben unterschiedliche Ausformung gefunden und sind mit ihrer Lage, ihrem Aufbau und ihrer Gliederung im einzelnen zu beschreiben.

Krypta

Die romanischen Krypten strahlen wegen ihrer Lage, des geheimnisvollen Dunkels und ihrer oft nicht sogleich überschaubaren Raumgestalt eine große Faszination aus. Hinzu kommt das Wissen um Grab- und Reliquienkult, auch wenn dessen Inhalt in aufgeklärten Zeiten seine unmittelbare Anziehungskraft verloren hat. Trotz architektonisch vielfältiger Formen gibt es einige grundsätzliche Gemeinsamkeiten: Die Krypta besitzt meist zwei Eingänge, die Prozessionen ermöglichten, sie besitzt oder besaß den Ort einer Reliquiendeponie und/oder eines Altares davor, sie ist gewölbt und nur zurückhaltend oder gar nicht befenstert. Die Krypten in Altbayern lassen trotz ihrer geringen Zahl – ein Dutzend etwa – die allgemeine Entwicklung gut nachvollziehen.

Am Anfang steht die karolingische Ringkrypta von St. Emmeram in Regensburg, deren tonnengewölbter Halbkreis die gleichzeitig entstandene Apsis außen umfängt. Ursprünglich lagen die Abgänge wohl im Mittelschiff; später verlegte man sie in die Seitenchöre. Das Halbrund geleitete vorbei am Johannesaltar *ante pedes* des Hauptheiligen der Kirche, vor dem Emmeramsgrab unter dem Hochaltar. Die Confessio-Anlage war Ausgangspunkt der Krypta und Ziel der Pilger, zu dem dieser 1,70 Meter schmale Gang hinführte.

Unmittelbar dieser Ringkrypta angebaut wurde die Ramwoldkrypta, eine Sonderform, die als Typ hier nicht eigens abgehandelt werden muß. Es sei nur darauf verwiesen, daß ihr unmittelbares Vorbild die Außenkrypta von St. Maximin in Trier gewesen ist und daß an Rhein und Maas diese Sonderform noch öfter vorkommt.

Als nächster Schritt mag die in ihrer Baugeschichte sehr komplizierte, doch sicher noch ins 10. Jahrhundert gehörende Krypta von St. Mang in Füssen genannt sein. Ein auf vier Pfeilerchen und zwei dazwischengestellte Säulen ruhendes kleines Tonnengewölbe ist ringsum von einer höheren Tonne umgeben. Diese altertümlich wirkende gestelzte Raumform ist noch nicht vergleichbar mit den klareren Hallenkrypten des 11. Jahrhunderts, eher noch mit den die Stollen- und Hallenform kombinierenden Krypten vom Konstanzer Münster, von Reichenau/Oberzell oder Esslingen/St. Dionys.

Noch etwas unfrei sich durchdringende Tonnengewölbe besitzt auch der dreischiffige Westteil der Westchorkrypta im Augsburger Dom; ebenso altertümlich wirken die Pyramidenstumpfkapitelle, die einst gegenüberliegenden Apsiden und Apsidiolen. Dagegen gehört die dort sich anschließende vierschiffige Krypta bereits dem mittleren 12. Jahrhundert an.

Die Hallenkrypta bestimmt die weitere Entwicklung, soweit man überhaupt von einer solchen sprechen kann. Denn die vergleichbaren, zeitlich und grundrißmäßig sich nahestehenden Krypten sind in den Proportionen, Stützenformen und Wandgliederungen alles andere als uniform. In Augsburg bestimmen gedrückte Proportionen bei untersetzten Säulen und genischten Wänden den Raumeindruck, die Gewölbe sind nicht eigens abgesetzt. Die ergrabene, dann aber zerstörte Krypta in Tegernsee kennzeichnen beengte, ängstliche Proportionen, relativ stämmige Säulen und mit Vorlagen kantig gegliederte Wände; die Gewölbe besaßen bereits Kreuzgrate und Gurtbögen. In der Regensburger Wolfgangskrypta von St. Emmeram trifft man auf weitgedehnte Proportionen bei schlanken Säulen, die Wände in Konchen ausbuchtend, die Gewölbe fast wie Segel gebläht. Und das alles, folgt man den gebräuchlichen Datierungen, zu Anfang des 11. Jahrhunderts beziehungsweise zwischen 1052 und 1065!

Eine andere Grundform, die eines zentralisierenden Raumes, ist in der Krypta von St. Nikola in Passau überliefert. Um eine Mittelsäule sind vier weite, hohe Joche angeordnet. Flach gemuldete Wandnischen, dazwischen Vorlagen für die Gurtbögen, tiefe Altarnischen und steile Kreuzgratgewölbe bestimmen den Raum, der nach vielen Verbauungen seit 1978 wieder erlebbar ist. Ob sie nicht doch schon vor 1100 anzusetzen ist, obgleich die Eckknollen der Basis dagegensprechen, mag (noch nicht begründbarer) Verdacht bleiben.

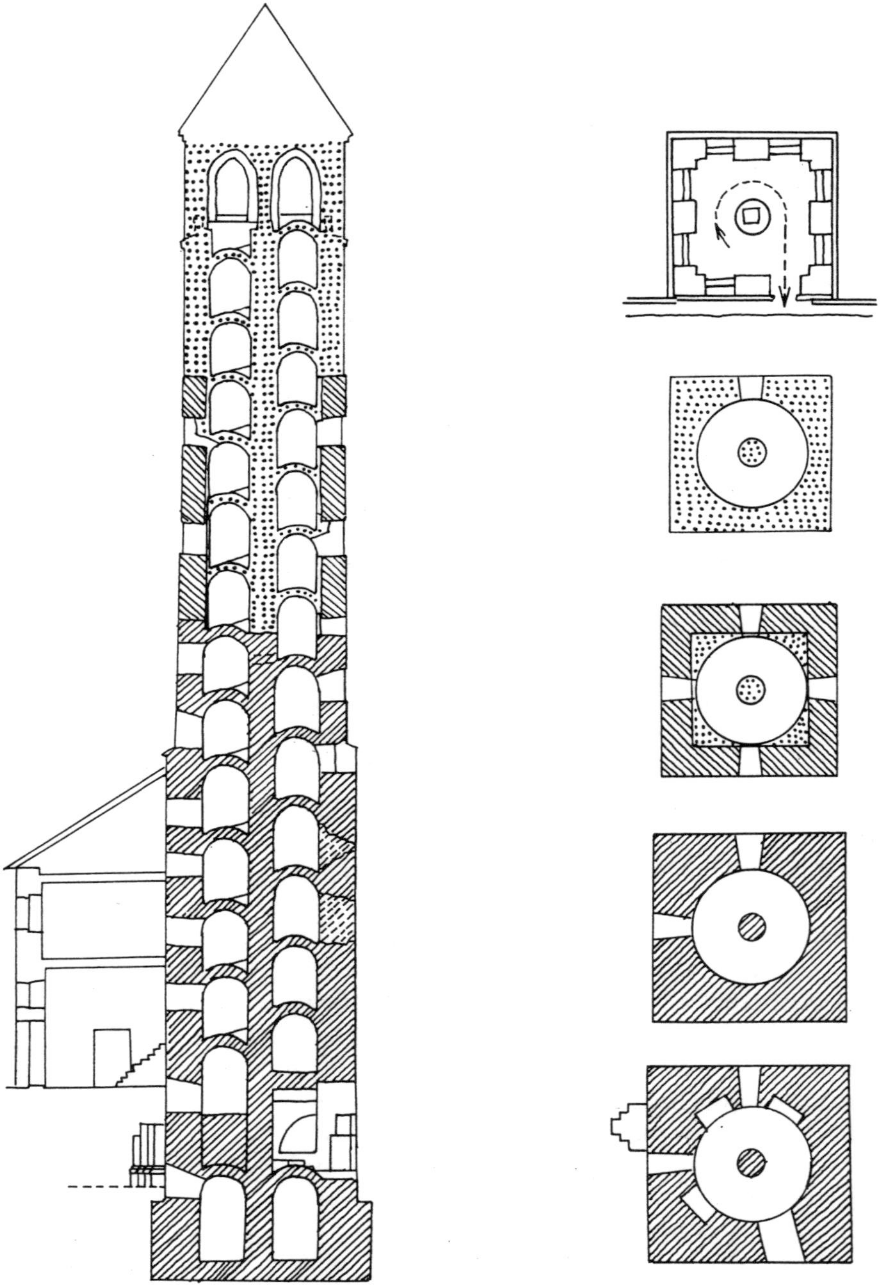

Regensburg, Dom
Eselsturm (nach K. Zahn)

Die folgenden jüngeren Krypten gehören alle dem 12. oder frühen 13. Jahrhundert an. Drei- und vierschiffig, mit uniformen Stützen oder mit abwechslungsreichen wie in der Freisinger Domkrypta, mit Mittelapsis und zwei seitlichen Eingängen verkörpern sie den gängigen Typ und variieren Proportionen, Gliederung und Größe nur noch wenig.

Sehr altertümlich sieht die Krypta von Isen aus; sollte sie doch einem Vorgängerbau der heutigen, von Freising abhängigen Basilika angehören, ließe sich diese Altertümlichkeit besonders des Westteils besser verstehen. Aber auch die Pfeiler des Ostteils scheinen eher der Mitte als dem späten 12. Jahrhundert anzugehören. Auch die Bergener Krypta mit ihren an Prüfening erinnernden Kapitellen mag bereits kurz nach dem Brand von 1152 entstanden sein. Eine Sonderstellung nimmt die neunjochige Freisinger Domkrypta mit ihren teilweise skulptierten Säulen ein. Am Ende steht schließlich die Ilmmünsterer Krypta mit Bündelsäulchen und Knospenkapitellen.

Turm

Glockengeläute und Kirche gehören unmittelbar zusammen, so wie Glocken und Kirchturm. Das war nicht immer so, zumindest nicht so selbstverständlich, wie es uns erscheinen möchte. Romanische Glokken sind selten; wo es Schallarkaden gab, mag man solche dahinter voraussetzen. Kirchtürme können aber noch anderen Zwecken dienen, etwa als Wacht- und Stadtturm; man denke an den Augsburger Perlachturm oder das ungleiche Turmpaar von St. Moritz in Ingolstadt. Es gibt einen großen Facettenreichtum hinsichtlich Lage, Form und Aussehen von Kirchtürmen, die eine Zusammenstellung lohnend erscheinen läßt.

Campanile, Doppelwesttürme, Osttürme, Chorseittürme, Chortürme, Westeintürme betreffen Lage und Anzahl; Rund-, Achteck-, Quadrat-, Schacht- und Spindelturm betreffen Grund- und Aufriß; Geschoßzahl, Gliederung mit Friesen und Gesimsen, Schallarkadenanordnung, Lichtschlitze und dergleichen betreffen das äußere Erscheinungsbild wie auch das Baumaterial. Einige Gruppen lassen sich bilden, auch wenn es offensichtlich keine allgemein verbindliche Terminologie gibt.

Am geläufigsten ist bei den großen Basiliken die Anlage eines Westturmpaares, wobei auch hier unterschiedliche Ausbildungen besonders für den Zwischenbau als Vorhalle mit Portal und/oder Westempore möglich sind. Die Reste der Tegernseer Türme gelten mit ihren mächtigen Mauern als älteste bayerische, was dahingestellt sein mag. In das 11. Jahrhundert gehören wohl der innen mit Spindelgang versehene Eselsturm am Regensburger Dom und die achteckigen, innen runden und eigens aufgemauerten Türme von Seeon.

Die doppelten Osttürme scheinen sich bis auf die Sonderfälle der beiden Dome in Eichstätt und Augsburg auf Kloster- und Pfarrkirchen im weiteren Umkreis von Regensburg zu beschränken. Hier sind St. Jakob und Prüfening, Biburg und Pförring, Reichenbach, Nabburg-Venedig und Perschen sowie als Sonderform mit nach Westen gerücktem Turm Windberg zu nennen. Einzig Altenstadt mit seinem prachtvollen Turmpaar seitlich des Chorjochs gehört noch hierher. Die Turmpaare von Rott am Inn und Benediktbeuern haben sich nicht erhalten; in Rott stehen nur noch die erdgeschossigen Bauteile.

Ob Ost- oder Westturmpaar, bestimmend bleibt die Integration der Doppeltürme in die Seitenschiffjoche, entweder vollständig oder wenigstens innerhalb ihrer Grundrißfigur. Abweichend davon sind Türme neben bzw. an den Seitenschiffen angelegt, wie gewaltsam gespreitet an den Domen von Augsburg und Freising. Es wird eine Verselbständigung der Türme von unten an angestrebt, die wohl nur als Achtungsgestus zu interpretieren ist. So gewaltig treten dann eigentlich nur noch die wenigen Campanile oder Einzeltürme an den Kirchlängsseiten auf, wie Frauenchiemsee, Regensburg/St. Emmeram (nur bildlich überliefert) und Obermünster, Bergen und Kastl.

Der Chorturm ist geläufig bei einschiffigen, also kleineren Pfarrkirchen und bildet mit seinen romanischen Beispielen das Vorbild für eine vielleicht jahrhundertelange Tradition im ländlichen Kirchenbau, die zumindest noch durch die ganze Gotik hindurch andauert. Als schöne Beispiele seien genannt St. Andreas/Prüfening oder Penk bei Pielenhofen.

Der Westeinturm kommt dagegen nur selten vor, so in den Bau integriert als Vorhalle bei der kleinen Pfarrkirche in Oberndorf, Lkr. Kelheim, St. Wolfgang, Lkr. Traunstein oder Keferloh bei München. Sonst besteht bei westlichen Einzeltürmen die Unsicherheit, ob nicht doch eine Doppelturmfassade beabsichtigt war, wie in Regensburg/Alte Kapelle, Greding, Ilmmünster und Moosburg, Bad Reichenhall/St. Zeno.

Nur selten hatten die Türme wohl als Altarjoche zu dienen, was jedoch bei den Osttürmen mit anschließender Apsis nahelag. Beide Türme des Eichstätter Domes enthalten im ersten Obergeschoß durch hohe Rippengewölbe, eingetiefte Altarstelle und Treppe im Mauerinneren als eigene Kapellen ausgezeichnete Räume. Auf die Westtürme von Auhausen und Plankstetten mit ihren Altarstellen im Erdgeschoß wurde bereits im Vorhallenkapitel hingewiesen.

Portal und Stütze

Der Eingang in die Kirche aus der Vorhalle oder aus dem Freien erfolgt in der Regel durch ein mehr oder weniger aufwendig gestaltetes Portal. In Altbayern überwiegen die Säulenrücksprungportale mit teilweise reicher Zier, wie sie sonst an keiner Stelle so konzentriert auftritt. Auch im Kircheninneren kommt plastische Durchformung überwiegend an Stützen vor, so daß sich die Betrachtung dieser beiden Raumglieder hintereinander anbietet.

Portal

Die Lage der Portale ist im allgemeinen durch die Gestaltung der Westfront als Hauptfassade und Zugangsseite festgelegt. So steht der Eintretende stets in der Kirchenachse mit Blick auf den Altar. Die Mehrzahl der romanischen Kirchen Altbayerns besitzen Westportale. Es gibt nur wenige Ausnahmefälle für das Hauptportal an der Nordseite, wie die Regensburger Portale oder Bad Gögging und Frauenchiemsee; hier wie auch bei den wenigen Südportalen, so in Bergen, Ainau und Greding, ist dies sicher topographisch bedingt, d. h. durch die Lage der Kirche im Ort. Wo es zu den Hauptportalen im Westen zusätzliche Seitenportale gibt, sind sie an ihrer Gestaltung und im Vergleich stets als Seitenportale zu erkennen, wie in Regensburg/Niedermünster, Altenstadt oder Windberg. Nur Straubing/St. Peter macht eine gewisse Ausnahme. Auch die Seitenportale von Kreuzgängen in die Kirche sind zurückhaltender instrumentiert, wie Regensburg/St. Jakob, Bad Reichenhall/St. Zeno und Berchtesgaden.

Eine formale Betrachtung der Portale wird zunächst weder zeitliche noch stilistische Einordnungen festschreiben. Sie hilft aber das reiche Material zu ordnen und einige Akzente zu setzen, die den Portalgedanken allgemein besser verständlich machen können.

Auffallend sind die Mauerverstärkungen nach außen wie innen bei vielen Portalen, was die beabsichtigte Trichterform erst ermöglicht hat. Das Portal wird somit als eigenständiger Bauteil empfunden, ein Stück Architektur-Plastik in der Mauer, verselbständigt und zu selbständiger Aussage vorgesehen. Diese Aussage wird in der Kapitellzone präzisiert, oft erst im Tympanon, wohl auch in den glatt belassenen Tympana, wo mit Sicherheit Malerei den Part der Reliefplastik zu übernehmen hatte. Eine Präzisierung findet aber einige Male bereits durch die vorgestellten Freisäulen statt, die zwar eingebunden, aber doch markant als flankierende Hoheitszeichen das Portal eröffnen und ankündigen. Stehen sie wie ihre Tridentiner, Veroneser oder Modeneser Vorbilder auf lagernden Löwen wie vor St. Zeno in Bad Reichenhall, so wird das Thema noch weitergeführt: Der Löwe als grimmiger Torwächter und als wildes Tier wird zum Dienen unter der ragenden Säule gezwungen. Stärke, Apotropäisches, Hoheitliches steigern sich im Zeichen des gebändigten, überwundenen und königlichen Tieres.

Nicht mit den häufigen Säulenrücksprungportalen, deren frühestes in Bayern an St. Stephan im Regensburger Domkreuzgang nachzuweisen ist, wird die Serie eröffnet. Vielmehr ist es ein Sonderfall, der wiederum in Regensburg die Reihe anführt und als eines der frühesten Figurenportale (Mitte 11. Jahrhundert) in Europa überhaupt gilt (Sauerländer): Das St. Emmeramer Doppelnischenportal. Es wird S. 73 ff. ausführlich beschrieben. Deshalb soll hier nur auf die Verknüpfung der drei Grundelemente hingewiesen werden, die das Portal auszeichnet: Die Rechtecktür, in eine »Apsis«-Rundung eingelassen, die Verdoppelung dieses Motivs und schließlich die Auszeichnung der Wandstücke mit Reliefs, deren Bildwirkung durch Umschriften und Stifterfigürchen gesteigert und erläutert wird. Das Motiv blieb für Bayern unikal, und so ist in der Folge von ihm nicht mehr die Rede.

Ganz schlichte Stufenportale (Prüfening, Auhausen) oder solche nur mit Wulstandeutung (Heidenheim am Hahnenkamm) sind für die Hirsauer Reformbauten in Anspruch genommen worden. Man könnte dies akzeptieren, wenn umgekehrt alle bayerischen »Hirsauer Bauten« ebensolche Portale besäßen. Aber gerade Biburg oder Münchsmünster widersprechen dem und zeigen, wie differenziert auch bei den Details die jeweilige Einzelbaugeschichte zu befragen und danach erst der Bau zu beurteilen ist.

Die Säulenrücksprungportale machen also den Hauptanteil aus. Einige von ihnen schließen sich zusammen wegen ihrer reduzierten Kapitellzone, die wie ein umgekehrtes attisches Profil gebildet ist und eher wie ein monumentaler Schaftring denn als Kapitell wirkt. Zu dieser Gruppe zählen Bergen, Perschen, Tolbath. Ersteres gehört noch zu den aufwendigeren, wobei das glatte, nur mit facettiertem Zackenband und Wulst gerahmte Tympanon bezeichnend ist. Eine andere Variante mögen die mit schlichten Wulst- oder Flechtwulstband versehenen Portale von Frauenchiemsee, Indersdorf oder Seeon sein.

Besonders das Frauenchiemseer Portal sieht sehr altertümlich aus. Ob dies tatsächlich der Fall ist, ob es nur ein Beispiel für arge Stilverspätung oder gar erst eine gotische Kompilation älterer Stücke darstellt (Haas), muß ohne genauere Untersuchung offenbleiben. Jedenfalls zeigt das zweifeldige Tympanon Ranken mit Anklängen an karolingische Schrankenmuster wie einen reduzierten Muschelfries. Auch die steile Führung des Portaltrichters wirkt gegenüber den anderen, ausgewogenen Beispielen gedrängt und befangen. Dennoch muß das nicht unbedingt, kann aber ein Zeichen hohen Alters sein.

Die Tympana zeigen unterschiedliche Themen. Angefangen vom schlichten Kreuz und Flechtwerk (Mallersdorf) über die Osterlamm-Darstellung (Pförring, ehemals Münchsmünster) zu einfigurigen Motiven (Biburg, Isen) oder Kampf-Darstellungen (Altenstadt, Straubing, Windberg/Nord) gibt es weitere »szenische« Motive wie Abrahams Schoß in Ainau oder Christus – Petrus in Paring. Dabei handelt es sich stets um recht derbe Figuren, wie es auch noch bei den klassischen Dreiergruppen der Fall sein kann (Regensburg/St. Jakob, Windberg/West) oder bei der starren flächenfüllenden Fünfergruppe in Moosburg.

Dagegen ist die feinteilige Dreiergruppe von St. Zeno in Bad Reichenhall wieder ganz an Salzburg orientiert. In, beziehungsweise vor eine eigene Blendarchitektur gestellt, von eingelegten Blütensternen umgeben, sind die Figuren in sparsamen Falten und weichen Umrissen modelliert, dennoch in ihrer Ausrichtung energisch und würdevoll. So tritt hier etwas völlig Neues vor Augen.

Ähnliches kann in Regensburg/St. Ulrich am Ende unserer Epoche beobachtet werden. Die Abbreviatur einer Himmelfahrt Christi ist zwar in fast barockes Gefältel und entsprechend reicher Detaillierung von Engelsflügel, Buch und Haartracht getaucht. Doch scheint Individuelles und Differenziertes bei aller hieratischen Strenge der Komposition Besitz von den Figuren ergriffen und das Schema neu beseelt zu haben.

Stützenform

Der Pfeiler ist die gebräuchliche Stütze in den bayerischen romanischen Kirchen. Allerdings ist er häufig unter barockem Stuck verschwunden, so daß sein altes Aussehen oft nur durch partielle Freilegung und Zeichnung bekannt ist. Aus Proportionierung, Profilierung der Basen und Kämpfer, Bogenweite und aus dem Verhältnis der ganzen Stütze zu Wand und Raum ließen sich deshalb erst bei genügend großer Materialbasis Folgerungen für landschaftliche oder zeitliche Eigenheiten ziehen. Jedenfalls scheint die Entwicklung nicht linear von »gedrungen« zu »schlank« zu verlaufen, wie man das gerne angenommen hat. Treffen die bisherigen Datierungen zu, so sieht ein gedrungener Pfeiler wie der in Greding oder Plattling zwar altertümlich aus, stammt aber erst aus dem späten 12. oder frühen 13. Jahrhundert. Andererseits sind schlanke Proportionen wie Regensburg/Prüll bereits im frühen 12. Jahrhundert möglich. Die Kreuzpfeiler in Raitenhaslach, wie sie dort im Chorteil durch Grabung bekannt geworden sind, verweisen auf Salzburger Vorbilder.

An Kämpfern und Basen mag die schlichte Grundform der Schräge bis auf ganz ärmliche Spätbeispiele doch in die frühe Romanik weisen. Im 12. Jahrhundert scheint das attische Profil zu überwiegen, das vielfach abgewandelt werden kann durch weitere Kehlen und Plättchen oder aneinandergerückte Wulste. Der Polsterkämpfer scheint wieder auf bestimmte Klosterkirchen beschränkt zu sein. Der Ornamentvorrat der Spätromanik setzt sich dann auch an Kehlen und Kelchblöcken der Pfeilerkämpfer fest, so daß die tektonische Strenge des frühen Pfeilers endgültig aufgegeben wird.

Die Säule oder der gemauerte Rundpfeiler kommt nur an wenigen Bauten vor: zusammen mit Pfeilern in Regensburg/St. Jakob und St. Leonhard, in Seeon und Bad Reichenhall/St. Nikolaus. Ganz gering ist der Stützenwechsel vertreten, so in Kastl und Perschen, in Seeon oder in einer Sonderform in Petersberg. Aber wie wenig vergleichbar das im einzelnen ist, zeigen die Welten, die zwischen Kastl und Perschen liegen. Hier freie, hohe und bei aller Stämmigkeit aufragende Stützen- und Raumproportionen, dort niedere, gedrückte und kurzatmige Abmessungen trotz relativer Weite des Mittelschiffs. Die Halbsäulenvorlagen in Längsrichtung (Frauenchiemsee) bleiben ebenso einzigartig für Bayern wie der Bündelrundpfeiler in Altenstadt. Er gibt dem Gewölbebau mit seinen schweren Gurtbögen ein geschmeidiges, nicht mehr kantig-flächiges Aussehen. Auch die Halbsäulenvorlagen in etlichen Bauteilen (Empore in Regensburg/St. Jakob, Vorhalle in Regensburg/St. Emmeram, Augsburg/St. Peter und Westteile von Steingaden) sind für Wölbung und kräftige Wandgliederung angelegt gewesen. Für den entwickelten Gewölbebau in Walderbach kommt eine entsprechend variierende Pfeilerform zur Anwendung: Den Ecken der kreuzförmigen Pfeiler sind dem rippengewölbten Mittelschiff zu Dienste, den gratgewölbten Seitenschiffen zu kantige Vorlagen eingestellt.

Kreuzgang und Kapitelsaal

Bei den zu besprechenden Kreuzgängen handelt es sich überwiegend um Reste oder einzelne Flügel. Kein Beispiel ist so unversehrt erhalten, daß man eine vierflügelige Anlage vollständig erfahren und beschreiben könnte. Dennoch lassen die Reste noch auf die ehemals gesamte Anlage schließen. Dies trifft auch für die Arkaturen der Kapitelsäle zu, die in der Regel am Ostflügel zu finden sind und nur noch an einen längst umgestalteten romanischen Raum erinnern.

Wandhaft geschlossene, also nur mit Doppelarkaden zwischen breiten Wandstücken stehende Kreuzgänge wie St. Zeno in Bad Reichenhall wirken sehr altertümlich, sind es aber sicher nicht. Dagegen teilen die rhythmisch gegliederten Dreier- und Viererarkaden des

Berchtesgadener Kreuzgangs, die durch gekoppelte und kräftigere Einzelsäulen nochmals differenziert sind, mehr von südländischen Kreuzgangarchitekturen mit.

Auch Steingaden und Regensburg/Niedermünster haben durch gekoppelte Säulen und Bündelsäulchen mehr Südländisches an sich. Tatsächlich gibt es für das Niedermünster den Hinweis auf Comasken als Baumeister im mittleren 12. Jahrhundert. In Steingaden haben die Pfeiler des spätgotischen Gewölbes Teile der Trennsäulchen und -pfeilerchen versteckt. Ursprünglich war dort ein Viererrhythmus bemerkbar, der im Wechsel von einfachen Säulen oder schlanken Bündelsäulchen mit massigeren vierteiligen Bündelsäulen bestand, die wie Pfeilerintervalle wirkten.

Das schönste Beispiel muß der leider völlig zerstörte und zerlegte Kreuzgang von Regensburg/St. Jakob gewesen sein. Seine über den Kirchenraum, andere Kirchen und Museen verstreuten Spolien können noch entfernt Kunde geben von der einstigen Schönheit dieses variationsreichen, lichten und allein im pflanzlichen Dekor schon erfinderisch wie eine Mustersammlung wirkenden Kreuzgangs. Nicht umsonst tauchen seine Formen im »Reuner Musterbuch« (Wiener Nationalbibliothek) auf, was für Beispielhaftigkeit und Verbreitung sprechen mag.

Von den Kapitelsälen haben sich meist nur Reste der Säulenarkaden zum Kreuzgang hin erhalten. Aber diese Reste sind so häufig, daß man schon an ein bewußtes Respektieren, an ein absichtliches Herübernehmen bei Neubauten im Barock gedacht hat. Ob dahinter die Tradierung eines Rechtssymbols steckt, bleibe dahingestellt. So gibt es Arkadenreste im Regensburger Domkreuzgang und in St. Emmeram, in Kastl und Plankstetten, in Wettenhausen, Augsburg/Dom (?) und Füssen/St. Mang.

Kastl hat zusätzlich eine Wand mit romanischer Gliederung bewahrt, die an einen Doppelaltar erinnert. Allerdings war durch Grabung der Nachweis zweier Altäre nicht zu erbringen. Es ist an eine Raumtrennung zur danebenliegenden Johanniskapelle zu denken.

Material und Konstruktion

Die ältesten Kirchen in unserem Gebiet waren überwiegend Holzbauten. Ihr Grundriß ist zwar vereinzelt durch Grabungen nachgewiesen, doch wissen wir nichts über ihr Aussehen im Aufgehenden.

Für Steinbauten aus vorromanischer und romanischer Zeit wurden zumeist einheimische oder jedenfalls doch in der Umgebung anstehende Natursteine verwendet. Daneben hat in Bayern aber auch der

Ziegelbau eine bis ins Mittelalter zurückreichende Tradition. Quaderbauten sind – bautechnisch gesehen – meist zweischalig angelegt. Zwischen den sauber gefügten Quadern der äußeren und der inneren Mauerschale findet sich locker vermörteltes Füllmauerwerk aus Bruchsteinen oder Flußkieseln. Für Quaderbauten geeignetes Material lieferten die lokal vorkommenden Gesteinsarten: Tuff oder Nagelfluh im alpennahen Gebiet Oberbayerns und Schwabens, Kalkstein in der Donauregion und Sandstein in den an Franken angrenzenden Gebieten. Der wegen seiner Materialeigenschaften geschätzte Molassesandstein aus den Brüchen von Lechbruck diente in Steingaden und Altenstadt als Baustoff, er konnte jedoch auch wegen der günstigen Lage des Gewinnungsortes schon im Mittelalter über den Lech bis nach Augsburg und weiter donauabwärts transportiert werden.

An einfachen Bauten kommen in ganz Bayern neben Bruchstein auch Flußkiesel (Bachkatzen oder Bummerl genannt) als Mauermaterial vor. Die Zusammensetzungen romanischer Mauermörtel und Putze, in der Regel Kalkmörtel mit Zuschlägen, sind erst punktuell erforscht, so daß sich hier bisher keine regionaltypischen Besonderheiten feststellen lassen. Besondere Bedeutung erhält das Steinmaterial für plastisch bearbeitete Werkstücke. So sind etwa die Kapitelle in der Krypta von Isen aus Kalkstein ausgeführt, während die Säulenschäfte aus Granit bestehen. Auch die Portale der Ziegelbauten von Moosburg und Isen wurden aus Kalkstein gearbeitet. Selten findet man den sogenannten »Rotmarmor«, ein Knollenkalk aus dem Alpenraum, bei hervorgehobenen Teilen der Bauplastik, am häufigsten in den vom Salzburger Kunstkreis abhängigen Bauten. Inkrustationen von verschiedenfarbigem Stein kommen nur am Tympanon von St. Zeno in Reichenhall vor.

An Bauten des 11. Jahrhunderts herrscht Bruchstein- oder Kleinquadermauerwerk vor, so das hammerrechte Kleinquaderwerk des Augsburger Domes oder das Bruchsteinmauerwerk der ältesten Teile des Eichstätter Domes. Nur die Eckquader sind von Anfang an gebräuchlich. Mit den Großbauten des 12. Jahrhunderts beginnt in Bayern der durchgehende Quaderbau. Beispielhaft für den Übergang zur Quadertechnik ist St. Jakob in Regensburg. Hier wurde nur das Kleinquaderwerk der Osttürme aus der älteren Bauphase um 1120 in den nach 1150 begonnenen Kalksteinquaderbau miteinbezogen. Die neue Errungenschaft des Quaderbaues wird in einer zeitgenössischen Quelle, der »Vita Mariani«, besonders hervorgehoben. Großbauten des fortgeschrittenen 12. und des 13. Jahrhunderts sind fast ausschließlich aus Quadern errichtet worden. Nur bei Bauten von geringerem Anspruch findet weiterhin Bruchstein Verwendung, wobei Ecken, Portale, Fenstergewände und skulptierte Werkstücke aus

Quadern ausgeführt werden. Die Wahl des Materials scheint keinen unmittelbaren Einfluß auf die Architekturformen genommen zu haben. Die bayerischen Ziegelbauten unterscheiden sich in Bautypus und Gestaltung nicht von Natursteinbauten. Zu den romanischen Ziegelbauten zählen der Dom von Freising, der 1159 mit Tuffquadern begonnen und dann in Ziegeln fortgeführt wurde, sowie die Kirchen von Moosburg, Petersberg, Thierhaupten, Ursberg, aber auch Kleinkirchen wie Keferloh, Palsweis und Hangenham in der Diözese Freising. Am Freisinger Dom läßt sich bemerkenswerterweise feststellen, daß das Ziegelformat mehrfach verändert, und zwar im Laufe der Bauzeit vergrößert wurde. Der mittelalterliche Ziegelbau knüpft dabei nicht direkt an antike Traditionen an, obwohl in Städten wie Regensburg, Augsburg oder Passau Zeugnisse der römischen Baukunst präsent waren. Zwar bediente man sich vereinzelt des Baumaterials aus römischen Ruinen, die Verwendung von Spolien spielt in der bayerischen Romanik jedoch keine große Rolle.

Auch bei Großbauten hat sich in Bayern die Wölbung nie ganz durchgesetzt. Der Verzicht auf Gewölbe darf aber dennoch nicht nur als Ausdruck der Rückständigkeit bayerischer Romanik verstanden werden. Für viele Kirchen, vor allem die der Klöster, ist die flache Decke Programm. Gewölbt wurden meist nur die Chöre: mit einer Tonnenwölbung wie in Kastl und Auhausen oder mit Kreuzgratgewölben wie in Prüfening, St. Jakob in Regensburg und Biburg.

Die ersten Gewölbe treten im Zusammenhang mit Kryptenanlagen auf. Unentschiedene Wölbformen zwischen Tonne und Gratgewölben zeigen die ottonischen Krypten von Füssen und Augsburg, sowie die Erhardskapelle in Regensburg. In St. Stephan im Regensburger Domkreuzgang begegnet uns zum ersten Mal um das Jahr 1060 bei einem größeren Bau eine ausgereifte Wölbungsanlage mit zwei Kreuzgratgewölben in einem entwickelten statischen System, das die mit Nischen durchformte Mauermasse zur Ableitung der Schubkräfte des Gebäudes nutzt.

Während Krypten über gleichartigen, meist quadratischen Jochen gewölbt wurden, sind die Mittelschiffe der Hallenkirchen durchwegs breiter als die Seitenschiffe. Doch wirken die Gewölbe der letzteren den Horizontalkräften des größeren Mittelschiffgewölbes entgegen, bedürfen aber ihrerseits relativ starker Außenmauern. Nur in Altenstadt tritt unvermittelt ein ausgereifter basilikaler Wölbungsbau in Erscheinung. Doch bleibt es hier bei einem einfachen Travéesystem, das die Ausbildung stark querrechteckiger Mittelschiffjoche bedingt.

Bandrippen kommen funktionsbedingt bei Vorhallen und Türmen, etwa im Nordturm des Eichstätter Doms, im Westbau von Plankstetten, aber auch in der spätromanischen Hallenkirche der Zisterzienser von Walderbach vor. Die Emporen im Westbau von St. Jakob in Regensburg besitzen Wulstrippengewölbe. Am spätesten Bau der bayerischen Romanik, St. Ulrich in Regensburg, erscheinen Rippengewölbe mit unterschiedlich profilierten Rippen und die ersten Ansätze von Strebepfeilern am Außenbau.

Sonderformen stellen die Einwölbungen von Zentralräumen, etwa die Halbkugel des Karners von Perschen oder die Allerheiligenkapelle im Regensburger Domkreuzgang dar. Eine für Bayern letzte Blüte des spätromanischen Wölbungsbaus ist das Rippengewölbe über der hexagonalen Katharinenspitalkirche in Regensburg.

Holzkonstruktionen aus romanischer Zeit sind in Bayern bisher kaum bekannt; Walderbach besitzt ein mittelalterliches Dachwerk. Geringe Reste sind bei einigen kleineren Kirchen, so etwa der Kirche St. Peter auf dem Petersberg bei Flintsbach und der Peterskirche in Lindau am Bodensee erhalten, doch fehlt bisher eine systematische Erfassung des Denkmalbestands.

Restaurierungsgeschichte

Die Gestalt mittelalterlicher Kirchengebäude, so wie sie sich uns heute darbietet, ist das Ergebnis eines langen Prozesses, der nicht mit der baulichen Fertigstellung beendet war. Keine der romanischen Kirchen präsentiert sich heute noch in einem Zustand, der ihrem ursprünglichen Erscheinungsbild entspricht.

Die Bau-»Geschichte« unserer romanischen Bauwerke ist eine Geschichte vielfacher Veränderungen und Restaurierungen aus jüngerer, nachmittelalterlicher Zeit. Wir müssen uns darüber im klaren sein, daß häufig gerade jene Bauten, die heute scheinbar ein urtümlich mittelalterliches Erscheinungsbild auszeichnet, im Grunde nur rückrestaurierte, aus jüngeren Überformungen herausgeschälte »Rekonstruktionen« eines vermeintlichen Urzustandes darstellen.

Die Kunstlandschaft Bayern wird wesentlich von der reichen kulturellen Blütezeit des Barocks bestimmt. Kaum eines der hier zu behandelnden romanischen Bauwerke blieb von barocken Veränderungen unberührt; viele Innenräume bedeutender romanischer Kirchen wurden vollständig »barockisiert« und haben, unter dem Kleid der barocken Dekoration verborgen, unsichtbar ihr romanisches Mauerwerk bewahrt. Das gilt beispielsweise für die Kirchen St. Emmeram in Regensburg, für den Freisinger Dom, Kloster Seeon, für Frauenchiemsee, Perschen, Ursberg, Fischbachau und Windberg.

Viele romanische Kirchen erlebten nach einer Barockisierung eine neoromanische Rückrestaurierung im Historismus des 19. Jahrhunderts. Einerseits wurden dabei häufig frühere Zustände beseitigt und neuromanische Ausstattungen, vor allem Altäre und Wandmalereien, hinzugefügt, andererseits wurden vielfach romanische Vorzustände im späten 19. und frühen 20. Jahrhundert unter jüngeren Überformungen wieder aufgedeckt, Wandmalereien freigelegt und ergänzt (wie etwa in Prüfening, Perschen); so ist die Ausmalung in Petersberg in großen Teilen eine frei erfundene Rekonstruktion. Ein interessantes Thema sind die Wechselwirkungen zwischen Freilegungen romanischer Wandmalerei und neuromanischen Ausstattungen.

Neuromanische Hinzufügungen fielen dann ihrerseits wiederum häufig purifizierenden Restaurierungen des 20. Jahrhunderts zum Opfer. Beispiel für solche rekonstruierenden Rückführungen auf »mittelalterliche« Zustände aus jüngerer Zeit sind etwa Keferloh bei München, Emmereis, Nabburg-Venedig, Straubing.

Nur selten sind Zeugnisse romanischer Baukunst wenig oder gar nicht verändert auf uns gekommen. Dies tritt noch am ehesten bei kleineren Dorfkirchen von geringerer Bedeutung auf oder betrifft Teile von Bauten, die zu allen Zeiten besonders hochgeschätzt wurden, das heißt vor allem Teile der Bauplastik wie das Schottenportal in Regensburg oder die Domkrypta in Freising (Teile versetzt: Portal Landshut aus Münchsmünster).

Originale Farbfassungen der Romanik sind auch in Bayern nur ausnahmsweise erhalten. Doch gerade in Regensburg (Prüfening, Allerheiligenkapelle) und auch im Karner von Perschen haben bemerkenswerte Beispiele einheitlicher romanischer Wandfassungen als einzigartige Zeugnisse romanischer Raumwirkung die Zeiten überdauert, obgleich in der Oberfläche reduziert. Von wenigen Fragmenten romanischer Wandmalerei, wie zum Beispiel in Frauenchiemsee und Füssen, und Resten zusammenhängender Fassungen der Raumschale (Walderbach) abgesehen, sind die Oberflächen der romanischen Bauten modern überarbeitet. Entweder sind neue Putze oder zumindest Schlämmen aufgetragen oder – vorzugsweise – Quaderbauten steinsichtig freigelegt, wobei letzteres häufig als Ausdruck der Kraft reiner Romanik gedeutet wird, jedoch nicht dem authentischen Zustand entspricht.

Am ehesten vermitteln solche Innenräume einen mittelalterlichen Eindruck, die Spuren von Farbigkeit tragen, und sei sie auch nur teilweise original und neuromanisch ergänzt (wie in Petersberg). Die für die Raumwirkung entscheidende Belichtung mittelalterlicher Bauten besteht heute zumeist aus barocken oder modernen Blankverglasungen, die die steinsichtigen oder mit Putz, Schlämme oder Tünche überzogenen Oberflächen in harten Konturen erscheinen lassen. Singulär sind die Glasfenster im Dom zu Augsburg, die die einzigen

Zeugnisse romanischer Glasmalerei darstellen. Allerdings befinden sie sich nicht in situ, sondern sind versetzt und in einem vielfach überformten, mit spätmittelalterlicher »Steintapete« einer strengen applizierten Quaderung ausgekleideten Kirchenraum erhalten.

Von der bauzeitlichen Ausstattung unserer romanischen Kirchen ist nur wenig überkommen. Zwar blieben mehrere Kreuzigungsgruppen wohl von den Lettneraltären der Klosterkirchen (Altenstadt, Straubing, Ursberg, Wessobrunn, Polling, Regensburg/St. Jakob) und einige romanische Taufsteine (Windberg, Altenstadt, Reichenhall) erhalten, das kirchliche Inventar aber ist bis auf die Buchmalerei fast gänzlich verloren. Eine großartige Ausnahme stellt hier das Bronzeportal des Augsburger Domes dar.

Wenn wir uns ein Bild von der Romanik Bayerns machen wollen, sind wir in erster Linie auf die Aussagen der Architektur mit ihren baugeschichtlichen Spuren von Veränderungen und Interpretationen nachfolgender Generationen angewiesen.

Forschungsgeschichte

Die wissenschaftliche Auseinandersetzung mit der mittelalterlichen Baukunst beginnt auch in Bayern in der Zeit der Romantik. In der lokalen Überlieferung und insbesondere in der Geschichtsschreibung, die in den Klöstern – seit jeher Pflegstätten der Wissenschaften – im Sinne der Klostergenealogie betrieben wurde, sind vereinzelt schon im Spätmittelalter, besonders aber im 18. Jahrhundert die überkommenen Monumente des Mittelalters gewürdigt worden. Eine gezielte Beschäftigung mit den mittelalterlichen Bauwerken setzt aber erst zu Beginn des 19. Jahrhunderts ein.

1816 brachte der Münchner Hofmaler Domenico Quaglio auf Wunsch seines Gönners, des Staatsministers Graf Montgelas, eine Serie von zwölf Blättern »vorgotischer Steinzeichnungen« unter dem Titel »Denkmale der Baukunst des Mittelalters im Koenigreiche Baiern« heraus. Diese Sammelmappe gab mittelalterliche Bauten und Bildwerke wieder, wie das Schottenkloster in Regensburg (mit dem Nordportal), die Freisinger Domkrypta und das Portal der Pfarrkirche von Moosburg und brachte bemerkenswerterweise bereits eine phänomenologisch-vergleichende Gegenüberstellung von Säulen und Kapitellen verschiedener Bauwerke. Mit der Anwendung des in Frankreich eingeführten Stilbegriffs »Romanik« – in unserem Gebiet erstmals in Gustav Friedrich von Waagens Beschreibung des Freisinger Domes (»Die Kirche ... ist noch in der romanischen Bauweise mit dem Vorwalten des Kreisbogens ausgeführt«) im zweiten Teil seiner »Kunstwerke und Künstler in Deutschland« (1845) – wird die Abgrenzung der hochmittelalterlichen Baukunst von der zuvor als nationalem deutschen Stil verstandenen »Gotik« eingeleitet.

War die Beschäftigung mit den mittelalterlichen Bauten in der Romantik zunächst noch vor allem auf die Entdeckung der vaterländischen Geschichte ausgerichtet, so widmete sich die nächste Generation mit wissenschaftlicher Akribie dem Thema und erstellte architektonisch genaue Bauaufnahmen, wie zum Beispiel Justus Popp und Theodor Bülau in ihrem Werk »Die alten Kirchen von Regensburg« (1834–1839), das erstaunlich zuverlässige Grundrisse, Aufrisse und Schnitte der behandelten Bauten enthält. Gleichzeitig wurde die mittelalterliche Baukunst durch die Einführung des Begriffs »Rundbogenstil« gegenüber der älteren Bezeichnung als »byzantinischer Stil« aufgewertet und durch Architekten wie Heinrich Hübsch und Carl Alexander von Heideloff in Werken – das heißt Restaurierungen mittelalterlicher Bauten und Neubauten in historischen Formen – und in Schriften propagiert.

Die im strengen Sinne kunsthistorische Bearbeitung setzt, teilweise aufbauend auf einzelnen lokalen und bei den Historischen Vereinen betriebenen Studien, mit dem zweiten Band der Geschichte der Baukunst Franz Kuglers (Geschichte der romanischen Baukunst, 1859) ein. Kugler entwarf, erstmals gestützt auf eine breite Kenntnis der Monumente, ein präzises Gesamtbild der Romanik in Bayern. Er behandelt neben den Hauptmonumenten auch die Pfarrkirchen und Kapellen von Pfaffenmünster, Windberg, Isen, Ilmmünster, Gögging, Perschen. Der in engem Zusammenhang mit der bayerischen Romanik stehenden Architektur Österreichs und Tirols widmet er anschließend ausführliche Kapitel. Selbstverständlich war die bayerische Romanik auch Gegenstand der seit der Mitte des 19. Jahrhunderts erschienenen Kunstgeschichten und Überblickswerke von Kallenbach (Album mittelalterlicher Kunst, 1846/47) und Förster (Denkmale deutscher Baukunst, 1855 ff.), Lübke (Geschichte der Architektur, 1855), Otte (Geschichte der romanischen Baukunst in Deutschland, 1874). Allerdings blieb die Erwähnung stets nur kursorisch. Schon Schnaase (1854) beklagte die Armut Bayerns an romanischen Bauten. In Georg Dehios und Gustav von Bezolds Grundlagenwerk über die kirchliche Baukunst des Abendlands (1899–1901) werden aus unserem Raum nur die Dome von Augsburg, Eichstätt und Freising sowie die Regensburger Bauten behandelt und einige weitere Bauten genannt.

In der ersten bayerischen Kunstgeschichte (Geschichte der Bildenden Künste im Königreich Bayern von den Anfängen bis zur Gegenwart, München 1862) schöpfte Joseph Sighart alle Schriftquellen aus und beschrieb eingehend die wichtigsten Monumente. Er versuchte, eine kunstgeschichtliche Einteilung vorzunehmen und die romanische Baukunst Bayerns chronologisch in drei Gruppen zu gliedern. Neben der Systematisierung des Materials nahm Sighart auch Einfluß auf Restaurierungen besonders in der Diözese Freising.

Eine gezielte Forschung zur bayerischen Romanik kam am Ende des 19. Jahrhunderts mit den Arbeiten von Georg Hager, dem nachmaligen Generalkonservator des bayerischen Denkmalamtes, und Berthold Riehl in Gang. Hager machte in seiner Studie über die romanische Kirchenbaukunst Schwabens (1887) auf den Einfluß der Hirsauer Klostertradition auf die Baukunst Süddeutschlands aufmerksam und diskutierte eingehend auf hohem kunsthistorischen Niveau die bayerisch-schwäbischen Bauten Augsburg, Altenstadt und Füssen. Riehl bemühte sich, kunstgeschichtliche Einordnungen zu vertiefen (Denkmale frühmittelalterlicher Baukunst in Bayern, bayerisch Schwaben, Franken und der Pfalz, 1888). Kleinere romanische Kirchen treten ins Blickfeld, insbesondere die Gruppe der romanischen Kirchen an der Donau, die Riehl im posthum erschienenen »Bayerns Donautal. Tausend Jahre deutscher Kunst« würdigt. Beide, Riehl und Hager, verfaßten auch Kunstdenkmälerinventare, in denen ab 1895 vor allem die mittelalterlichen Kirchenbauten eingehend beschrieben und kunsthistorisch gewürdigt wurden.

Hans Karlingers Studie zur romanischen Bauplastik (1924) ist in vielerlei Hinsicht bis heute die verläßlichste Zusammenfassung zur bayerischen romanischen Skulptur schlechthin geblieben. Gleichzeitig schufen die Forschungen Karl Zahns in Regensburg und die Inventare Felix Maders unverzichtbare Grundlagen.

Die Inventarisation und wissenschaftliche denkmalpflegerische Arbeiten haben in den Jahrzehnten nach dem Zweiten Weltkrieg unsere Kenntnis der romanischen Architektur wesentlich bereichert. Daneben konzentrierte sich die Forschung auf kleinere Studien zu einzelnen Bauwerken, seltener sind große Baumonographien und zusammenhängende Untersuchungen, wie etwa zur Regensburger Romanik.

Ein entscheidender Erkenntniszuwachs folgte aus bauarchäologischen Untersuchungen, die vor allem von Walter Haas in den letzten Jahrzehnten vorgenommen und einem zusammenfassenden Band zugrunde gelegt wurden (Romanik in Bayern, 1985).

In jüngster Zeit kamen einige – vor allem restauratorische – Untersuchungen (Füssen, Solnhofen) sowie einzelne durch Baumaßnahmen hervorgerufene Grabungen (Altenstadt) in Gang, von denen neue baugeschichtliche Erkenntnisse erwartet werden dürfen.

Abschließend kann festgestellt werden, daß die »Bayerische Romanik« als Forschungsgegenstand noch keineswegs ausgeschöpft ist.

Allgemeine Literatur zur Romanik in Bayern

Ernst Badstübner, *Klosterkirchen im Mittelalter. Die Baukunst der Reformorden,* München 1985.

Karl Busch, *Regensburger Kirchenbaukunst 1160–1280,* in: Verhandlungen des Historischen Vereins von Regensburg und Oberpfalz, 82 (1932) S. 1–192.

Walter Haas, *Kirchenbau im Herzogtum Bayern zwischen 1180 und 1255,* in: Wittelsbach und Bayern I, 1, Die Zeit der frühen Herzöge, Von Otto I. zu Ludwig dem Bayern, Ausstellungskatalog, München 1980, S. 409–425.

Walter Haas, Ursula Pfistermeister, *Romanik in Bayern,* Stuttgart 1985.

Georg Hager, *Die romanischen Kirchen Schwabens,* München 1887.

Georg Hager, *Zur Charakterisierung der Hirsauer Bauschule,* München 1909.

Wolfbernhard Hoffmann, *Hirsau und die »Hirsauer Bauschule«,* München 1950.

Hans Karlinger, *Die romanische Steinplastik in Altbayern und Salzburg,* Augsburg 1924.

Hans Erich Kubach, *Deutsche Dome des Mittelalters,* Königstein 1984.

Franz Kugler, *Geschichte der Romanischen Baukunst* (Geschichte der Baukunst 2) Stuttgart 1859, S. 502–514.

Berthold Riehl, *Denkmale frühmittelalterlicher Baukunst in Bayern, bayerisch Schwaben, Franken und der Pfalz,* München und Leipzig 1888.

Bernhard Schütz, *Deutsche Romanik. Die Kirchenbauten der Kaiser, Bischöfe und Klöster,* Freiburg i. B. 1989.

Josef Sighart, *Geschichte der Bildenden Künste im Königreich Bayern von den Anfängen bis zur Gegenwart,* München 1862 (Romanik: S. 54–297).

Ludwig Stoltze, *Die romanischen Hallenkirchen in Alt-Bayern,* Diss. Aachen 1929.

Richard Strobel, *Romanische Architektur in Regensburg, Kapitell, Säule, Raum* (Erlanger Beiträge zur Sprach- und Kunstwissenschaft 20), Nürnberg 1965.

Richard Strobel, *Vorromanische und romanische Architektur,* in: Bayern. Kunst und Kultur, Ausstellungskatalog, München 1972, S. 39–43.

Vorromanische Kirchenbauten, Katalog der Denkmäler bis zum Ausgang der Ottonen (Bearbeitet von Friedrich Oswald, Leo Schäfer, Hans Rudolf Sennhauser), München 1966–1970, Nachtragsband (Bearbeitet von Werner Jacobsen), München 1991.

Gottfried Weber, *Die Romanik in Oberbayern. Architektur, Skulptur, Malerei,* Pfaffenhofen 1985.

ROMANIK IN ALTBAYERN

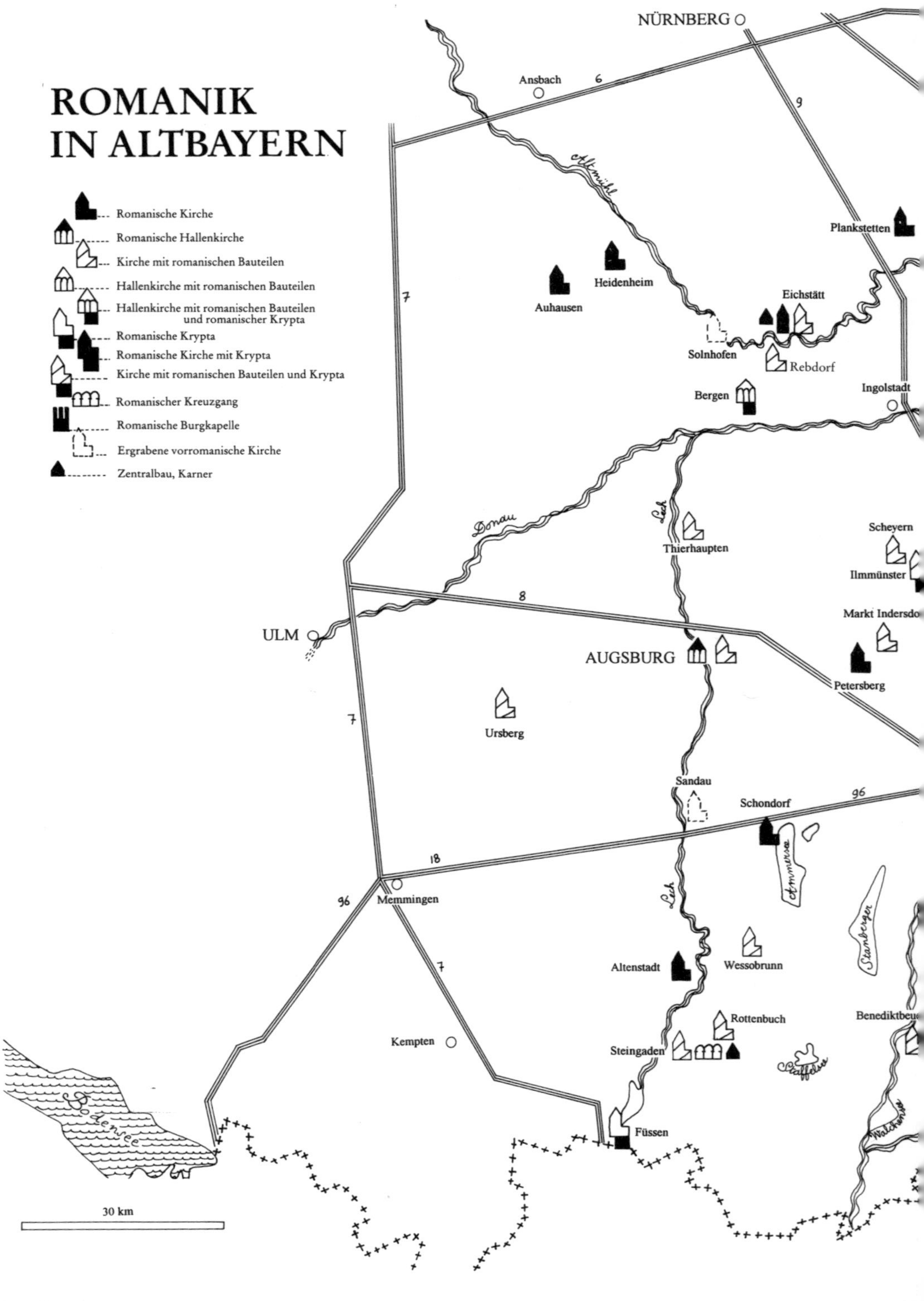
Romanische Kirche
Romanische Hallenkirche
Kirche mit romanischen Bauteilen
Hallenkirche mit romanischen Bauteilen
Hallenkirche mit romanischen Bauteilen und romanischer Krypta
Romanische Krypta
Romanische Kirche mit Krypta
Kirche mit romanischen Bauteilen und Krypta
Romanischer Kreuzgang
Romanische Burgkapelle
Ergrabene vorromanische Kirche
Zentralbau, Karner
NÜRNBERG
Ansbach
6
9
7
Altmühl
Plankstetten
Heidenheim
Auhausen
Eichstätt
Solnhofen
Rebdorf
Bergen
Ingolstadt
Donau
Lech
Thierhaupten
Scheyern
Ilmmünster
Markt Indersdo
8
ULM
AUGSBURG
Petersberg
Ursberg
7
Sandau
Schondorf
96
Ammersee
18
Memmingen
96
7
Starnberger
Lech
Altenstadt
Wessobrunn
Rottenbuch
Benediktbeu
Kempten
Steingaden
Staffelsee
Füssen
Bodensee
Walchensee
30 km

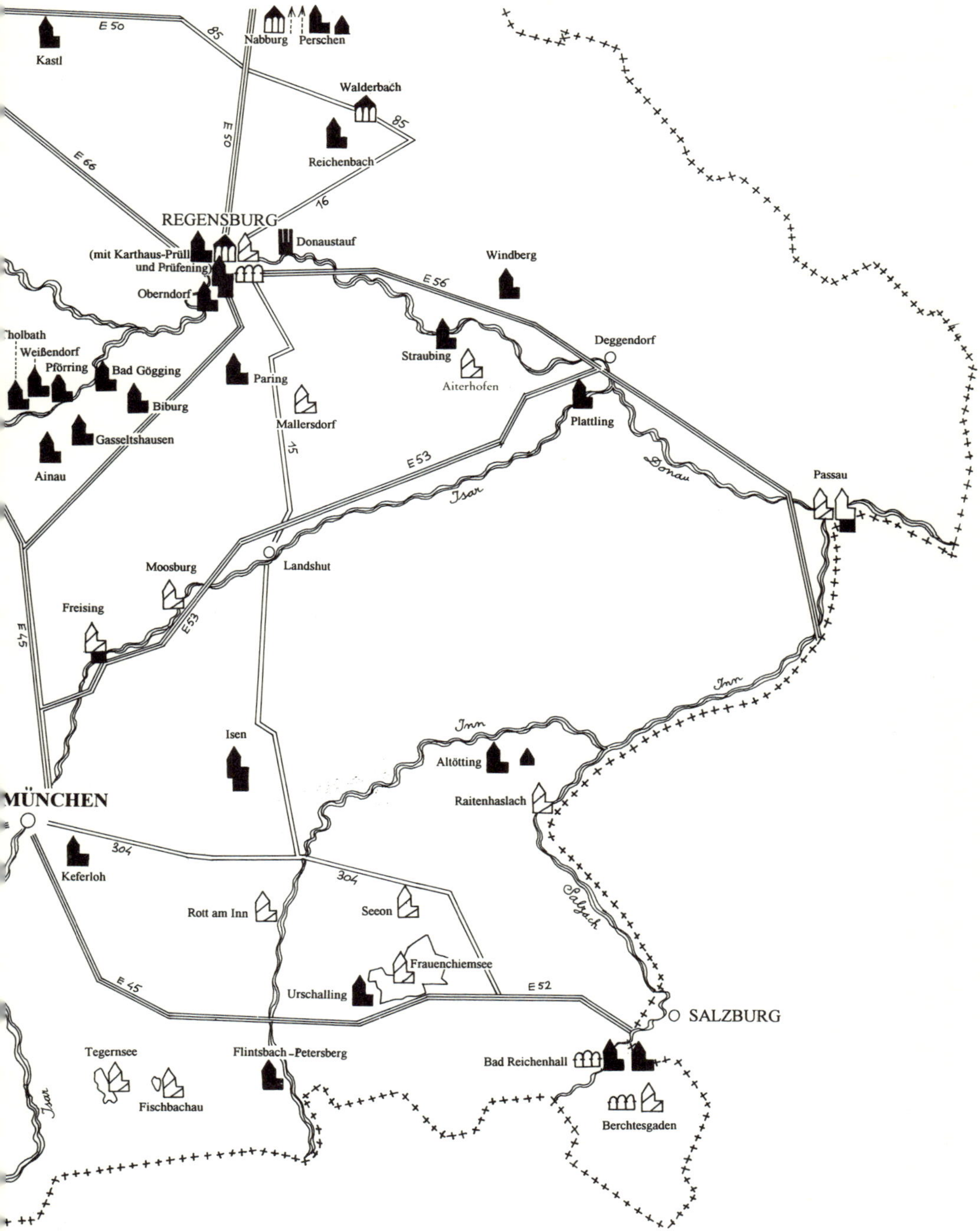

E 50
85
Nabburg
Perschen
Kastl
Walderbach
85
E 50
E 66
Reichenbach
16
REGENSBURG
(mit Karthaus-Prüll
und Prüfening)
Donaustauf
Windberg
E 56
Oberndorf
Straubing
Deggendorf
Wolbath
Weißendorf
Pförring
Bad Gögging
Paring
Aiterhofen
Biburg
Mallersdorf
Plattling
Gasseltshausen
15
Ainau
E 53
Donau
Isar
Passau
Moosburg
Landshut
Freising
E 53
E 45
Inn
Inn
Isen
Altötting
MÜNCHEN
Raitenhaslach
304
Keferloh
304
Salzach
Rott am Inn
Seeon
Frauenchiemsee
E 45
Urschalling
E 52
SALZBURG
Tegernsee
Flintsbach-Petersberg
Bad Reichenhall
Fischbachau
Berchtesgaden
Isar

Die Kirchen der Stadt Regensburg

Für Bayern ist Regensburg nicht nur die anfängliche Hauptstadt, sondern auch Wirtschafts- und Kunstkapitale im Hochmittelalter gewesen. Neben dem Bischof, der zeitweise mit Landes- und Reichsherrn um die Stadtherrschaft wetteiferte, besaßen noch sieben bayerische Bischöfe, dazu viele Klöster und Adelige feste Höfe in Regensburg in der Nähe der Pfalz. Dank einer nur bescheidenen Entwicklung im Spätmittelalter, insbesondere aber im letzten und in unserem Jahrhundert und dank eines gütigen Schicksals im Zweiten Weltkrieg blieben in dieser Stadt mehr romanische und gotische Bauwerke erhalten als anderswo. Das betrifft vor allem die Profanbauten. Aber auch der romanische Kirchenbau ist insgesamt überproportional vertreten, und so erklärt sich trotz der in Bayern üblichen Barockisierungswelle ein eigenes Kapitel über die romanische Baukunst in der Stadt Regensburg.

Ausgangspunkt ist das römische Legionslager Castra Regina, das gegenüber der Regenmündung nahe dem nördlichsten Punkt des Donauverlaufs und ganz nahe am Fluß 179 n. Chr. gebaut wurde. Der Stadtgrundriß und die Lage der Kirchen nehmen immer wieder Bezug darauf, auch wenn die Kontinuitätsfrage heute eher negativ beantwortet wird. Von aufrecht stehenden Türmen und Mauern berichtet Arbeo von Freising noch im 8. Jahrhundert. Im Bischofshof haben sich Teile der Porta Praetoria erhalten.

So liegen sich die beiden Damenstiftskirchen Ober- und Niedermünster diagonal in zwei Lagerecken gegenüber, in nächster Umgebung bei der einen St. Emmeram als wichtigste Klosterkirche, bei der anderen Domstift und die Pfalzkapelle (oder Alte Kapelle) und deren Pfarrkirche St. Kassian. Nur der vorgotische Dom ist bis auf den Eselsturm (vgl. S. 26) und Reste im Domkreuzgang verschwunden, sonst haben sich meist unter barockem Kleid überall romanische Bauten erhalten. Kleinbauten und Hauskapellen kommen hinzu: Die vorromanische Erhardskapelle, die Stephans- und Allerheiligenkapelle am Domkreuzgang, die spätromanische Katharinenspitalkapelle; etwa gleichzeitig mit ihr entstand das Domatrium, von dem Reste in der Bischofsgruft des Doms sichtbar gemacht worden sind. Am Rand der mittelalterlichen Stadt entstand das Kloster der irischen Benediktiner St. Jakob mit seinem berühmten Portal. Vor den Toren der Stadt sind zwei weitere Benediktinerklöster erhalten geblieben: Karthaus-Prüll und Prüfening. Zuletzt entsteht die Dompfarrkirche St. Ulrich mit ihren bereits gotischen Teilformen. Es überwiegen zwar die schlichten Pfeilerbasiliken, die nur in der Chor- und Querhauslösung, in der Turm- und Vorhallenfrage variieren. Zugleich ist jedoch bei ihnen wie auch bei den übrigen Kirchen und Kapellen von vielerlei Einflüssen und Querverbindungen zu berichten, die der damaligen Bedeutung der Stadt entsprechen. So manche Bau- wie Detailformen der romanischen Kirchen können auch unter dem barocken Schleier noch verdeutlichen, wie überregionale Beziehungen eine ganze Stadt bis heute prägten. Wie sehr Verkehrswege, seien es der Fluß oder die über ihn führende Steinerne Brücke des 12. Jahrhunderts zur Bündelung und Verbreitung des kulturellen Erbes und der romanischen Bauideen Voraussetzung waren, mag nur beiläufig erwähnt sein.

Literatur

K. Zahn, *Die Ausgrabung des romanischen Domes in Regensburg,* München 1931; R. Strobel, *Der Brixener Hof und die mittelalterlichen Bischofshöfe in Regensburg,* in: Jb. d. bayer. Denkmalpflege 28, 1973, S. 30–82; K. Schwarz, *Archäologische Geschichtsforschung in frühen Regensburger Kirchen,* in: Der Regensburger Dom, Beiträge zur Geschichte des Bistums Regensburg 10, 1976, S. 13–54; R. Strobel, *Regensburg als Bischofsstadt in bauhistorischer und topographischer Sicht,* in: Bischofs- und Kathedralstädte, hrsg. von F. Petri, Köln und Wien 1976, S. 60–83; *Der Dom zu Regensburg, Ausgrabung, Restaurierung, Forschung,* München und Zürich 1989.

St. Emmeram. Das ehemalige Benediktinerkloster

Die heutige Pfarr- und ehemalige Klosterkirche der Benediktiner St. Emmeram gehört zu den ehrwürdigsten und geschichtsträchtigsten Kirchen Bayerns. Die früh beginnende und bewegte Klostergeschichte hat eine entsprechend vielfältige Bautätigkeit nach sich gezogen. Blütezeiten mit selbstbewußten baufreudigen Äbten haben Kirche und Kloster stellenweise tiefgreifend oder nur an der Oberfläche verändert. So tritt St. Emmeram heute als Konglomerat verschiedener Bauperioden und als Bilderbuch der Stilgeschichte dem Besucher vor Augen. Die Kirche hat mit ihrer Barockisierung durch die Brüder Cosmas Damian und Egid Quirin Asam unter Fürstabt Anselm Godin de Tampezo 1731–1733 ihre bis heute gültige Gestalt bekommen. Romanische und vorromanische Bauteile haben sich hauptsächlich an den beiden Kirchenenden sichtbar und unter der barocken Neufassung unsichtbar erhalten. Das läßt die Beschreibung der mittelalterlichen Substanz auf dem weiten Feld der kombinierten Schriftquellen- und Bauforschung, aber auch der Hypothesen und Rekonstruktionsversuche nun schon seit über 100 Jahren tätig und immer wieder neu fündig werden. Hier kann es nicht um die neuerliche kritische Auseinandersetzung mit der bisherigen Literatur gehen, sondern nur um die beschreibende Würdigung der sichtbaren, also vor allem der zugänglichen romanischen und vorromanischen Bauteile. Es werden fortschreitend von Ost nach West, dann Nord nach Süd die wichtigsten Räume chronologisch zu behandeln sein, denen sich weitere Raum- und Baufragmente gut anfügen lassen.

Auch das Kloster im Süden der Kirche hat vielfach Umgestaltung und Neuschöpfung erfahren. Zuletzt ist nach der Säkularisation der neue Eigentümer Fürst Thurn und Taxis maßgeblich geworden, der als Prinzipalkommissar, d.h. als Vertreter des Kaisers beim Immerwährenden Reichstag in Regensburg residierte und 1812 von Bayern für den Verlust des Postwesens unter anderem mit dem Reichsstift St. Emmeram belehnt wurde. Daraufhin erfuhren die früheren Klostergebäude eine Umgestaltung zur fürstlichen Residenz, besonders in den äußeren Bereichen. So findet man nur noch in den Klostertrakten um den Kreuzgang ältere Bauteile. Dorthin gelangt man heute allein über den Schloßhof und nicht mehr von der Kirche aus, wie es früher, freilich auch nur für die Mönche, selbstverständlich war.

St. Emmeram liegt außerhalb des römischen Legionslagers an dessen Südwestecke. Eine mittelalterliche Tradition spricht vom *mons martyrum* antiker Heiliger, aber diese Bezeichnung besaß wohl keinen historischen Hintergrund, sondern war nur ein Topos von anderswoher. Das inzwischen teilweise bekannte Gräberfeld ist merowingischen Ursprungs, und die früh erwähnte Georgskirche wird ebenso in diese Zeit gehören. Am Grab und an der Wallfahrtsstätte des heiligen Emmeram entwickelte sich ein Kloster, dessen Äbte anfänglich zugleich die Regensburger Bischöfe waren. Im 10. Jahrhundert wurde das Kloster durch Verlegung der Stadtmauer nach Westen in die Befestigung einbezogen und belegte dann nahezu 5 Hektar Fläche entlang dieser Stadtmauer. Wohlgegliedert und mit ausreichend Distanzflächen versehen ist das alte Klosterschema und sind die unterschiedlichen Funktionen noch heute gut ablesbar. Von der Stadtseite her empfängt den Besucher eine frühgotische Portalwand, dahinter das sogenannte Paradies mit Vorhalle. Daneben liegt der neugotische Pfarrhof, an dessen Stelle bis 1892 eine doppelgeschossige Karnerkapelle St. Michael, wohl des 10. Jahrhunderts, lag. Sie wies auf den Klosterfriedhof dahinter, heute noch Garten und Freifläche. Wie ein Wächter ragt der Campanile des 16. Jahrhunderts auf, auch er anstelle eines romanischen und nur in alten Ansichten überlieferten Quaderturms. Es folgt an der Nordseite der Klosterkirche die spätgotische Rupertkirche, die Pfarrkirche des Klosters, ebenfalls anstelle eines älteren Vorgängers, sowie die Sakristei, die die Stelle einer Zenokapelle einnimmt. An der Klosterkirche östlich setzt sich die Ramwoldkrypta als Außenkrypta ab, während im Westen das große Querhaus mit eigenen Giebeln abschließt. Südlich der Kirche umfassen die inneren Klostergebäude zwei oder drei Höfe; mehrere Kapellen am Kreuzgang sind zwar abgegangen, aber Reste des romanischen Refektoriums und Kapitelsaals sowie der Küche haben sich erhalten. Gegen Westen folgten Brauhaus, Wirtschaftsgebäude, Stallungen, Bedientenwohnungen, also der weltliche Teil des Klosters, den besonders viele Um- und Neubauten ersetzt haben. Dennoch kann der Gesamtkomplex St. Emmeram mit Thurn-und-Taxis-Schloß trotz aller Bauten- und Formenvielfalt in seiner großzügigen Anlage etwas vermitteln von der Dichte und Atmosphäre des bedeutendsten bayerischen Benediktinerklosters, auch wenn es nun schon fast 200 Jahre nicht mehr als solches existiert.

Geschichte

In St. Emmeram ist Ausgangs- und Zielpunkt aller Klostergeschichte und Architektur das Grab des namengebenden merowingischen Heiligen, weshalb die Anfänge in vorromanische Zeit zurückreichen. Topographie und Ableitung der Bauphasen legen es nahe, auch in einer Betrachtung, die vorwiegend der Romanik gilt, kurz darauf einzugehen. Für das zweite Grab Emmerams wurde die Confessio in der Mittelschiffapsis und um diese herum die Ringkrypta errichtet, worauf sich alle folgenden Um-, An- und Neubauten bezogen. Freilich liegt der erste Ansatz für St. Emmeram nochmals anderswo. Zur Verdeutlichung bedarf es eines Hinweises auf die Überlieferung zum Heiligenleben.

In der »vita et passio s. Haimhrammi« des Arbeo von Freising, entstanden um 760/70, wird berichtet, daß Emmeram aus Poitiers gekommen sei und am Hofe Herzog Theodos in Regensburg und im ganzen Lande missionierend gewirkt habe. Er sei dann auf einer Romreise vom Sohn des Herzogs getötet worden, nachdem er die Schuld anderer auf sich genommen hatte, und so zum Märtyrer geworden. Diese Geschichten, so sie nicht der Hagiographie entstammen, liegen mit den wenigen verwertbaren Zeithinweisen jedenfalls vor der bonifatianischen Bistumsorganisation; das Todesjahr wird aus anderen Quellen etwa für 685 erschlossen. Arbeo berichtet dann weiter, daß von Kleinhelfendorf bei Aschheim in Oberbayern der Leichnam Emmerams nach Regensburg verbracht und dort in der Georgskirche beigesetzt worden sei. Diese wird im heutigen südlichen Seitenchor der Emmeramskirche lokalisiert, wohl mit einiger Berechtigung. So ist auf dem gotischen Grabstein des 14. Jahrhunderts vermerkt, daß sich hier sein erstes Grab befunden habe: *HI(c) P(ri)MO TUMULA(tus) E(st).* Und eine verlorene, aber für das 9. Jahrhundert gut gesicherte Wandinschrift berichtet bereits dasselbe: *Hic corpus primum sancti requievit humatum Pastoris ... Heimrammi.* Danach habe also Emmeram zuerst in einem Bodengrab seine Ruhe- und erste Verehrungsstätte gefunden. Von dort sei er in ein neues, kostbar errichtetes Grab umgebettet

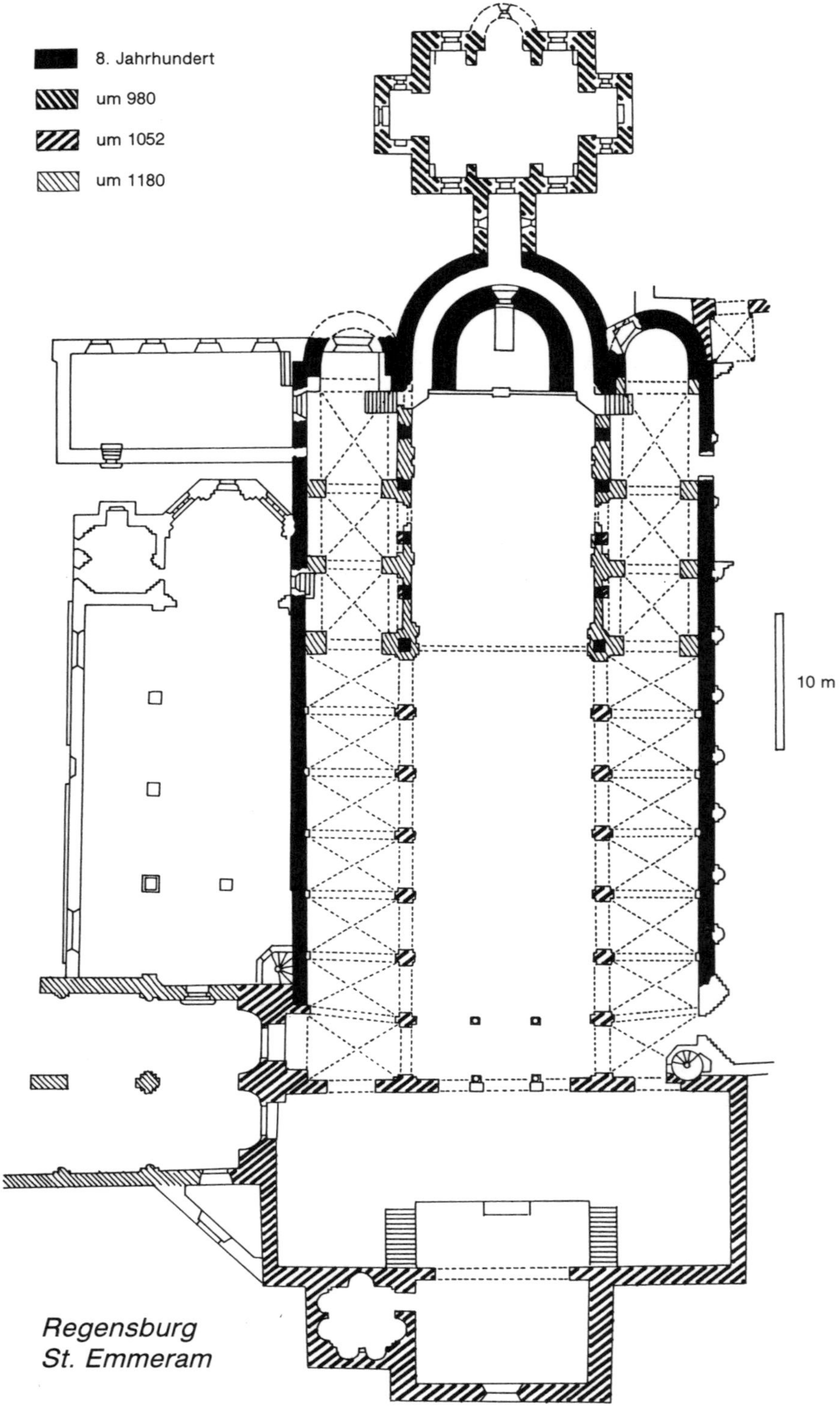
8. Jahrhundert
um 980
um 1052
um 1180
10 m
Regensburg
St. Emmeram

worden, und zwar unter Bischof Gaubald, d. h. um 740. Auf den Wunderbericht mit der schwebenden beziehungsweise nur noch von einem der Beteiligten bei der Umbettung gehaltenen Grabplatte scheint die gotische Steintischplatte anzuspielen. Daß die Translatio innerhalb ein und derselben Kirche stattgefunden haben muß, geht daraus hervor, daß bei dieser Gelegenheit das Volk *extra ecclesiam* hinausgeschafft worden sei und die Kirchentür verriegelt wurde.

Nimmt man die erste Grabstätte als gesichert an und die Confessio als seine zweite, muß schon für Gaubalds Zeit eine Kirche in Mittelschiffgröße mit Südannex oder ein bereits mehrschiffiger Bau angenommen werden. Wir hätten uns also im späteren 7. Jahrhundert eine Kirche von bisher unbekannter Größe bei einem merowingerzeitlichen Gräberfeld vorzustellen. Für 783 wird unter Bischof Sintpert vom Beginn weiterer Baumaßnahmen berichtet. 791 schließlich findet die Krypta ausdrücklich Erwähnung. Mit ihren Ausmalungsresten handelt es sich um die originale Verehrungsstätte und das früheste architektonische Zeugnis des Emmeramskultes.

Im Anschluß an die Emmeramskrypta wurde durch Abt Ramwold 980 eine Außenkrypta errichtet. Ramwold war 974 aus Trier von Bischof Wolfgang berufen worden, und er kam mit den Idealen der Gorzer Reform, die von Regensburg aus als eigener Gruppe weitergetragen wurden, so zum Beispiel nach Niederaltaich, Tegernsee, Weltenburg, Seeon, Lorsch, Fulda. Er festigte das Kloster und sorgte für innere und äußere Erneuerung. Den Plan für die Krypta hat er wohl aus St. Maximin übernommen, wo bereits 952 eine Außenkrypta geweiht worden war. Auch die Reliqienschätze brachte Ramwold aus Trier mit, wofür er fünf Altäre errichten ließ. Von den Säulen heißt es in einem nachträglichen Kommentar, sie würden Gottes- und Nächstenliebe verkörpern. Auch wenn dies nicht ursächlich ihrem Plan zugrunde lag, bleibt die Symboldeutung eine eindrucksvolle: die Kirche als Gebäude wie als Gemeinschaft der Gläubigen ruht auf diesen Grundsäulen des Christentums. Ramwold wurde dann im Jahre 1000 oder 1001 vor dem Gregoraltar im südlichen Annex bestattet, womit sein Wunsch und die Intention dieses Kryptenbaus in Erfüllung gegangen sein mag, in der Nähe des verehrten heiligen Emmeram begraben zu werden.

Zwei weitere Bauperioden sind für die Basilika St. Emmeram von besonderer Wichtigkeit geworden. Zum einen bildete der Brand von 1166 eine starke Zäsur: *... monasterium . . combustum est, et muri ... collapsi sunt.* Zum anderen war die Bautätigkeit Abt Reginwards (1048–60?) so umfangreich und von besonderen Umständen begleitet, daß diese Periode dank guter Quellenlage ausführlicher dargestellt werden kann. Es geht um den Neubau der Westteile mit Querhaus, Dionysiuschor und Wolfgangskrypta, Magdalenenkapelle und Nordportal. Aber zunächst zu den Baumaßnahmen des 12. Jahrhunderts.

Nach dem Brand von 1166 war die Erneuerung des Mittelschiffes notwendig geworden, wovon charakteristische Detailformen und die Blendarkatur des Obergadens (unzugänglich über dem barocken Gewölbe) berichten. Wohl gleichzeitig entstand die Vorhalle zum Nordportal. Nach einem Nekrologeintrag hat eine Stiftung des Regensburger Bürgers Ulrich Ruf mit 80 Talenten zur Restauration der Kirche und 30 Talenten zum Bau des Portikus beigetragen.

Etwa 120 Jahre zuvor hatte ein Brand noch umfangreichere Bautätigkeit ausgelöst. Entscheidender Auftraggeber war damals Abt Reginward. Ein Höhepunkt verbindet sich mit der Weihe vom 7. Oktober 1052, vorgenommen durch Papst Leo IX. unter Assistenz mehrerer (Erz)bischöfe und in Anwesenheit Kaiser Heinrichs III. Es ist von der Anlage einer zweiten Confessio für den heiligen Emmeram die Rede und der Wiederherstellung der Kirche, deren genauerer Umfang unter den späteren Veränderungen nicht sehr deutlich wird. Besser steht es mit den Neubauten Reginwards zur Ehre des heiligen Wolfgang und der angeblich wiederaufgefundenen Gebeine des heiligen Dionysius.

In St. Emmeram behauptete man seit dem frühen 11. Jahrhundert, nicht das Kloster St. Denis bei Paris besäße die Gebeine des heiligen Dionysius Areopagita, sondern St. Emmeram selber, nachdem sie unter Kaiser Arnulf entwendet und dann nach Regensburg zusammen mit dem Codex Aureus und dem Arnulfziborium geschenkt worden seien. Wieder in Vergessenheit geraten, hätte man sie 1049 neu gefunden, was zum Anlaß genommen wurde, um dem Heiligen einen würdigen Kultraum zu errichten. Aber man sah sich dem Mißtrauen und der Kritik anderer Kleriker ausgesetzt, weil schriftliche Beweise gefehlt hätten. Da kam wieder ein (inszenierter) Glücksfall zu Hilfe. Noch im selben Jahr 1049 habe man beim Abbruch der Kirchenwestmauer drei Steine mit einschlägigen Inschriften gefunden, die die Echtheit der Gebeine aufs schönste bestätigt hätten. Allerdings wurden auch diese Steine schon gleich – in Emmeramer Sicht aus Neid – als Fälschungen verdächtigt. Damit nicht genug. Zu Ende des Jahrhunderts werden gefälschte Diplome bzw. Privilegien lanciert, die alte Behauptungen wiederholen und damit die Exemtion, angeblich bereits unter Karl dem Großen erfolgt, anstreben. Dies scheint als eigentlicher Grund dahinterzustecken: Man wollte mit denselben Ansprüchen wie St. Denis auftreten, versuchte sich selbst als von Kaisern und Königen reich beschenkt darzustellen, wozu auch der Hinweis auf kaiserliche und königliche Grablegen über die tatsächliche Zahl hinaus gehören, wollte sozusagen ein St. Denis für Deutschland sein. Dabei gab es nicht zuletzt Schwierigkeiten der Glaubwürdigkeit, als man 1052 zu den Feierlichkeiten der Einweihung von Dionysiuschor und Wolfgangskrypta schritt. Papst Leo IX. hatte für St. Denis 1049 den Besitz der Reliquien Dionysii bestätigt; er hätte das gleiche nicht nochmals für die St. Emmeramer tun können. So verlegte sich der Eifer in St. Emmeram 1052 ganz auf die Erhebung und Translation der Gebeine des heiligen Wolfgang in die neuerbaute Krypta, ohne daß von der gewünschten St.-Denis-Rolle die Rede war. Dennoch waren sichtbare Zeichen gesetzt: Am Portal konnte man schon bald das Bildnis des heiligen Dionysius erblicken, und der ihm geweihte Chor verkündet von den damaligen Bestrebungen. Die facettenreiche Klostergeschichte von St. Emmeram zur Mitte des 11. Jahrhunderts ist wegen dieser dem Mittelalter geläufigen Anstrengungen um Reliquienbesitz von Bedeutung. Sie hatte unmittelbare Auswirkungen auf den Bau und sein Aussehen.

Besichtigung

Emmerams- und Ramwoldkrypta

Heute betritt man die Emmeramskrypta durch einen der Eingänge in den Seitenschiffen. Bis zum 11. Jahrhundert hat man vom Mittelschiff aus im Hauptchor selbst die Krypta betreten. Nach wenigen Stufen abwärts wird man vom Dämmerlicht der nur mit kleinen Fenstern versehenen Ringkrypta umhüllt (Bild 1). Der mit einer gekrümmten Tonne gewölbte Gang zielt auf seinen Scheitel mit der wohl schon seit dem 12. Jahrhundert völlig abgeschlossenen Confessio unter dem ehemaligen Hochaltar. Dort wird bereits für 980 ein Johannesaltar *ad pedes,* d. h. zu Füßen des Heiligen, erwähnt. Die Verschlußplatte zeigt in sehr reduzierter Malerei einen lehrenden Christus. Der Sarkophag dahinter, der 1894 geöffnet und dessen Inhalt neuerdings wieder untersucht wurde, ist auch nach der Erhebung von Gebeinresten 1645 und Neupräsentation in einem Reliquienbehälter von 1423 Ort des Gedächtnisses für den ersten Bistumsheiligen Regensburgs bis heute geblieben.

Im südlichen Teil der Krypta ist in der Wölbung ein Streifen der Malereien freigelegt worden, die besonders reiches Flechtwerk in

weiter Seite 73

Die Bildseiten

I

4

5

6

CVM PETRA SIT DICTVS STABILI PNOMINE
IN SAXO SATIS SAPIE CONSTAT IMAFO

7

8

9

10

13

14

15

16

17

komplizierter farbiger und formaler Verknüpfung zeigen (Bild 3). Auch wenn die bisher freigelegten Flächen noch viel zu gering sind, um sich ein abschließendes Bild machen zu können, lassen sie doch etwas von der frühen und eindruckvollen Ausmalung vielleicht noch des 8. Jahrhunderts ahnen.

Vom Scheitel der Ringkrypta führt ein tonnengewölbter Stollen zur Ramwoldkrypta, in dem es ebenfalls Malereien gibt, hier aus der Bauzeit um 980 (Bild 2). Den Resten eines Schriftbandes nach gehörten sie zu einem Jüngsten Gericht. Die Ramwoldkrypta verdankt ihr heutiges Aussehen einem durchgreifenden Umbau von 1773–1775. Sie kann aber mit den Umfassungsmauern und einem wiedergefundenen Topfkapitell, heute an der Westseite neu aufgestellt, gut als dreischiffiger, mit Seitenannexen versehener Raum vorgestellt werden. Darüber hat sich die Bibliothek befunden. Im südlichen Annex blieb der Sarkophag für Ramwold erhalten.

Im nördlichen Nebenchor wurden Pfeiler aus wiederverwendeten römischen Großquadern freigelegt, zwischen die im 11. Jahrhundert Doppelarkaden eingestellt wurden, ein Motiv, das dann wieder in Prüfening und im Niedermünster Verwendung findet.

Vorhalle, Westquerhaus und Wolfgangskrypta

Der Zugang nach St. Emmeram von der Stadt her erfolgt über das sogenannte Paradies. Man steigt einige Stufen zu einer frühgotischen Portalwand mit zwei spitzbogigen Öffnungen und rhythmisch gegliederten Blendarkaden empor, durchschreitet einen unüberdachten Vorhof, der einst sieben oder mehr Joche gezählt hat oder zählen sollte, von denen nur die beiden letzten aufrecht stehen. Die mit Kreuzgratgewölben versehene zweischiffige Halle zeigt an, wie man sich das Ganze hätte vorstellen müssen: Stützenwechsel zwischen Pfeilern mit Halbsäulenvorlagen und schlichten Pfeilern, Polsterkämpfer nur teilweise reliefiert, die seitlichen Mauern durch Reihen von Rundbogenarkaden geöffnet, die sich heute als Blendarkaturen zeigen. All das stammt nach den oben genannten Nachrichten und den stilistischen Details aus der Zeit um 1180. Zwei Kapitelle sind mit Widderköpfen bzw. einem Löwenkopf versehen, die in der Nachfolge der Schottenwerkstatt entstanden sein dürften.

Sinn bekommt die Anlage erst dadurch, daß sie am Ende aufgefangen wird oder den Besucher hinleitet zu einem über 100 Jahre älteren Doppelnischenportal, zu dem sicher ebenfalls schon eine Vorhalle unbekannter Größe und Gestalt gehört haben muß. Das Portal ist wichtig wegen der seitlich und dazwischen angebrachten Reliefs, aber auch wegen seiner seltenen Grundform. Als frühestes erhaltenes Figurenportal apostrophiert, kann es zur Kloster- und Baugeschichte nach Lage, Gestalt, Ikonographie und Bauzeit wichtige Mitteilungen machen.

Die linke Tür führt in das letzte Joch des nördlichen Seitenschiffs von St. Emmeram, die rechte in das Westquerhaus mit dem Dionysiuschor. Wenn man weiß, daß die weit auseinanderliegenden Chöre beider Bauteile den Heiligen geweiht sind, deren Bilder fanfarenartig schon am Portal erscheinen, daß die einladende Muldenform im Inneren wieder begegnet und die Entstehung sich vor kirchenpolitisch so bewegtem Hintergrund abspielt, bekommt die Frühzeit des Figuralen zusätzlichen hohen Informationswert.

Die beiden Nischenportale stellen halbrunde Eintiefungen dar, brüsk unterbrochen von Rechtecktüren, ursprünglich ca. 4,80 Meter hoch und 2,20 Meter breit, von hohen Stürzen abgeschlossen. Die Rundung wird vor allem an der Wölbung ablesbar, die erst hinter dem Sturz auf einem Stichbogen in Mauerstärke aufruht. Das hat früher an der Gleichzeitigkeit von Nischen und Tür zweifeln lassen. Jedoch hat die Bauforschung eindeutig abklären können, daß beides in einem Bauvorgang entstand und auch die Reliefs unter dem umlaufenden Gesims dazugehörig eingebunden sind. Das ist nicht zuletzt wegen der exakten Datierung von Bedeutung.

Am Suppedaneum des mittleren Reliefs mit Christus Salvator (Bild 7) erscheint eine Halbfigur mit beschriftetem Medaillonrahmen, der den Abgebildeten als Auftraggeber ausweist: *ABBA REGINWARDUS HOC FORE JUSSIT OPUS,* d. h. Abt Reginward hat dieses Werk entstehen lassen. Der bekannte Zeitansatz Mitte 11. Jahrhundert wird somit bestätigt, nachdem Reginward von 1048 bis 1060(?) Abt war. Ferner ist allen drei Reliefs der Aufbau mit Inschriftrahmen gemeinsam, deren schöne Kapitale auffallen. Die Figuren, die mittlere sitzend, besser thronend, die seitlichen wie Assistenzfiguren frontal stehend mit nach innen gewandten Köpfen, sind fast vollplastisch vor flache Nischen gestellt, die von einer Bogenarchitektur gerahmt werden. Die kastenförmigen Suppedaneen der Außenfiguren zeigen Rankenwerk, wie es wieder an Kapitellen der Wolfgangskrypta begegnet. Die Figuren selbst wirken archaisch in ihrer blockhaften Rundung, mit dünnen Graten der Gewandfalten umzogen, trotz ihrer Kleinheit monumental. Vermutlich hat die einstige Farbfassung noch mehr Feinheiten offenbart und die Nähe zu Werken der Gold- und Elfenbeineinbände bestätigt. Wo unmittelbare Vorbilder zu suchen sind, ob in rheinländischen Bildwerken oder in solchen der Kleinkünste, mag dahingestellt bleiben.

Mittig erscheint der lehrende Christus, in dessem Buch zu lesen ist: *SPES EGO SUM VITAE CUNCTIS SPERANTIBUS IN ME.* Als Umschrift steht auf dem Rahmen ein merkwürdig beschwörender Satz: *CUM PETRA SIT DICTUS STABILI P(ro) NUMINE / XPC* (= Christus) *ILLIUS / IN SAXO SATIS APTE CONSTAT IMAGO,* d. h. weil Fels genannt wird Christus wegen seiner unerschütterlichen Göttlichkeit, steht sein Bild in Stein genügend fest. Mehrere Begriffspaare sind hier gegenübergestellt, denen für die frühromanische Plastik Schlüsselfunktion zukommen: *Petra – saxum* ist eines, *numen – imago* das andere und *stabilis – satis apte* erläutert das Anliegen, das auch Konflikt bedeutet haben mag. Christus als Fels und das Bild aus Stein mögen bereits geläufige Metaphern gewesen sein; zumindest wird die Materialfrage – denkt man an frühere und gleichzeitige Kultbilder in kostbaren Materialien wie Gold und Elfenbein – in konsequenter Gleichsetzung beantwortet. Anders belastet erscheint wohl das numen-imago-Problem, das dann erläutert wird durch den Hinweis auf die Stabilität = Wirklichkeit des einen und die Fraglichkeit der Darstellungsmöglichkeit im irdischen Stoff des anderen. Sind diese Fragestellungen nicht zu modern gedacht, scheint der Konflikt tatsächlich (oder ganz naiv-gläubig) hier für die damaligen Verhältnisse monumental verewigt. Jedenfalls gewinnt der Stein als Ausdrucksform monumentaler Bildvorstellungen erstmals im süddeutschen Raum Gewicht und Anspruch, dessen künstlerische Bewältigung zu Beginn einer ganzen Epoche um so mehr überrascht und eigentlich erst an ihrem Ende wieder in solcher Qualität erreicht wird. Wie als Grundhaltung die Auffassung vom Stofflichen als Labilem noch durchschlägt, davon berichtet der dünn und zart gewirkte und durchbrochene Thron, auf dem Christus mehr schweben als sitzen kann, davon berichten die zarte Rahmenarchitektur und die als Standflächen so instabilen Suppedaneen, deren Schrägstellung nach unten zur Erleichterung des Betrachters sicher zu modern gedacht ist. Die Heiligen schweben als standfest Stehende und verkörpern als Hauptpatrone mit ihrem Segensgestus für den Eintretenden Assistenz und Fürbitte bei Christus. Darauf und auf aktuellen Kult- und Bildanlaß nehmen ihre Umschriften Bezug.

Links heißt es um die Figur St. Emmerams: ... *INTRANTES BENEDIC AUDIQ(ue) PRE/CAN(t)ES + EMMER/AMME TUI CUSTOS FIDISSIME TEMPLI,* d. h. die Eintretenden segne und erhöre die Bitten, Emmeram, treuester Hüter deiner Kirche. Bei Dionysius heißt es unter Anspielung auf die andauernde Auseinandersetzung: *GALLIA TRANSLATU(m) GEMIT HUC QUEM TRINA / PATRONU(m) EXSTAT / IMAGO TUI PIE MACHARIOS DIONISI,* d. h. Gallien beklagt den hierher überführten Patron, den dreifach ein Bild Deines frommen Makarios Dionisios vorstellt. Wie beim Salvator wird wieder die imago beschworen, das Bild, dessen Hinweisfunktion auf die Anwesenheit der aus St. Denis überführten Reliquien des Heiligen unübersehbar hier am Portal aufscheint. Daß man voraussetzt, (ganz) Gallien wehklage über den Verlust, macht die unerhörte Steigerung des Anspruchs auf die Gebeine des westfränkischen Nationalheiligen bewußt, teilt etwas von der Beweisnot mit und klingt nur in den Ohren ganz naiver Gläubiger nicht nach massivem Betrug. Aber wenn es um Reliquienbesitz ging, war man damals bekanntlich weder mit Mitteln noch Wegen kleinlich. Den Anspruch eines St. Denis bei Paris auf das St. Emmeram in Regensburg übertragen zu können schien alles zu rechtfertigen.

Das Westquerhaus von St. Emmeram (Bild 5) trennt und verbindet zugleich als monumentaler Raum zwei Pole des Kultes mit Klosterleben und Heiligenverehrung. Wie sich die Basilika auf die Apsis und die zwei Eingänge zur Ringkrypta nach Osten orientiert, wird nun mit dem Dionysiuschor im Westen und der Wolfgangskrypta darunter eine neue Richtung eingeführt, was gewiß wörtlich zu verstehen ist. Der hohe und weite, außen vorspringende Querhausarm, freilich erst durch die barocke Orgelrückwand getrennt vom Mittelschiff, bildete ein neues Aktionsfeld mit Blick zum höher gelegenen Westchorraum als Psallierchor und wiederum zwei Abgängen zur Krypta, zusammengebunden durch die (architektonisch endgültig erst um 1210 gefaßte) Kultstätte für Dionysius und Wolfgang unter dem Altar. Wie der Chor in das Querhaus hereingezogen ist und somit Chorbogen und darunterliegendes Stützenpaar in geheimnisvolle Beziehung treten, wie also nicht die Westwand zum eigentlichen Zielpunkt gemacht wurde, sondern ein zentraler Ort vor dem Chorbogen neu geschaffen wurde, verleiht dem Raum über die architektonische Klarheit und Strenge hinaus noch etwas von dem Schwebecharakter ottonischer Bauten, die dem Kultgehäuse anschaulichere und eindrücklichere Züge verliehen als je zuvor oder danach. Freilich gilt es auch hier viel in der Vorstellung zu ergänzen.

So ersetzt die heutige Kassettendecke von 1661 mit den Verherrlichungsthemen des Benediktinerordens – nach Zwischenstufen – ein Tabulat, entstanden nach dem Brand von 1166, das die Vision Daniels von den vier Weltreichen zum Thema hatte. Ebenso war die Befensterung eine andere, und die Reste der Wandmalereien können nur noch spärliche Hinweise darauf geben, wie man sich die großen Wandflächen einst bemalt vorzustellen hat. Am ehesten zeugt die Bemalung des Chorbogens davon, auch wenn sie erst dem 12. Jahrhundert angehört.

Das Vorstoßen der Wolfgangskrypta in das Querhaus mag dem Wunsch nach einem zentralisierendem Raum entsprochen haben, des-

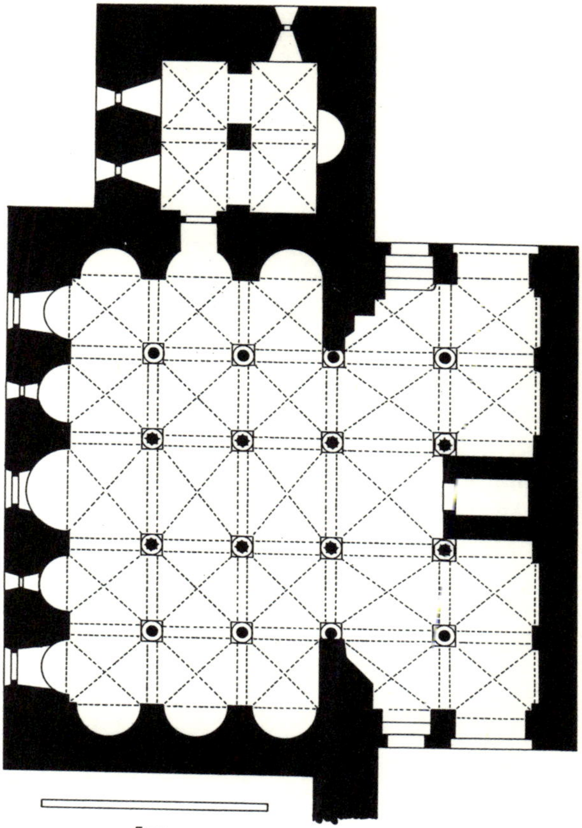

Regensburg Wolfgangskrypta

sen mittlere Längsachse mit der Querachse der Zugänge unverkennbar ein lateinisches Kreuz bildet. Betritt man heute die Krypta, benötigt man allerdings einige Zeit, um den Raum in seinen Jochabfolgen und Gliederungsteilen zu überschauen und von jüngeren Altarretabeln zu abstrahieren (Bild 6).

Die fünfjochige und fünfschiffige Krypta wird unterteilt von schlanken Säulen unter Gurtbögen und Kreuzgratgewölben, die wie geblähte Segel wirken. Auch die Wandnischen der drei westlichen Joche vermitteln den Eindruck der Raumweitung, während die flachen, durch Wandvorlagen gebildeten Rechtecknischen der Ostmauer Altarstellen gedient haben mögen, wie es für die Ramwoldkrypta gesichert ist. Die Belichtung der Krypta erfolgte wohl ursprünglich nur durch zwei kleine Fenster in der Westmauer und unbekannt große Öffnungen aus dem Querhaus. Für das 17. Jahrhundert ist überliefert, daß es nur ein einziges Fenster in Nachahmung der alten Krypten gegeben habe. Das geheimnisvolle Dunkel, das bis heute dem Raum erhalten blieb, kann etwas vermitteln von der ursprünglichen Erlebniswelt der Erbauungszeit.

Die Basen der Stützen variieren, wobei überwiegend Wulst- und Karniesformen, aber kaum Kehlen kombiniert werden. Die Kämpfer zeigen dagegen ein gleichförmiges Profil aus Kehle und Karnies. Das verleiht den Details den Charakter sanften Dehnens mit fein gestuften, präzisen Absätzen. Die niederen Würfelkapitelle mit ihren exakten Kugelabläufen, nur wenige mit Rankendekor in den Schildflächen, sitzen auf unterschiedlichen Stützen: Die äußeren Säulen sind rund, die inneren achteckig, wobei die beiden Mittelsäulen vor dem zentralen Joch kanneliert sind. An derart ausgezeichneter Stelle sieht es so aus, als ob unter dem Chorbogen die scheinbar schwächste, aber idealtypische Säulenform hätte Platz finden sollen. Es ist dies das Baldachinjoch über dem Altar vor dem Wolfgangsgrab. Insgesamt stellt die Wolfgangskrypta unter den Bauten der Reginwardzeit einen Höhepunkt dar und zeigt am besten an, zu welch architektonischen Qualitäten diese Zeit befähigt war.

Nördlich an den Chor anschließend befindet sich die Magdalenenkapelle, die wegen ihrer Wand- und ehemals auch Gewölbegliederung – das Gewölbe ist später herausgeschlagen worden – von Interesse ist und aus der Zeit der Wolfgangskrypta stammt. Doppelnischen gliedern die Wände, Säulen sind mittig davorgestellt, und zwei Säulchen flankieren die Altarnische im Osten. Das aus den Ansätzen von Gurtbögen und Graten zu folgernde Faltengewölbe muß dem Raum bei seiner Kleinheit etwas besonders Graziöses, vielleicht mit byzantinischen Einflüssen Erklärbares verliehen haben.

Die noch nicht restaurierten und teilweise übertünchten Malereien in den Konchen sind noch nicht gedeutet. Es wird vermutet, daß die Figurengruppen Szenen aus dem Leben einer Einsiedlerin, vermutlich der Maria Ägyptiaca darstellen.

Ein anderer Raumteil dieser Zeit hat sich in der Nordostecke des Kreuzgangs erhalten. In die Ecken sind vier Säulen eingestellt, die ein Kreuzgratgewölbe tragen, also einen echten Baldachin bilden. Die freigelegten Basen zeigen die alten Raumhöhen an, die Detailformen entsprechen denen der Wolfgangskrypta.

An ein außergewöhnliches Stück aus St. Emmeram, heute im Museum, muß noch erinnert werden. Das sogenannte Astrolab, eine Sphaera, geht auf Wilhelm von Hirsau zurück. Vorn blickt Aratos zum Himmel, rückwärts ist eine Sphaera eingeritzt. Die Stele, um 1060/70 entstanden, ist von hoher Qualität und großem wissenschaftlichem Interesse.

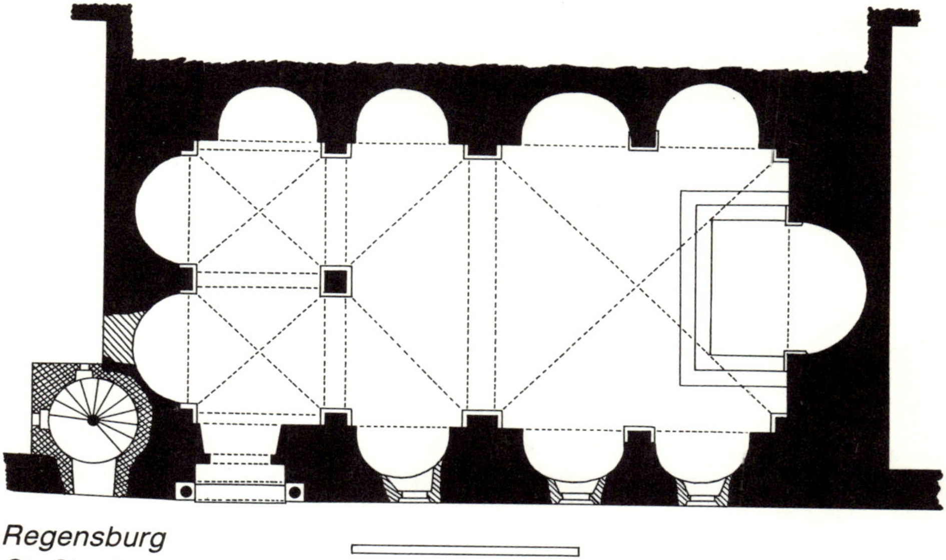

Regensburg
St. Stephan

Die Stephanskapelle am Domkreuzgang

Im Umkreis der Emmeramer Reginward-Bauten sind zwei Kapellen erhalten geblieben, die den Bischof zum Auftraggeber hatten, damals namens Gebhard, und die als bischöfliche Privatkapellen zu deuten sind: St. Stephan und Donaustauf (letztere siehe Seite 149). An der Nordseite des Domkreuzgangs gelegen und mit dem alten Bischofshof verbunden, zeigt die Stephanskapelle zwei Kreuzgratgewölbe, Westempore und Ostapsis sowie ringsum hohe, gedoppelte Konchen (Bild 9). Die Kapelle stellt ein frühes Beispiel des Bautyps dar, der uns an Adelssitzen bisweilen häufiger begegnet. Die charakteristische Wandgliederung sowie der Rest einer Bauinschrift seitlich der Apsis läßt eine Datierung ins 11. Jahrhundert zu, was durch ein frühes Säulenrücksprungportal (vor einem älteren schlichten Stufenportal) bestätigt wird. Es erstaunt, wie konsequent und wohlproportioniert die Wandgliederung und alte Befensterung (ursprünglich nicht in den Konchen), die eingestellte Empore, Wölbung (1897 ausgewechselt) und Mittelapsis zusammenstimmen. So kompakt auch Grund- und Aufriß erscheinen mögen, so weit und monumental wirkt der verhältnismäßig kleine Raum auf den Betrachter. Daß sich hier ein großer steinerner Kastenaltar mit höchst altertümlich wirkender Durchfensterung für den Reliquienschatz erhalten hat, macht die Kapelle zusätzlich kostbar.

Kreuzgang und Kloster von St. Emmeram

Die Klostergebäude von St. Emmeram und ihr Kreuzgang können von einer bewegten Baugeschichte berichten. Hier interessieren nur die romanischen Bauteile, soweit sie die heute völlig abgetrennte Klosteranlage mit der Kirche verknüpfen und diese gegenseitig verständlich machen können.

Der Kreuzgang schloß wie üblich unmittelbar an das südliche Seitenschiff an. Zwei Portale führten in die Kirche: das schlichtere östliche aus dem 12. Jahrhundert, das reich gegliederte westliche aus dem zweiten Viertel des 13. Jahrhunderts. Sie markieren auch zwei Bauabschnitte, die im West- und Südflügel durch hochgotische Joche, im Ostflügel durch einen barocken Umbau ergänzt werden. Um den Kreuzgang als Prozessions- und Verbindungsweg waren wie üblich Gemeinschaftsräume angeordnet: östlich der Kapitelsaal, dessen romanische Dreierarkaden wieder freigelegt worden sind; südlich das Refektorium, dessen romanisches Fensterband außen im Hof sichtbar ist; und die zweischiffige, dreijochige gewölbte Küche im Westflügel, die nun als Ausstellungsraum im fürstlichen Schloß dient. Kleinere Kapellen, wie die Benedikts-, Abdon- und Sennen-, Brunnen- und Annenkapelle sind längst verschwunden und nur durch Gewändereste und ältere Pläne erschließbar. Dafür hat die etwas mächtige, interessante neugotische Gruftkapelle der Fürsten von Thurn und Taxis im Kreuzgarten Platz genommen.

Der schönste Kreuzgangabschnitt ist zweifelsohne der frühgotische Nordflügel, mit seinen acht Jochen, zwei Portalen, der mittig angeordneten hervorgehobenen Fensterarkade und dem Gestaltreichtum der Bauzier von besonders dichter Raumqualität. Bündel- und Schildbogensäulen an der Kirchenmauer und Einzelsäulen an der Hofseite stehen sich gegenüber. Kelchknospenkapitelle variieren den neuen Stil des Emporwachsens, und die Rippen enden in Schlußsteinen mit Themen der Drolerie. Ganz wenige romanische Anklänge, aber ins Anspielende, Zitierende verwiesen, tauchen auf: Am östlichen Portal Kentaur und Löwe über einem Schwein, dann Harpyen und Faunsmaske, Blattmasken und Rankenschlinger. Betont wird das Mitteljoch durch die Fensterarkade mit Doppelsäulchen und Rundfenster darüber, die Stelle des Lektors; gegenüber die steinernen Sitzbänke. Zisterziensische Gepflogenheiten scheinen durch mit eher zentrierender statt durchgehender Tendenz. Das reiche Nordportal, dessen Kapitellreihen starrer, dessen Zickzackbögen bei aller Abwechslung der Motive manirierter aussehen, stellt bereits eine Frühgotik vor, die anschließend zur eleganten Routine wird. Gleichwohl belehrt und erfreut der Blick zurück in den Lesegang mit der Helligkeit des Steins und der Schönheit der Details, im Wohllaut der Jochfolge und des neuen strukturellen Gerüsts, das den Raum wie ein steinernes Gitter vor dem Licht gürtet.

Literatur

KDB Regensburg, I, 1933 (F. Mader), S. 223–360; F. Arens, *Das Kloster bei St. Emmeram in Regensburg. Seine Anlage und Baugeschichte im Mittelalter,* in: Thurn und Taxis-Studien, 1, 1961, S. 185–277; W. Haas, *Die Stephanskapelle in Regensburg und ihre Restaurierung,* in: 22. Bericht d. Bayer. Landesamtes für Denkmalpflege 1963, 1964, S. 103–111; Strobel, 1965, S. 7–15, 23–51, 156–163, 182–192; G. Lorenz, *Das Doppelnischenportal von St. Emmeram in Regensburg,* Frankfurt am Main 1984; G. Peschel, *Die mittelalterliche Baugeschichte der ehem. Benediktinerklosterkirche St. Emmeram in Regensburg nach dem derzeitigen Stand der Forschung,* in: 1250 Jahre Kunst und Kultur im Bistum Regensburg, München und Zürich 1989, S. 47–78; J. Zink, *Zur frühen Baugeschichte der ehem. Benediktinerklosterkirche St. Emmeram in Regensburg,* ebendort, S. 79–176; *St. Emmeram in Regensburg.* Geschichte-Kunst-Denkmalpflege = Thurn und Taxis-Studien, 18, 1992.

Obermünster – Niedermünster – Erhardskapelle

Das Obermünster

Geschichte

Das Damenstift Obermünster, das Pendant zum diagonal in der nordöstlichen Legionslagerecke gegenüberliegenden Niedermünster, ist sicher schon eine karolingische Gründung. Bis 833 im bischöflichen Eigentum, wurde es damals auf Wunsch Hemmas, der Gemahlin König Ludwig des Deutschen, gegen Kloster Mondsee vertauscht und dadurch königliches Stift; Hemma selbst stand dem Stift bis zu ihrem Tod 876 als Äbtissin vor. Wieviel vom Erstbau noch in der dreischiffigen Basilika steckte, die bei einem Bombenangriff 1945 schwer beschädigt und anschließend größtenteils abgerissen wurde, muß unbekannt bleiben. Zur Datierung der heute sichtbaren Reste ist die Nachricht von einer Bautätigkeit unter Kaiser Heinrich II. anzuführen, der die Kirche *a fundamento* habe neu errichten lassen. Als Anlaß dafür wird der Stadtbrand von 1002 vermutet, bei dem das Obermünster mitbetroffen war. Für den 17. April 1010 ist die Weihe des Kirchenbaus überliefert. Ein neuerlicher Brand 1020 und die Wiederweihe 1024 wird mit Reparaturen in Verbindung gebracht.

Die Kirche ist heute ein Ruinengrundstück mit sichtbar belassenen Umfassungsmauern und zum Teil noch aufrecht stehendem Westquerhaus. Auffallend war in der verschwundenen Basilika die nicht einander entsprechende Zahl der Pfeiler und die große Breite des Mittelschiffs, dessen ungegliederte Wände mit den ebenfalls irregulären, also axialen Obergadenfenstern sehr altertümlich wirkten. Das Mittelschiff endete unmittelbar in einer nur wenig eingezogenen Apsis, die Seitenschiffe schlossen gerade. Das westliche Querhaus fluchtete mit den Außenmauern und war im Inneren durch den Einbau von barokken Oratorien nicht als Querhaus erkennbar. Dort wurden nach der Zerstörung die bis dahin unbekannten Säulenarkaden älterer Emporeneinbauten der Seitenschiffe freigelegt und teilweise rekonstruiert (Bild 10). Es sind hohe Dreierarkaden mit sich verjüngenden Säulen und Kämpferkapitellen, die an ähnliche Stücke noch des 10. Jahrhunderts wie in Gernrode erinnern. Die darunterliegenden rundbogigen Fenster könnten sich auf die Begräbnisse im Mittelschiff bezogen haben, die als mittelalterliche Bestattungen in römischen Sarkophagen bekannt geworden sind. Die barocken zweigeschossigen Oratorien dürften also nur mit anderen Proportionen eine Raumform wiederholt haben, die bereits in der vorromanischen Kirche vorgegeben war.

Noch ein Bauteil in Obermünster, der ebenfalls erst nach den Kriegszerstörungen aufgedeckt wurde, gehört in diese spätottonische Bauperiode. So unscheinbar, wie er sich darstellt, hat er für Regensburg doch großes Gewicht: Von der ehemaligen Nordvorhalle, im Gegensatz zur Kirchenruine öffentlich zugänglich, blieb eine Arkatur mit einem Würfelkapitell erhalten. Seiner schlichten Form nach gehört es in Süddeutschland zu den frühesten Vertretern dieses so wichtigen mittelalterlichen Bauelements. Die Basis entspricht derjenigen im Westquerhaus der Kirche. Zu ergänzen ist wohl eine ganze Reihe solcher Arkaden beidseits des Kirchenzugangs zum Nordportal, welches selbst erst im frühen 14. Jahrhundert erneuert und nach Zerstörung in Anastylose rekonstruiert wurde.

Ein Campanile romanischer Zeit blieb nördlich der Kirche erhalten (Bild 11). Auf einem schöngefügten Quadergeschoß, das an der Südseite ein kleines Kämpferportal zeigt, bauen sich mehrere Geschosse aus Bruchsteinen mit Eckquaderung auf. Die schlichte Gliederung besteht nur aus Blendfeldern mit Rundbogenfriesen, Wulst-Gurtgesimsen und im Glockengeschoß je drei Rundbogenfenstern. Hier wird nochmals die Nähe zu St. Emmeram und wohl gemeinsamen oberitalienischen Vorbildern deutlich, woher das Motiv des freistehenden Glockenturms abzuleiten ist.

Vom Kreuzgang des Damenstifts haben sich nur einige Spolien, von der profanierten Pfarrkirche St. Dionysius eine Basis erhalten. Es ist zu wenig, um daraus und aus den 1970 ausgegrabenen Fundamenten auf die einst vorhandenen Stiftsgebäude und die vorgotische Leutkirche sicher schließen zu können.

Ein Christuskopf aus gebranntem Ton, als Spolie in Obermünster gefunden und heute in St. Ulrich, spricht in seinem archaischen Habitus streng und direkt den Betrachter an (Bild 12). Wohl ins 12. Jahrhundert zu datieren, ist seine ursprüngliche Anordnung (Majestas Domini?) unbekannt.

Das Niedermünster

Geschichte

Die ehemalige Damenstiftskirche Niedermünster wurde nach einem Brand 1152 errichtet. Etwas später ist der Kreuzgang entstanden. Jedoch sind durch Ausgrabungen drei Vorgängerbauten bekannt geworden, und auch die historischen Nachrichten reichen weiter zurück. Für die Mitte des 10. Jahrhunderts ist ein Neubau durch Herzog Heinrich I., den Bruder Kaiser Ottos I., überliefert. Fortgeführt und vergrößert wurde der Bau durch seine Gemahlin Judith. Beide fanden ihr Begräbnis im Niedermünster, Heinrich 955, Judith nach 985, und, wie es Stifterpersonen zustand, vor dem Altar im östlichen Querhaus. Ebenso wurde ihre Schwiegertochter Gisela 1006 hier bestattet. An ihr Grab stiftete die jüngere Gisela von Ungarn, Gemahlin Stephans des Heiligen, das Goldkreuz, das sich heute im Residenzmuseum München befindet. Zentrum aber bildete das Grab des um 700 gestorbenen Wanderbischofs Erhard, der aus der Narbonensia stammte und 1052 durch Papst Leo IX. heiliggesprochen wurde. Seine Verehrung setzte freilich viel früher ein und trug zum Blühen des Stifts bei.

Für die Bauzeit der heute noch aufrecht stehenden Kirche gibt es neben stilistischen Hinweisen einen indirekten schriftlichen: In einem Briefwechsel zwischen Regensburger Geistlichen und dem Erzbischof Obert von Mailand heißt es 1146, daß in der Nähe von St. Mang, dem Augustinerchorherrenstift jenseits der Donau, eine große, aber einfache Kirche im Bau befindlich sei. Zuständig sei dort eine reiche Äbtissin, zu der die beim Bischof von Como klagenden Bauleute geschickt worden wären. Man darf davon ausgehen, daß es sich hier um die Niedermünsterkirche handelt, die besonders in der Vorhalle comaski-

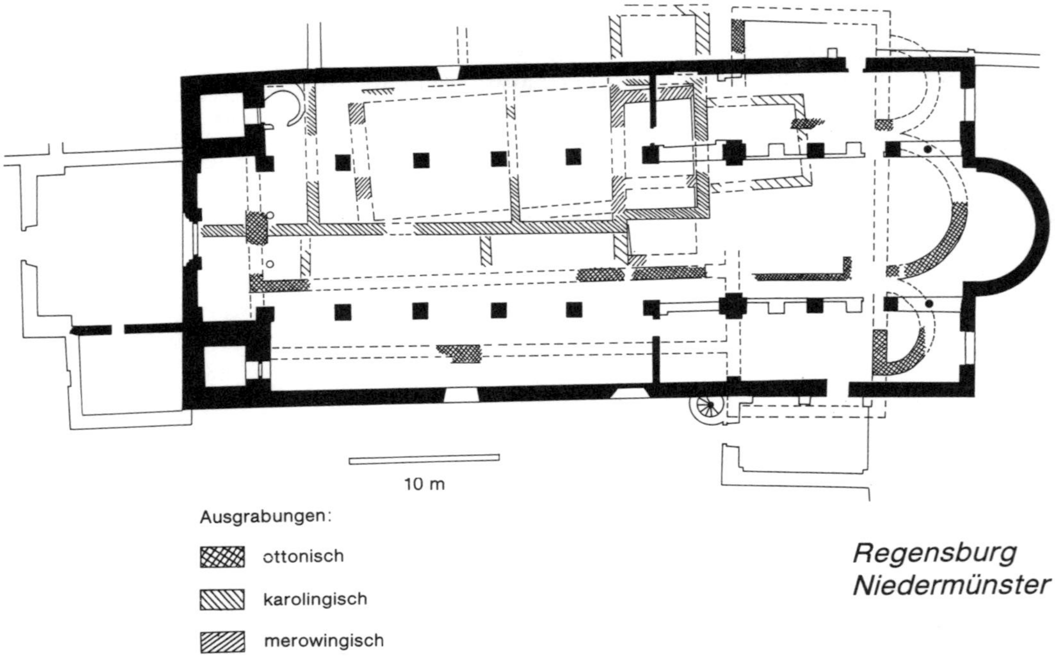

*Regensburg
Niedermünster*

sche Details erkennen läßt. Der Zeitansatz würde damit übereinstimmen.

Besichtigung

An dem gut erforschten Niedermünster ist somit eine über 450jährige Vorgängergeschichte ablesbar, die in einem archäologischen Untergeschoß zugänglich geblieben ist. Beim Heinrichsbau handelte es sich um eine dreischiffige Basilika, drei Apsiden unmittelbar am Querhaus, insgesamt fast schon von der Ausdehnung des Baus aus dem 12. Jahrhundert. Als karolingischer Vorgänger wurde ein langer Saalbau mit eingezogenem Rechteckchor ergraben, dessen merowingischer Vorgänger etwas kürzer war. Allen diesen Bauten ist gemeinsam, daß sie die Nordmauer stets beibehielten, während sie sich nach den drei übrigen Seiten (und wohl auch in der Höhe) stets vergrößerten. Anlaß dafür war die Beibehaltung des Erhardsgrabes als unverrückbarem Ort.

Die heutige dreischiffige Basilika mit zwei Westtürmen, romanischer Vorhalle und Sakristei sowie dem Kreuzgang hat durch die Barockisierung des 17. Jahrhunderts zumindest im Inneren nicht mehr das ursprüngliche Aussehen. Jedoch ist so viel aufgedeckt und vorstellbar, daß bei genauerer Betrachtung der romanische Bau noch deutlich erkennbar wird, am ehesten außen mit Türmen, Südseite und Apsis. So kann man vom heutigen Klosterhof der Armen Schulschwestern den Bau in etwa überblicken, auch wenn die mächtige, aus Quadern gefügte Apsis in einer Nebengasse erst eigens aufgesucht werden muß. Am Südturm fällt eine Doppelarkade im ersten Obergeschoß auf, die hier sicher keine Schallarkade war. Da sich nach Osten ein eigener Zugang und zur Empore des Schiffs ein großer Rundbogen öffnet, könnte an eine besondere Auszeichnung dieses Turmgeschosses, etwa als Kapelle, gedacht werden. Dann fällt die alte Fensteranordnung des Obergadens ins Auge und zuletzt ein romanisches Portal, dessen Detailformen an Vorbilder in der Normandie erinnern: St. Nicolas, St. Etienne und Ste. Trinité in Caen, St. Ouen in Rouen und Vernon besitzen solche Kapitelle, wenn auch klarer ausgeformt. Außer bei St. Jakob wird sonst nirgends in Regensburg der normannische Einfluß so deutlich.

Man betritt die Kirche von Westen durch ein Säulenportal mit lombardischen Teilformen und einer Vorhalle (Bild 14), deren Gliederungsreste auf die Allerheiligenkapelle verweisen. Die im Stadtbild recht wirksamen Westtürme sind den letzten Seitenschiffjochen eingestellt. Die schlanken Pfeiler der insgesamt zehn Joche tragen zu den hohen und weiten Raumverhältnissen bei. Die Seitenschiffe schließen gerade, die letzten vier Joche dort sind eigens abgemauert und mit (nicht mehr sichtbaren) kleinen Arkaden als ehemalige zweigeschossige Oratorien im barocken Gewand gekennzeichnet. Das nachträglich vermauerte romanische Südportal führte also noch unmittelbar vor den Seitenchorabmauerungen ins Langhaus. Der auf kräftigeren Pfeilern ruhende Chorbogen liegt ein Joch zurück; hier befand sich auch der in Resten bekannt gewordene Lettner. Das östlichste Joch zeigt große Fensterarkaturen, wie sie in Prüfening bzw. St. Emmeram zuvor schon auftreten.

Die schlanken Raumverhältnisse sind ursprünglich noch betonter gewesen: Der romanische Fußboden lag etwas tiefer als heute, die Flachdecke hat man sich über dem Scheitel des barocken Gewölbes vorzustellen. Die Obergadenfenster waren nicht auf die Bogenstellungen ausgerichtet und folgten in schnellerem Rhythmus aufeinander. So ergibt sich ein sehr weites, lichtes Langhaus, das sich im Chor auf das Mittelschiff eingrenzt. Die wohllautenden Maßverhältnisse (Breite : Höhe : Chorlänge : Langhauslänge verhalten sich wie 1 : 2 : 4 : 6) und die absoluten Maße machen den Raum unter den Regensburger Basiliken zum stattlichsten romanischen auch noch im barocken Gewande. Die aufgedeckten Reste von Wandmalereien können vielleicht andeuten, wie man sich die Abgrenzung und Belebung des abstrakten Raumes vorzustellen hat. Am Ansatz der Apsis sind Brustbilder von Aposteln stark restauriert erhalten geblieben und an der Westmauer (heute teilweise hinter der Orgel) ein monumentaler thronender Christus von bezwingender Strenge (Bild 13).

Der nicht zugängliche Kreuzgang-Südflügel wurde zwar teilweise im Krieg zerstört, aber mit den originalen Spolien wiederhergestellt (Bild 15). Gekoppelte Säulen mit linsenförmigen Zwischenstücken, Kämpferkapitelle und Dekorformen wie Kerbschnittrosetten, Taue oder Sichelblätter schließen diesen Kreuzgang mit dem von Steingaden zusammen. Abhängigkeitsverhältnis und Wanderweg mögen offen bleiben, doch möchte man wegen der zeitlichen Abfolge eher an ein Nord-Südgefälle denken.

Die Erhardskapelle

Geschichte

Zur altertümlichsten Sakralarchitektur in Regensburg gehört die vorromanische Erhardskapelle. Sie ist innen an die römische Legionslagermauer angebaut und wurde in einer allerdings sehr späten Tradition mit dem Missionsbischof Erhard zusammengebracht, der im gegenüberliegenden Niedermünster seine Grab- und Verehrungsstätte gefunden hat. Schwierig ist beim Schweigen mittelalterlicher Quellen eine tatsächlich überzeugende Einordnung in das historische Umfeld. Die Erhardskapelle entstand sicher auf niedermünsterschem Grund. Dennoch dürfte die Erhardstradition erst spät auf unsere Kapelle übertragen worden sein. Die Architekturformen weisen am ehesten ins 10. Jahrhundert und nicht in frühere Zeit. So ist an eine zum Stift Niedermünster gehörige Kapelle zu denken, die etwa der Reliquienverehrung gedient haben könnte. Für das 10. Jahrhundert kommt nur eine bedeutsame Stiftsangehörige in Frage, nämlich Judith, Gemahlin Herzog Heinrichs von Bayern, die um 970 eine Pilgerreise ins Heilige Land unternommen hatte und mit Reliquienschätzen zurückkehrte. Judith zog sich dann als Witwe ins Stift zurück, wurde dort Vorsteherin und starb nach 985. Vielleicht ist in diesem Zusammenhang die Entstehung und Funktion der Kapelle zu sehen.

Regensburg
Erhardskapelle

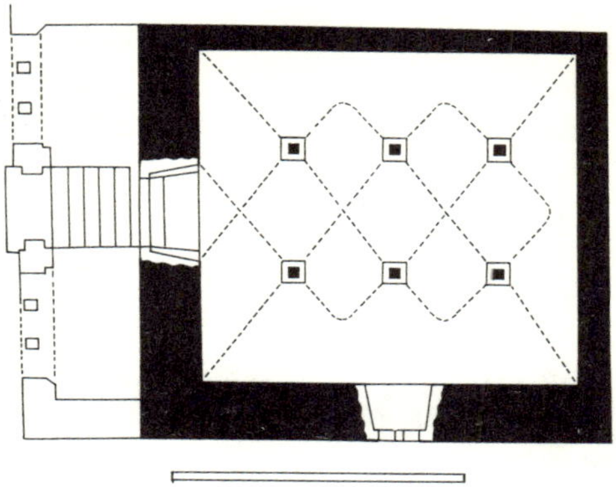

Besichtigung

Es handelt sich um einen kleinen, dreischiffigen und vierjochigen Raum (Bild 16), zu dem man heute über acht Stufen hinabsteigen muß. Das einzige Fenster in der Südmauer ist wohl erst romanisch, und so vermittelt der Raum ganz den Eindruck einer Krypta. Dennoch dürfte der Niveauunterschied erst durch Aufschüttungen der Gasse entstanden sein. Das bis 1953 vorhandene profane Obergeschoß war angeblich zeitgleich mit der Kapelle, wurde aber undokumentiert zerstört. Eine schmale Vorhalle von 1892 mit Säulchen aus St. Jakob ist vorgelagert, so daß auch über das Aussehen des ursprünglichen Eingangs nichts zu erfahren ist. Sonst blieb der Innenraum völlig ungestört und verkörpert mit seiner etwas unpräzisen Wölbungs- und Stützenart gut die vorromanische Periode in Regensburg.

Schlanke Pfeilerchen mit Pyramidenstumpfkapitellen und auf ebensolchen Basen tragen das Gewölbe. Es setzt sich zusammen aus drei Längstonnen, in die kürzere Quertonnen einschneiden, so daß im Mittelschiff Kreuzgrate, in den Seitenschiffen Stichkappen vom Mittelschiff her erscheinen. Die Stützen sind monolith bis auf eine, was als bewußte Setzung gedeutet wurde, nämlich als Zeichen für das Unfertige jeglichen menschlichen Werkes und für die Demut der Bauleute (oder Beschwichtigungsgeste für die Dämonen, um sie von der Zerstörung abzuhalten?).

Die Datierung läßt sich mit Hilfe vergleichbarer Stützen auf das letzte Viertel des 10. Jahrhunderts einengen. Etwas kräftigere, sonst sehr vergleichbare Pfeilerchen gibt es in Unterregenbach und Roßtal, in Burgweiler und St. Cyriak in Gernrode, die wohl alle noch ins 10. Jahrhundert zu datieren sind. Neben der altertümlichen Stützenform weist besonders die unentschiedene Wölbung auf diese Zeit.

Literatur

KDB Regensburg, II, 1933 (F. Mader), S. 247–286, 209–246, 135–139; Strobel, 1965, S. 15–22, 105–110, 1–6; K. Schwarz, *Die Ausgrabungen im Niedermünster zu Regensburg,* Kallmünz 1971.

Die Allerheiligenkapelle

Geschichte

Die Allerheiligenkapelle am Domkreuzgang ist als Grabbau Bischof Hartwigs II., (gest. 1164) gut überliefert. Hartwig hat bei den Zeitgenossen und in der Geschichtsschreibung in keinem guten Ruf gestanden; er sei ein *episcopus inutilis* gewesen, vermerkt Rahewin zu seinem Tod. Das schmälert nicht sein Verdienst, einen der schönsten Grabbauten der Romanik, die wir kennen, hinterlassen zu haben. Hartwig war mehr Kriegsmann denn Geistlicher, lag im Streit mit Herzog Heinrich von Bayern, war im Gefolge Friedrich Barbarossas beim Italienzug 1158 und nahm an der Synode von Pavia 1160 teil. Von diesem Italienaufenthalt könnte seine Kenntnis Comaciner und Julischer Baptisterien stammen und die Vermittlung südländischer Bauleute. Beim Programm der Ausmalung und seiner Anordnung wurde an sizilianische Vorbilder und Künstler erinnert (Otto Demus). Das macht das Besondere dieser Grabkapelle aus, das Fremdwirkende, zugleich Intime und wohllautend Maßvolle.

BESICHTIGUNG

Die Allerheiligenkapelle liegt im östlichen Hof des Domkreuzgangs, der sich mit seinen zwei Höfen noch an den Vorgängerbauten des gotischen Domes orientiert. Die Kapelle bezog sich einst auf niedrige romanische Kreuzgangarkaden mit weiten Bögen im sogenannten Mortuarium, das als Verbindungsgang zwischen vorromanischem Dom und der Stephanskapelle (siehe Seite 79f.) diente. Reste dieses Doms stecken noch im heutigen Kapitelhaus, und so muß man sich bei aller Verzückung vor dem Kontrast romanische Kleinkapelle – (neu)gotische Domtürme eher eine niedrigere, kleinteiligere Umgebung vorstellen, was die Gewichte etwas verschiebt: Die feingliedrige Grabkapelle wirkt nicht nur, sondern war sicher monumental bei aller Kleinheit. Noch immer liegt über dem Ort der Zauber der Abgeschiedenheit inmitten der Stadt, eine gedämpftere Stimmung, wie sie vom Ausschluß profanen Lebens und von einem Bereich zwischen Jetzt und Jenseits, zwischen Lebenden und Toten ausgehen mag.

Die Kapelle ist ein gerichteter Zentralbau und gehört zum Typus der Dreikonchenanlagen, die kleinmaßstäblich als Tauf- oder Grabkapellen gedient haben. Das Äußere nimmt wegen seiner Kompaktheit und Feingliedrigkeit gefangen (siehe Farbtafel). Dem heutigen Empfinden mag die Steinsichtigkeit entgegenkommen, die aber gewiß so nicht gewollt war. Ältere Darstellungen zeigen verputzte oder getünchte Flächen, welche die Klarheit der Baukörper und Gliederungselemente nochmals steigern konnten. Und diese sind drei Apsiden an einem etwas höheren Würfel, von Lisenen und Blendrundbögen belebt, ebenso wie das Achteck des Tambours, abgeschlossen vom Zeltdach. Die geringste Dachfläche benötigen die vier Ecken des zentralen Würfels, der aber so im Bau steckt, daß seine wahren Dimensionen erst am Grundriß ablesbar werden. Klarheit der stereometrischen Grundformen und höchst empfindsame Stufung der Gliederung bewirken das Kristallin-Organische des Äußeren: Halbzylinder, Würfel und Achteck abgesetzt und doch verschränkt, gebunden vom Netz vier unterschiedlich breiter Lisenen, drei unterschiedlich weiter Blendbögen und zwei sehr unterschiedlicher Fensterformen.

Das Innere ist mit Bögen wie schmale Tonnen, Konchen, Trompen und Faltgewölbe ebenso klar wie komplex gegliedert. Dort aber dominieren farbige Bilder und Figuren, deren umfassendes Programm Höhlungen, Bögen und Rundungen ohne viel Rücksicht überzieht und die Architekturformen zweitrangig werden läßt (Bild 17).

Dem Bilderzyklus liegt die Epistel des Allerheiligenfestes, das siebte Kapitel der Apokalypse, zugrunde. Ausgehend vom großen Engel über der Sonne zwischen den östlichen Fenstern laufen Schriftbän-

Die Allerheiligenkapelle im Domkreuzgang von Südosten. ▷

Regensburg
Allerheiligenkapelle

der zu den vier Engeln in den Trompen, denen zugerufen wird, die vier Winde festzuhalten, bis die Diener Gottes gezeichnet seien. Dies geschieht dann im Bogen vor der Ostapsis und in den Fensterlaibungen, wo schwebende Engel die zwölf Stämme Israels siegeln. In den Seitenapsiden stehen sich Vertreter von Regnum und Sacerdotium, also weltliche Macht und geistlicher Stand gegenüber. So mag das

Erdgeschoß den irdischen Bereich vorgestellt haben, unter dessen Boden das Grab des Bischofs als eines der Auferstehung Harrenden lag, während darüber im Tambour die himmlische Zone mit Heiligen, Engeln und dem Pantokrator selbst in der Kuppelmitte aufscheint.

Der steinerne Tischaltar in der Ostapsis, mit seinen vier gedrungenen Säulchen und einem Mittelpfeiler aus einem Stein gearbeitet, gehört zur Erstausstattung der Kapelle. Hier wurde in der täglichen Eucharistie das Gebet für den Verstorbenen verrichtet, dessen Sorge ums Jenseitige bereits im Diesseitigen himmlische Architektur hat entstehen lassen.

Literatur

R. Strobel, *Der Domkreuzgang mit seinen Kapellen und Anbauten,* in: Der Regensburger Dom, Beiträge zur Geschichte des Bistums Regensburg, 10, 1976, S. 127–131; J. Traeger, *Mittelalterliche Architekturfiktion. Die Allerheiligenkapelle am Regensburger Domkreuzgang,* München und Zürich 1980.

Die »Schottenkirche« St. Jakob

Die ehemalige Klosterkirche der irischen, seit etwa 1515 schottischen Benediktiner St. Jakob liegt nahe dem Altstadtrand und bei einem längst abgebrochenen Stadttor, dem Westner- oder Jakobstor. Die Randlage war schon für die erste Niederlassung der Irenmönche typisch: Das Klösterchen Weih-Sankt-Peter lag im südlichen Vorfeld der mittelalterlichen Stadt beim Peterstor. Da es zu klein geworden war, konnte das Kloster dank frommer Stiftungen in den Westen wieder vor die Stadt verlegt werden. Die arnulfinische Stadtmauer des 10. Jahrhunderts verlief noch ca. hundert Meter von St. Jakob entfernt am heutigen Bismarckplatz, und erst die Ummauerung der Vorstädte im 13. Jahrhundert brachte die Randlage des Klosters innerhalb der Stadt mit sich.

Wie mehrfach in Regensburg öffnet sich die Klosterkirche mit einem Nordportal zur Straße und damit zur Stadt, während das Klostergeviert im Süden an der lärmabgewandten Seite liegt. Allerdings schob sich früher die kleine zweischiffige Pfarrkirche St. Nikolaus und eine Vorhalle zwischen Portal und Straße, beide abgebrochen und nur durch eine Ausgrabung von 1908 bekannt. Heute ist die Nordseite in einer kleinen Grünanlage gut überschaubar. Die Errichtung einer Vorhalle als Schutzgehäuse für das berühmte Nordportal wird aus konservatorischen Gründen diskutiert. Die Ostapsis ist von Häusern verdeckt, das ehemalige Kloster dient als bischöfliches Priesterseminar und ist mit Resten des Kreuzgangs und der Brunnenkapelle nicht uneingeschränkt zugänglich. Allein die Klosterkirche ist von eindrucksvoller Geschlossenheit und einem Reichtum der Ornamentik, daß eine ausführlichere Beschreibung und Würdigung notwendig wird.

Geschichte

Sind wir für den Erstbau von St. Jakob mit dem Weihedatum von 1120 und einer Bestätigungsurkunde Heinrichs V. von 1112 relativ gut unterrichtet, so gibt es für den zweiten prachtvollen Quaderbau keine gesicherten Daten. So konnte es geschehen, daß aufgrund nur stilkritischer Datierungen Spätansetzungen wie 1220 oder gar 1230/40 möglich waren. Davon kann nicht mehr die Rede sein. Es gibt eine bereits Mitte vorigen Jahrhunderts durch Wilhelm Wattenbach ausgewertete Quelle, deren wünschenswert klare Aussagen auch zeitlich gut eingrenzbar sind. Es handelt sich um die »Vita Mariani«, die vor 1185 entstanden sein muß und den Abt Gregor als Bauherrn nennt, dessen Regierungszeit mit 1153/56 bis 1185/94 eingegrenzt werden kann. Unter ihm sei die alte Kirche bis auf die Türme abgebrochen worden, da sie in größter Eile und wenig sorgfältig erbaut worden sei. Er habe dann den Neubau von Grund auf mit geglätteten Quadersteinen errichten, mit Blei decken, den Fußboden mit Quadersteinen und den Kreuzgang mit skulptierten Säulen schmücken sowie eine Wasserleitung legen lassen. Das alles ist mit der Bestimmtheit des Geschehenen geschrieben und so können wir bei der Geschlossenheit des architektonischen und plastischen Werks davon ausgehen, daß dies alles tatsächlich noch zu Lebzeiten Abt Gregors geschah.

Das Kloster stand nicht nur weiterhin mit seinem Herkunftsland in ständiger Verbindung; so kamen z. B. Abt Christian von einer Reise nach Irland mit Geld fürs Kloster, Bruder Moritz von Kiew mit Pelzen zurück als Geschenk des russischen Königs im Wert von 100 Mark. Aber auch in Regensburg selbst erfreuten sich die *miseri peregrini* großer Beliebtheit und vieler frommer Stiftungen.

Von der Apsis und einigen fortgeschritteneren Bauteilen des Kreuzgangs nimmt man an, daß sie doch erst später entstanden sein könnten. Auch wenn es nicht zwingend ist, darf ein indirektes Datum angeführt werden. 1215 war die Kongregation der in Deutschland bestehenden Irenklöster von Papst Innozenz III. dem Regensburger Abt als Generalvisitator unterstellt worden; 1216 findet das erste Generalkapitel in Regensburg statt, bei dem die Äbte der Irenklöster in Nürnberg, Wien, Würzburg, Erfurt, Konstanz, Memmingen und Eichstätt zugegen sind. Solche Kapitel hält man bekanntlich gerne dann ab, wenn es im baulichen Bereich einen gewissen Schlußpunkt gibt und sich eine Klostergemeinschaft gefestigt auch in ihrem Kirchen- und Wohngehäuse zeigen kann. So mag dieses Datum für den Endpunkt der baulichen Maßnahmen stehen, deren Höhepunkt aber gewiß bereits vor 1185 anzusetzen ist.

Besichtigung

St. Jakob ist eine dreischiffige Basilika mit Osttürmen und westlichem, nicht vortretendem Querhaus. Nur die Mittelapsis des Dreiapsidenchors ist gegliedert, und auch das Westquerhaus wirkt allein mit der Wucht seiner Quader. Dagegen hat sich alle Ornamentik und Bauplastik am Nordportal und im Langhaus versammelt, dort besonders an den zweimal fünf Rundpfeilern. Der von doppelt mannshohen Schrankenmauern eingegrenzte Mönchschor wird von zweimal drei Pfeilern gegliedert. Die Flachdecke des Mittelschiffs hat trotz jüngerer Entstehung die alte Situation tradiert, während das Chorjoch und die gedrungene Westempore mit Rippengewölben versehen sind.

Die steilen Proportionen des Raums fallen auf, mitbedingt durch den Erstbau des frühen 12. Jahrhunderts, von dem die Ostteile mit Türmen, Seitenapsiden, Chor- und Anfängen der Außenmauern erhalten blieben. Freilich war dieser Erstbau viel kürzer: Auf Höhe der dritten Langhausstützen von West wurde 1969 bei einer Notgrabung das Fundament der ersten Westmauer aufgedeckt. Auch die ursprüngliche Arkadenhöhe läßt sich aufgrund der erhaltenen Kämpfer im Chorjoch rekonstruieren. Aus verputzten, wenig behauenen Bruchsteinen gemauert, unterscheidet sich dieser Erstbau deutlich vom nachfolgenden Quaderbau. Die heutige kahle Steinsichtigkeit wird allerdings dem alten Charakter nicht gerecht. Viel eher vermittelt die freilich sehr intensive Farbigkeit des 19. Jahrhunderts im Chor etwas vom alten Aussehen der Maueroberflächen. An den Türmen weisen die schlichten Formen der Klangarkaden auf die frühe Bauzeit, die durch ein Weihedatum von 1120 bestätigt wird. Glatte Würfel- und Kämpferkapitelle auf den Trennsäulchen stehen im sonst völlig ungegliederten Mauerwerk, wobei der Nordturm 1867 aus den alten Materialien praktisch neu errichtet wurde. Damals erfolgte auch die Abmauerung des Nordchors im Inneren, wo die massigeren Chorpfeiler die ältere Bauzeit verraten.

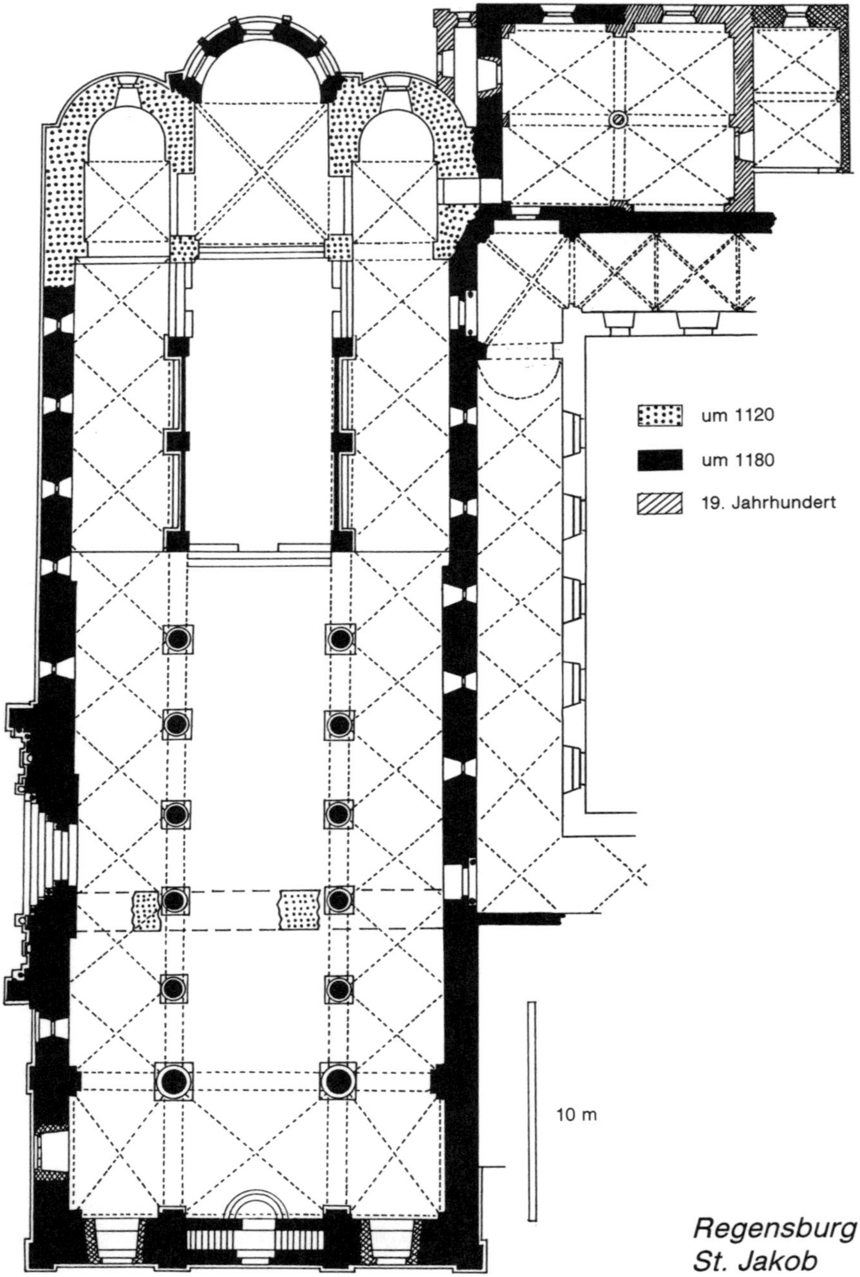

Regensburg
St. Jakob

Mittelapsis und Westquerhaus

Obgleich die Hauptapsis mit dem Chorgewölbe zum letzten Bauabschnitt des zweiten Baus gehören, soll mit ihr begonnen werden, da das bewußte Einsetzen des Ornamentvorrats auf kleiner Fläche besonders deutlich wird, wie es dann am Portal gesteigert und komplizierter der Fall ist (Bild 18). Schlanke Säulenvorlagen unter Rundbögen mit Wülsten rahmen die Felder, die ursprünglich drei große Rundbogenfenster trugen. Hinzu kommt ein Kreisfenster im Giebel über dem Apsidenbogen. Die Kapitelle der Säulenvorlagen steigern sich zur Apsismitte hin. Ganz außen sind ein schlichtes Würfel- beziehungsweise ein gepreßtes Blattkapitell eingezwängt. Es folgen zwei einreihige Blattkapitelle. Die mittleren Kapitelle zeichnen sich durch Ringpalmetten aus, die Kämpfer dort sind bereichert durch Dreiblätter im Zickzack oder einen prächtigen Mäander. Darüber sitzen die einzigen Kopfkonsolen unter dem geraden Traufgesims, wodurch auch am Außenbau das Besondere der Mitte akzentuiert werden sollte. Dieser bewußten Steigerung wird man in einem etwas anderen Sinn, nämlich dem rechts-richtig-gut gegen links-linkisch-schlecht am Nordportal wiederbegegnen.

Das Westquerhaus ist wie der Chorjochgiebel mit Lisenen und einem Rundbogenfries auf Blattkonsölchen gegliedert. Als Streuplastik erscheinen an der Nordwestecke zwei Reliefs: ein Löwenkampf und zwei geflügelte Tiere mit verschlungenen Schwänzen. Die untere Rundbogenöffnung am Querhaus zeigt mit zwei Balkenlöcher unter der Bank beziehungsweise Schwelle ein bemerkenswertes Detail. Nach Kenntnis ähnlicher Ausbildungen muß es also neben der Treppe im Mauerinneren auch eine Außentreppe auf die Westempore gegeben haben. Das Fenster daneben ist einfach, dasjenige am Langhaus reicher mit Doppelwulst verziert. Die drei Giebel zeigen kreuzförmige Öffnungen.

Bezeichnend ist, daß am Obergaden nur die Fenstergewände »Steinmetzzeichen« tragen, die hier als Versatzzeichen gelten dürfen.

Das Schottenportal

Das Nordportal an der Jakobskirche hat immer wieder zu Deutungen seiner Bilderwelt beflügelt, und das schon seit fast 180 Jahren. Es ist die gedrängte Fülle an Figuren, ihre straffe Anordnung und der insgesamt so kompakte Aufbau des Portals, der den Gedanken an Willkür und reine Phantasiegebilde unwahrscheinlich werden läßt. Bevor deshalb auf Deutungen des Symbolgehalts eingegangen wird, sollte der formale Aufbau und der anschauliche Charakter von dargestelltem Ornament, Pflanze und Lebewesen beschrieben werden (Bild 20).

Ornament und Figürliches halten die Orte der Schauwand ihrer Bedeutung gemäß besetzt: Das flache Ornament überzieht flächendeckend große Teile der Säulenschäfte oder Bogenkanten. Plastischer geformt kann es Gliederungselement sein und nachgeordnete Akzente setzen. Das Figürliche erscheint artikuliert als gliederungsgebundene Kantenbetonung, als Flachrelief in der Reihung oder vereinzelt, als Hochrelief paarweise oder einzeln und schließlich als vollplastische Figur. Das ist keineswegs eine bedeutungshafte, sondern eher eine gleichnishaft vergegenwärtigte Steigerung. Sie verdeutlicht, daß hier keine Streufiguren vielleicht schweifend erzählerische oder nur ganz allgemeine Aussagen machen, sondern daß hier handelnde Figuren von großer Ortspräzision konkrete Inhalte vortragen, die von uns zu verstehen, gegebenenfalls zu deuten sind.

Der formale Aufbau ist klar und kompakt. Die mit Bogenreihen schließenden Felder nehmen nach oben zu an Höhe ab und an Breite zu. Im vertikalen Aufbau sind es zwei fast gleichhohe Hälften, jeweils ungleich unterteilt. Die untere Hälfte besteht aus einer Sockelzone, angelegt mit kräftigen, nicht immer den Ordnungen darüber entsprechenden Versprüngen, die Stufen zum Portal rahmend, und den beiden eigentlichen Schauwänden, eingespannt zwischen Wandpfeilern und Säulengewände. Die obere Hälfte ist wieder unterteilt in zwei ungleich hohe Kompartimente: Mittig die hochgewölbte Archivoltenzone und darüber ein schmales Reliefband, seitlich je eine Rundbogenarkatur, außen aufgefangen von Säulenbündeln.

Die Schauwand nimmt fast ein Drittel der Langhaus-Nordmauer ein und reicht bis zum Traufgesims. In die Tiefe gestaffelt ist nicht nur das eigentliche Trichterportal, sondern die ganze Wand entwickelt Sogwirkung durch die Schrägstellung der Bildwände und die vorgezogenen äußeren Wandpfeiler. Die Verstärkung der Mauer nach innen mag faktisch nur der Riegelführung gedient haben, worauf die Figur des den Riegel und Schlüssel haltenden Rydan an der Innenseite (Bild 23) so überzeugend hinweist, steigert aber optisch nochmals die Tiefendimension.

Für die Deutung des Bildprogramms hat man sich seit Jahrzehnten mit verschiedenen oder auch nur variierenden Vorschlägen befaßt. Bevor eine Deutung der Bilderwelt versucht wird, sollte an allgemeinere Kriterien erinnert werden, die auch anderswo erprobt eine gesichertere Grundlage abgeben mögen, um nicht von vornherein nur Vermutungen anstellen zu müssen. Den mittelalterlichen Ornament-Gegenständen und Figuren liegt ein unterschiedlicher Verständnis-, auch Wertigkeitsgrad zugrunde, der dem hierarchischen Aufbau einer mittelalterlichen Weltvorstellung im kleinen entsprechen mochte. So wie beim Schöpfungsvorgang ein Nach- und Übereinander, bei der

Erfahrung der Natur eine Werteskala notwendiges Vehikel zum Verständnis war, so scheinen auch verschiedentlich Themen der ornamentalen und figürlichen Bilderwelt nur in Abstufung, in hierarchischer Reihenfolge eingesetzt worden zu sein. Danach stellt sich das abstrakte Ornament als weniger bedeutend dar als das textile, dieses wiederum weniger als das pflanzliche, dieses weniger als das zoomorphe und schließlich das anthropomorphe. Eine solche Unterscheidung ließe eine Akzentuierung von beachtlicher Stringenz erwarten. Am Schottenportal ist das der Fall, wobei sie sich mit der Unterscheidung von »rechts« und »links« (vom Portal her gesehen) deckt. Weiters dann noch durch die Nordung des Portals mit der Gleichsetzung von rechts im Osten, dem Erwartungsort des Heils, und links im Westen, dem Ort des Unheils.

Aber kommen wir zunächst zur Ornament- und Figurenwertigkeit. Das durchlaufende, trennende Kämpfergesims besteht im Westteil aus einem glatten Profil, im Ostteil aus einem Kettengeflecht. Die beiden westlichen Konsolen über der mittleren Sitzfigur sind aus Blättern, über der östlichen aus anthropomorphen Masken gebildet. Die Begleitfiguren zu Seiten dieser Zentralfiguren sind westlich tierischer, östlich menschenähnlicher Natur. Die Unterscheidung zwischen rechts und links setzt sich auch noch in der Oberzone fort. Das trennende Gesims zeigt westlich nur ein glattes Profil, östlich ist es zusätzlich mit Blättchen besetzt. Die Köpfe in den Bögen sind westlich von tierischer, östlich von menschlicher Gestalt. Ergänzt werden kann die Interpretation »rechts – links« vom anschaulichen Charakter her bei den lagernden Löwen an den Archivoltenanfängern wie besonders bei den Begleitfiguren in den Bildfeldern. Während auf der Westseite zähnefletschende, zottelige Löwen, im Bildfeld aggressive und feindselige Drachen und Fabelwesen erscheinen, sind es östlich mildere, glatthäutige Tiere, im Bildfeld Paare in liebevoll verknüpfter, ausgewogener Gestik; hier Angreifendes, Gefährliches, Würgendes, dort Ruhendes, Liebkosendes, Versöhntes. Die Hauptfigur der Ostseite ist eindeutig als Maria mit Kind zu deuten. Nach dem Gesagten dürfte der männliche Gegenspieler dann keine positive Figur darstellen. Die zentrale Figur der christlichen Gegenwelt verkörperte in der mittelalterlichen Vorstellung der Antichrist. Seine Wirklichkeit wurde nicht nur in Predigt und Bildern, sondern auch im geistlichen Schauspiel beschworen.

Der »Ludus de Antichristo«, Mitte des 12. Jahrhunderts im Umkreis des kaiserlichen Hofes Friedrich Barbarossas entstanden, mag besonders eindringlich das vorgestellte endzeitliche Geschehen vermittelt haben. Die Spielbühne war genordet und als Halbkreis angeordnet. Auch das Regensburger Nordportal bildet mit seinen schräggestellten Bildwänden einen Kreisausschnitt. Das Spielgeschehen konzentrierte sich im Wechsel auf sieben Throne, Spielgerüste, auf denen die jeweilige Handlung stattfand. Ähnlich ausgebreitet und erzählend scheinen die Figuren auf den Portalwänden angeordnet. Ob über diese allgemeinen Beziehungen hinaus weitere Analogien etwa durch figürliche Entsprechungen vorliegen, mag dahingestellt bleiben. Im Tympanon wird wie üblich der lehrende Christus von zwei Aposteln begleitet (wohl Jakobus und Johannes), das unmittelbare Türthema verkündend: »Wer durch mich eintritt ...« Darüber führt ein schmales Band mit Relief-Halbfiguren das eschatologische Thema zu Ende. Es sind die zwölf Apostel dargestellt, die – wie ihnen versprochen – mit Christus zum Jüngsten Gericht erscheinen. Vielleicht deuten die seitlichen Blendbogenstellungen das himmlische Jerusalem an, während die Karyatiden darunter noch in Beziehung zum lehrenden Christus die vier Kardinaltugenden und -laster verkörpern könnten.

Eine Seitenvertauschung findet in den untersten zwei Quaderlagen statt. Während hier östlich die Sirene als Sinnbild der Verführung erscheint und darüber der Mensch- und Löwen-schlingende Drache, also Symbole negativer Bedeutung, lehren westlich Mönche mit Büchern das Evangelium und scheint der Drache darüber, die Enydrus-Kugel verschlingend, die ihm das Innere zerreißen und ihn so besiegen wird, den Sieg Christi über das Böse zu symbolisieren. Das unmittelbare irdische Geschehen vollzieht sich so unter umgekehrten Vorzeichen: Im Bereich der thronenden Maria die Herrschaft des Bösen, im Bereich des thronenden Antichrists die Herrschaft des Guten.

Einen noch intensiveren Zeitbezug scheinen die kleinen Figürchen an den Gewändekanten zu verkörpern. Hier gibt es mit einem Gefäß, aus dem Felle quellen, und einer Kniegeige vielleicht direkte Verweise auf Förderer und Klostermäzene, wie die überlieferte Geschichte der Hilfe aus Kiew mit Erlös aus Tierfellen oder der Verweis auf den Minnesänger Burggraf Heinrich III., dessen Gemahlin Berta in St. Jakob bestattet ist. Können diese Deutungsvorschläge nur als mögliche Hilfen im heutigen Verständnis gelten, so ist nochmals auf die Dichte der Aussagen und den Reichtum der Lehrinhalte für die Entstehungszeit hinzuweisen.

Das Innere

Das Innere von St. Jakob liegt überschaubar und bis auf die seitlichen Nebenchöre in ungewohnter Helligkeit vor dem Besucher (Bild 25). Die jüngste Restaurierung bis 1988 hat den weißen Kalkstein nochmals gesäubert (nach der Restaurierung von 1870) und damit endgültig etwaige Fassungsspuren getilgt. Während so das Langhaus ein Bild von der Bauzeit im »Rohzustand« vermitteln kann, ist die sorgsam konservierte Farbigkeit im Chor zusammen mit den dort sekundär aufgestellten Säulchen aus dem Kreuzgang ein wichtiges Dokument des Umgangs des 19. Jahrhunderts mit romanischer Architektur und ihrer Fassung und erst sekundär nach der romanischen Substanz befragbar. Diese ist dennoch sehr groß und schließt sich trotz einiger offener Fragen gut mit dem Mittelschiff zusammen.

Beginnen wir im Westen. Dort ist die tiefe Empore im Westquerhaus unten mit Kreuzgrat-, oben mit Wulstrippengewölben versehen. Gedrungene Rundpfeiler – die Säulenhöhe entspricht gerade der Höhe von Kapitell und Kämpfer – mit fleischig-spitzen Blattkapitellen tragen das untere Gewölbe, halbrunde Vorlagen stehen an der Brüstungsmauer und kleinere unter den Wulstrippen der oberen Empore. Dort ist auch der in eine solche Halbsäule eingesperrte und aus ihr wie aus einem Fenster blickende Kopf (Bild 24) zu finden. Man gelangt auf die Empore über eine Treppe in der Westmauer, so daß die Betretbarkeit stets aus der Kirche und wohl nicht wie heute aus den Klosterräumen gewährleistet war. Die Massigkeit der Rippen und das tief ansetzende Gewölbe verbinden sich zu lastender Schwere. Im Vergleich zur etwa vierzig Jahre jüngeren Ulrichskirche wird bei aller Raumhöhe im Schiff das Unfreie dieser Architektur auffällig, allein schon bei dem Gedanken, wieviel Höhenraum hier verschenkt und einfach nicht zur Disposition gestellt wurde.

Im Langhaus tragen die aus Trommelsegmenten zusammengefügten Rundpfeiler wuchtige Kapitelle und ornamentierte Kämpfer, deren anschaulicher Charakter deutlich zutage tritt. Es sind kräftige, wulstige Formen, Schlingbänder und Flechtwerke, Schuppen und Schoten, Ketten und Ringpalmetten, alles von fester, unzerreißbarer oder quellend-gedrängter Qualität. Kräftiges, Machtvolles, Fülle und Dauer wird sichtbar, wie es die enggefügte Kette, das undurchlässige Schuppendach, das nicht endende Flechtband oder das wie ewige Wellen schwingende Schlingband verkörpern. Im Pflanzlichen sind es die vor Beeren strotzenden Trauben, das in Fülle sprießende Lanzettblatt, die zur Gänze entfalteten Blüten, die zum Platzen reifen Schoten. Für das Figürliche stehen die kräftig schreitenden, schweifumschlungenen Löwen (Bild 26), die gereckten, schwingenbreitenden Adler, die dicht gefiederten Vogelmenschen, die behelmten, mit geflochtenen Bärten versehenen Tiermenschen, die schwanzverknoteten Krokodile, die mächtigen, von Voluten gekrönten Eckköpfe. Bei den Kapitellen fällt auf, daß sich nahezu symmetrisch angeordnet jeweils ein pflanzliches und ein anthropomorph-zoomorphes Kapitell gegenüberstehen. Das kann nicht Zufall sein, sondern steht für bewußte Setzung. Ebenso bewußt scheint die Anordnung von Tieren und Figuren mit höheren oder positiven Eigenschaften gewollt zu sein, im Gegensatz zu den Eckknollenköpfen an den Basen, die durchaus mindere, ja unreine Tiere verkörpern.

Das kann beispielhaft an einigen Figuren mit ihrer Interpretation im Physiologus nachvollzogen werden. Der Adler gilt als König der Vögel und fliegt am höchsten; wie sich der Adler über alle Wesen erhebt, so Christus über die Heiligen. Oder dieses: Wenn der Adler alt wird, werden seine Schwingen schwer und seine Augen trübe; dann fliegt er zur Sonne empor und verbrennt sein altes Gefieder, läßt sich herab zur Quelle und taucht dreimal hinein. So soll es der Gläubige halten: emporfliegen zur Sonne der Gerechtigkeit Jesu Christi und eintauchen in die Quelle der Buße und somit erfüllen die Prophezeiung Davids, »daß du wieder jung wirst wie ein Adler«. – Der menschenköpfige Vogel ist ausgezeichnet durch sein steinchengeschupptes Gefieder. Man könnte an den Phönix denken, dessen Schwingen von kostbaren Edelsteinen schimmern und mit Wohlgerüchen versehen sind; dieser Vogel ersteht nach drei Tagen neu aus dem Feuer und verkörpert wiederum Jesus mit seiner Macht über den Tod. – Die geflochtenen Bärte des nächsten figürlichen Kapitells bringen das Samsonmotiv in Erinnerung. – Dann stehen sich Löwen- und Traubenkapitell gegenüber. Der Löwe als König der Tiere hat drei Eigenschaften: Er verwischt mit dem Schweif seine Fährte, um den Jäger von der Spur abzubringen; ebenso habe Jesus seine Gottheit verhüllt. Wenn der Löwe schläft, bleiben seine Augen geöffnet; ebenso schlief die Leiblichkeit des Herrn am Kreuz, während seine Gottheit wachte. Und zuletzt die Totgeburt der Löwin, bis am dritten Tag der Vater kommt und das Junge durch Anblasen zum Leben erweckt; ebenso hat Gott Vater seinen Sohn zum Leben auferweckt. – Die Trauben gegenüber symbolisieren den zum Blut Christi gewordenen Wein, aber auch das Fruchtbarwerden der Gläubigen am Rebstock.

Anders die Eckköpfe an den Basen. Es sind Köpfe von Schwein, Hund, Esel, Widder, Vogelköpfe mit dem Schnabel eines Geiers, Krallen. Das am Boden Haftende, Sich-Verkrallende wird besonders deutlich. Es ist der gestürzte Vogel, der unreine Vierbeiner, das zum Dienen und Tragen der Säule verurteilte Heer der niederen Tiere im Gegensatz zu den lichten und vollständigen Tiergestalten oben.

Die mittelalterliche Zahlensymbolik wird bei der Architektur gerne als nachträgliche Interpretation und gelehrte Spielerei betrachtet. Sicher mag, wie bei der Ramwoldkrypta von St. Emmeram, die additive Symbolik und die Veranschaulichung von Lehrinhalten *post festum* eine Rolle gespielt haben. Ohne deshalb diese Frage überstrapazieren zu wollen, sei bei St. Jakob wenigstens auf das Vorkommen der Drei- und Fünfzahl bei den Stützen hingewiesen. Wo die Fünfzahl aber doch gewollt und bewußt eingesetzt erscheint, sind die Fenster des Obergadens. Es ist schon öfter als ungewöhnlich aufgefallen, daß dort mittig sich ein Rund- bzw. ein Vierpaßfenster gegenüberstehen. Rechts und links davon aber sind je fünf Rundbogenfenster aufgereiht, die keinerlei Bezug zu den Arkaden unten aufweisen. Man wird an die berühmte Stelle bei Honorius Augustodunensis erinnert, der davon spricht, daß sich die Kirche in fünf Stufen vor Christus und ebensovielen nach seiner Menschwerdung entwickelt habe. Als weiterer Symbolträger ist der Quader zu betrachten, aus dem die Kirche gefügt ist und der den einzelnen Christen bezeichnet, während Jesus der Eckstein ist. In der Baunachricht ist extra die Rede davon, daß die Kirche aus *quadris ac politis lapidibus* errichtet worden sei. So sehr dies gerade im Kontrast zum unregelmäßigen Hausteinmauerwerk des Vorgängerbaus betont worden sein mag – die Schönheit der Quader mit ihrer lebendigen und durch den Hieb der Zahnfläche geglätteten, nicht polierten Oberfläche besticht bis heute – so sehr denkt der Schriftsteller an die geistige Kirche. Und die besteht aus dem vollkommenen und gereinigten, geglätteten Gläubigen im wohlgeordneten Ausgerichtetsein durch die Hand des einzig wahren Baumeisters.

Zwei Portale öffnen sich in der Südmauer zum Kloster hin, das große Hauptportal im Norden gegen die Stadt. Entsprechend ihrer Stellung sind sie mit Säulen und Bauplastik unterschiedlich bewertet. Das westliche Kreuzgangportal ist das einfachste, das östliche zeichnet sich durch Zickzackbögen und Rosetten, durch Säulen mit korinthisierenden Kapitellen und Mäandermuster im Kämpfer aus, wobei insgesamt eine Steigerung zur Mitte hin zu beobachten ist. Am reichsten ausgestaltet ist freilich das Nordportal, das über eine ganze Wandfläche verfügt und in seinem Bilderreichtum vielfältige Fragen der Symbolik und Lehrinhalte stellt (siehe oben). Jedenfalls ist an der Innenseite des Portals der Beschließer und sorgsame Pförtner verewigt. In ganzer Quaderlänge und deshalb liegend ist RYDAN mit Riegel und Schlüssel dargestellt (Bild 23). Es wirkt auch deshalb so anschaulich, weil seine Lage genau derjenigen des echten Riegels am Portal entspricht, der – in der alten Mauerführung noch vorhanden – seit Jahrhunderten vorgeschoben worden ist. So praktisch und selbstverständlich es uns heute vorkommt, so tief symbolisch scheint eine solche Darstellung zur Entstehungszeit gedacht gewesen zu sein. Die Tür, durch die man ins Reich des Heils eintritt, war jederzeit verschließbar und erinnerte so an die Pforte zum Hochzeitssaal und ähnliche Bedeutungen der Türe in biblischen Texten.

Auswirkungen des sogenannten Schottenopus sind in Regensburg selbst und in der näheren und weiteren Umgebung deutlich zu spüren, aber auch weiträumig, besonders donauabwärts. Diese Einflüsse mögen formaler, dann auch wieder stilprägender Art sein. Jedenfalls ist allein die sorgfältige Quaderbehandlung und die Liebe zum figürlichen und ornamentalen Detail in vielen Landkirchen der Gegend um Regensburg ohne das Vorbild St. Jakob nicht denkbar. Formale Einflüsse des Schottenportals sind an der Goldenen Pforte in Freiberg/Sachsen nachgewiesen worden. An der Apsis der Kirche zu Schöngrabern/Niederösterreich wird eine ähnlich reiche Bildzier ausgebreitet wie am Schottenportal, auch mit stilistischen Anklängen. Kapitelle in Deutsch-Altenburg erinnern an Regensburg. Noch später mag der normannische Einfluß auf Dekorteile der Abteikirche von Ják oder Lébény in Ungarn über Regensburg vermittelt worden sein, Zeichen ungebrochener Ausstrahlungskraft der Regensburger »Hütte«.

Der ehemalige Kreuzgang

Im Kreuzgang des heutigen Priesterseminars haben sich original nur wenige Teile erhalten. Es ist die Brunnenkapelle am Südflügel, ein gewölbter Raum mit vier Ecksäulen, die sich durch unterschiedliche Kapitelle auszeichnen (Bild 27). Besonders eines fällt auf mit steigendem Spiralband und einer Vierspitzschlinge, die alte Motive in neuer Bearbeitung zeigen. Für Kapitelle mit Knospen in Nische gibt es Vorbilder in Bury und Creully, also im normannischen Bereich, was ähnlich noch für die Pfeifenkapitelle gilt. Das schräg gegenüberliegende Refektoriumsportal (Bild 28) mit seinen Blattknospenkapitellen als Vorstufe zum frühgotischen Knospenkapitell steht im Zusammenhang mit manchen Kreuzgangkapitellen, die heute nur noch an den neu aufgestellten Fragmenten in der Kirche (und an anderen Stellen in der Stadt) zu studieren sind.

Ein reiches Säulenmaterial, teilweise beim Umbau des ehemaligen Klosters 1845–1847 und 1866–1872 aufgefunden, fand als Schranken, Figurenpostamente und Altarstützen Wiederverwendung. Die originale Größe ist durch drei Säulen von 145 Zentimeter überliefert, wobei es sich um Zwillingssäulen handelte, deren jeweils zwei Kapitelle zusammen mit dem Kämpfer aus einem Steinquader gemeißelt waren. Besonders reiche Ornamentik zeichnet diese Stücke aus: Blockkapitelle mit Preßblättern, Kelchblock-, Pyramiden- und Korbblockkapitelle, die so charakteristischen Pfeifenkapitelle. Sie alle gehören wohl einem ersten Bauabschnitt des Kreuzgangs an. Die etwas gedrungene, bandumwundene Säule vor dem ersten nördlichen Mönchschorpfeiler – heute Postament für die Jakobusfigur aus der Zeit um 1320 – stand einst an einer Kreuzgangecke; als ihr Vorbild mag eine ähnliche in der Krypta der Kathedrale von Canterbury anzusehen sein. Etwas jünger dürften Formen mit überfallendem Eckblatt und den Knospen in Nischen sein. Das leider so zerstreute Material muß ursprünglich einen Kreuzgang von großem Formenreichtum vor Augen gestellt haben, erfindungsreich in textilen, pflanzlichen und figürlichen Mustern, qualitätvoll in der Oberflächenbehandlung und anscheinend weit ausstrahlend, wie Zeichnungen des Reuner Musterbuches in der Österreichischen Nationalbibliothek nahelegen.

Literatur

KDB Regensburg, II, 1933 (F. Mader), S. 297–331; R. Strobel, *Das Nordportal der Schottenkirche St. Jakob in Regensburg,* in: Zeitschrift d. Dt. Vereins für Kunstwissenschaft, 18 (1964) S. 1–24; Strobel, 1965, S. 61–67, 111–155; W. Zahn, Schottenklöster. Die Bauten der irischen Benediktiner in Deutschland, Diss. Freiburg/Br. 1967, S. 53–81 und passim.

Die Bildseiten

Regensburg. St. Jakob

Regensburg. St. Ulrich

Regensburg. Katharinenspitalkapelle

Prüfening. St. Georg

Hauskapellen in der Nachfolge von St. Jakob und romanische Profanbauten

Für Regensburg ist charakteristisch, daß es neben den vielen Kirchen und öffentlichen Kapellen eine Reihe von Hauskapellen gab, die sicher nicht der Öffentlichkeit zugänglich waren, sondern dem privaten Gottesdienst, der privaten Andacht zur Verfügung zu stehen hatten. Man denkt in erster Linie an Kapellen in Domherrenkurien oder Bischofshöfen – in Regensburg gab es ja nicht nur einen, sondern acht Bischofshöfe, nämlich die Absteigequartiere der auswärtigen Bischöfe, zu deren Bau der Präsenzzwang bei Hof- und Gerichtstagen geführt hatte. Von diesen bischöflichen Kapellen kennen wir nur noch die Patrozinien, während sich als Bau allein die große Stephanskapelle des Regensburger Bischofs und Reste der St. Kassian- und Albuinkapelle im Brixener Hof erhalten haben. Von entscheidender Bedeutung scheinen diese Hauskapellen der Geistlichkeit als Vorbilder für die vielen Hauskapellen Regensburger Patrizier gewesen zu sein, von denen dem Namen nach mindestens 30 und mit gotischen Räumen annähernd 40 bekannt sind. Keine weitere deutsche Stadt kann sich damit messen.

Eine längst profanierte, aber mit Portal, Apsidenansatz und Gewölben erhaltene Hauskapelle einer Domherrenkurie stellt die Galluskapelle des Lerchenfelder Hofes in der Schwarzen-Bären-Straße dar. Das zweifach gestufte Portal zeigt eine Ornamentik, die deutlich von St. Jakob abhängig ist, aber schon die kommende Gotik ahnen läßt. Die Zweijochigkeit ist hier wie bei vielen jüngeren Kapellen genauso typisch wie die Wandgliederung mit Vorlagen unter Kreuzgewölben.

Allerdings stellen Portal, Empore und Apsidenansatzgliederung die Kapelle eher in die Tradition der großen Stephanskapelle, während die Vorbildrolle für die übrigen kleineren Hauskapellen die Rupertkapelle des im vorigen Jahrhundert abgebrochenen Salzburger Hofes übernommen haben dürfte. So besaßen das Auerhaus in seinem Turm, wohl auch das Zanthaus und der Wohnturm Untere Bachgasse 13 eine zweijochige romanische Hauskapelle, abgesehen von einem weiteren halben Dutzend von Kreuzgratgewölben in Häusern, die ebenfalls als Kapellen gedient haben könnten oder zumindest als bevorzugte Berge- und Tresorräume.

Auf den eindruckvollsten Ingenieurbau wurde bereits hingewiesen, die Steinerne Brücke. Entstanden in elf Jahren (1135–1146) war sie im Mittelalter der einzige feste Donauübergang zwischen Ulm und Wien. Ihre Bedeutung vor der Würzburger (1133 begonnen), Dresdner (1175 begonnen) und Prager (Judith-)Brücke (um 1150) besteht nicht nur in ihrer Länge und quaderhaften Mächtigkeit. Vielmehr ist der bis heute andauernde gute Erhaltungszustand seit dem 12. Jahrhundert und ihre städtebauliche Wirksamkeit von größter Aussagekraft. Es gab ein eigenes Siegel und einen eigenen Brückenmeister, der über Zoll und Steuern zu wachen hatte. Die Brücke war mit drei Türmen bewehrt, von denen der mittlere die Figuren König Philipps von Schwaben und Irenes von Griechenland trug, während der nördliche mit der Figur Kaiser Friedrichs II. antwortete (heute im Stadtmuseum), Zeichen für die der Stadt damals verliehenen Rechte und Freiheiten. Kaisereinzüge und Eröffnungen von Reichstagen führten stets über die Brücke wie über eine *via triumphalis*. In Brükkennähe befand sich die Margarethenkapelle und – vielleicht als ihr Vorgänger – die romanische dreischiffige Doppelkapelle St. Georg am Wiedfang. Von ihr sind noch Portal und Apsis in einem Wohnhaus sichtbar. Auf dem Bauhüttenplatz der Brücke jenseits der Altstadt in Stadtamhof entstand dann das Katharinenspital.

Literatur

Strobel, 1965, S. 165–170; R. Strobel, *Das Bürgerhaus in Regensburg,* Tübingen 1976, S. 48–49, 95–99; H.-E. Paulus, *Die Steinerne Brücke,* in: Regensburg VIII, Baualtersplan zur Stadtsanierung in Bayern, X, München 1987, S. 19–65.

18

19

20

21

22

23

24

26

27

Die Katharinenspitalkapelle

Geschichte

Nach 1212 verlegt Bischof Konrad IV. das bei der Johannesstiftskirche beim Dom gelegene Spital »um der besseren Luft und des Wassers wegen« an das andere Donauufer, wozu er ein zum Brückenbau gehöriges Haus tauschte. Bischof Konrad von Frontenhausen hatte durch den Verkauf seines väterlichen Erbes das Spital bestens ausstatten können, er gab ihm 1226 eine neue Ordnung. Wie am Dom durch den Bau einer Grabkapelle sein Gedächtnis bewahrt werden sollte, was nicht gelang, so sollte die neue Stiftung Seelengedenken und praktizierte Nächstenliebe verknüpfen, was trotz aller Gefährdungen bis heute anhielt. Das Spital war für hundert Personen vorgesehen und bekam eine mehrjochige Katharinenkapelle mit sechs Altären, daneben die Infirmerie und darüber das Schlafhaus unter anderem für die Priester sowie einen weiteren Flügel mit Vorratskeller und Stuben. Davon ist nach Bränden und Umbauten bis auf große Quaderbögen des 13. Jahrhunderts, die wegen der Donauhochwässer offengehalten wurden, wenig erhalten. Stehenblieb hingegen die etwas abseits gelegene heutige Katharinenkapelle, ursprünglich wohl eine Friedhofskapelle St. Michael.

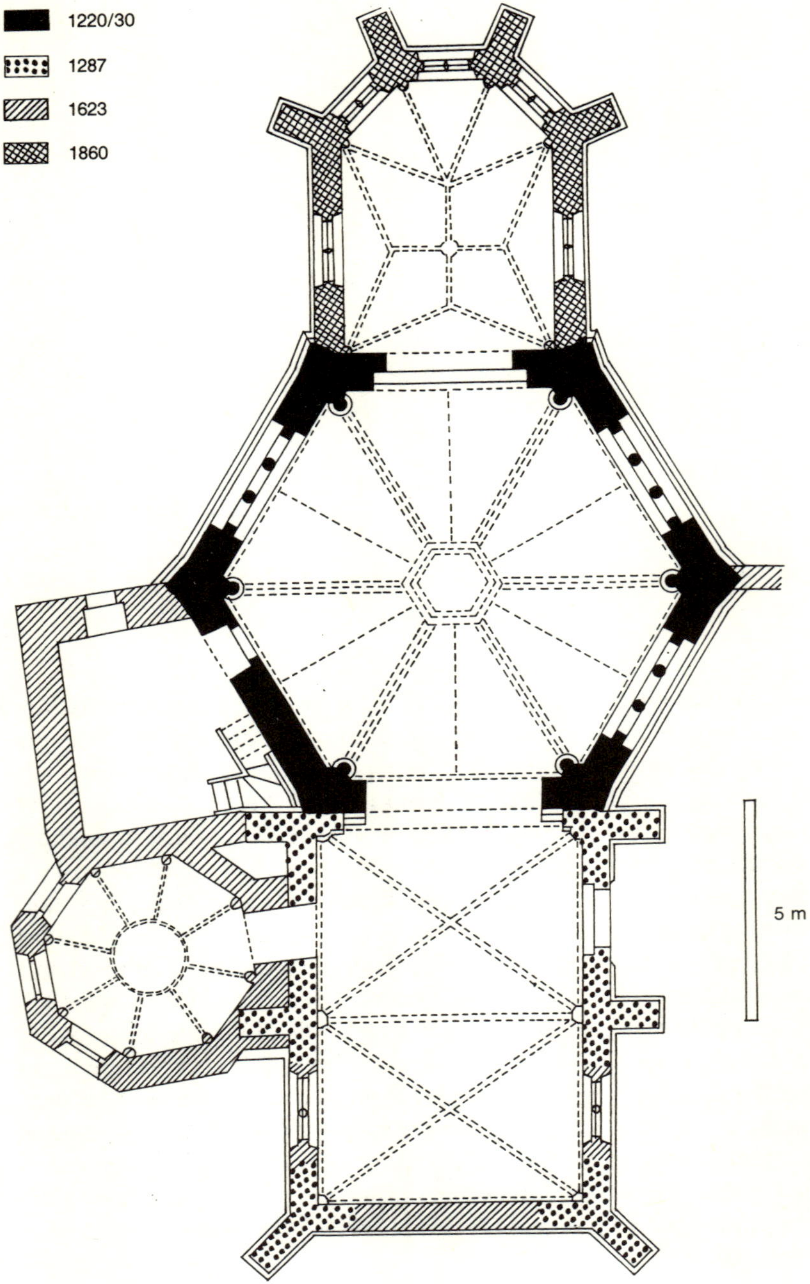

Regensburg
Katharinenspitalkapelle

Erbarm dich vber vns. Amen

29

30

31

32

33

35

Die sechseckige Spitalkapelle, ein kleiner rippengewölbter Raum, ist durch spätere Anbauten etwas verunklärt, kann aber dennoch deutlich die Stufe des Übergangstils vor Augen stellen (Bild 30). So ungewöhnlich wie der Grundriß ist für Regensburg auch die Kapitellzier, zu der man Parallelbeispiele im Magdeburger Dom finden kann. In die Ekken sind fast vollrunde Dienste eingestellt, die Topfkapitelle mit erfinderisch krausem Blattwerk tragen. Diese Blätter zeigen noch nicht das Emporschießen der Kelchknospenkapitelle, sondern sie genügen sich im freien Entfalten um den Kapitellkern herum, im Auf und Ab von Wellengekräusel und Umschlagen, von tief schattendem Durchfurchen und lappigen Oberflächen. Die wenig geschärften Wulstrippen bilden das Gerippe eines Faltengewölbes, das anstelle des Schlußsteins in einem Sechseck geöffnet ist. Die mit schlichtem, dreibahnigem Maßwerk geteilten Fenster sind groß und belichten mehr die steil ansteigende Gewölbezone als die niedrig gehaltene Mauerzone. Obgleich die Kapelle immer ausgerichtet war – anstelle des heutigen Altarraums von 1860 dürfte sich ein kürzerer befunden haben, von dem Kapitelle im Museum stammen – teilt das Sechseck ein mehr unbestimmtes, auch nicht strikt zentralisiertes Raumempfinden mit. Eher versammelt es den Blick, wie es schon die Belichtung nahelegt, nach oben. Auch ruft der Innenraum ins Gedächtnis zurück, daß den vielen und unterschiedlichsten Zentralbauten die Heilig-Grab-Vorstellung zugrunde liegen kann, auch wenn die Funktion einer Friedhofskapelle hier nicht gesichert ist.

Blickt man zurück auf die etwa sechzig Jahre ältere Allerheiligenkapelle am Domkreuzgang, wird deutlich, was sich verändert hat. Das kann nicht nur im Unterschied zwischen privater und halböffentlicher Funktion, zwischen Einzel-Memorialbau und allgemeiner Friedhofskapelle liegen. Vielmehr wird deutlich, wie der romanische Kleinbau der Allerheiligenkapelle mit Raum-, Mauer- und Gewölbeteilen additiv-divisiv verfährt durch präzis abgestimmte Wand- und Wölbungssegmente. Erst das gemalte Programm einschließlich der gemalten Säulen am Apsisbogen schaffen dort die Raumeinheit, der Pantokrator in der flachen Kuppel beherrscht alles. In der Spitalkapelle dagegen wird der Zentralraum von den tragenden Gliedern allein geformt; im Gewölbescheitel öffnet sich das Sechseck wie ein Seelenloch, um des Erlösers nicht bildhaft, sondern endgültig-vergeistigt teilhaftig zu werden.

Literatur

KDB Regensburg, III, 1933 (F. Mader), S. 133–144; Strobel 1965, S. 200–203; E. Braun, *Die mittelalterlichen Spitalkirchen in Altbayern,* Jahrbuch des Vereins für christliche Kunst, 13, München 1983, S. 189–193.

St. Ulrich. Ehemalige Dompfarrkirche

Geschichte

Neben dem Dom fällt ein merkwürdig gestalteter Bau auf, der schon entschieden frühgotische Teilformen zeigt, dennoch mit romanischen Nachklängen und im Zusammenhang mit dem Emmeramer Kreuzgang-Nordflügel (siehe Seite 80) am Ende der Regensburger Romanik stehen mag. St. Ulrich diente das Mittelalter hindurch als Pfarrkirche des Doms. Allerdings hat sein Aussehen zu vielen Vermutungen über seine Erstfunktion geführt, die hier nicht erörtert werden sollen. Nachdem die Quellen zu diesem Bau schweigen – eine erste Erwähnung erfolgt 1263 –, können nur Stilkriterien die Bauzeit begründen helfen. Übereinstimmung besteht mit der in zwei Radierungen Albrecht Altdorfers überlieferten Synagoge in Regensburg, die vor 1227 erbaut wurde. Auch der Emmeramer Kreuzgang gehört bei allen Unterschieden in Motivwahl und klarerer Anwendung aller Details in diese Zeit. Vielleicht läßt sich doch ein historisches Datum mit der Ulrichskirche verknüpfen: 1227 überläßt das Domkapitel für drei Jahre die Einkünfte der Dompfarrei dem Bischof, der wohl auch hier als Bauherr aufgetreten ist. Im 19. Jahrhundert diente die Kirche als Museum, dann wieder zeitweilig als Gottesdienstraum und seit einigen Jahren als Diözesanmuseum.

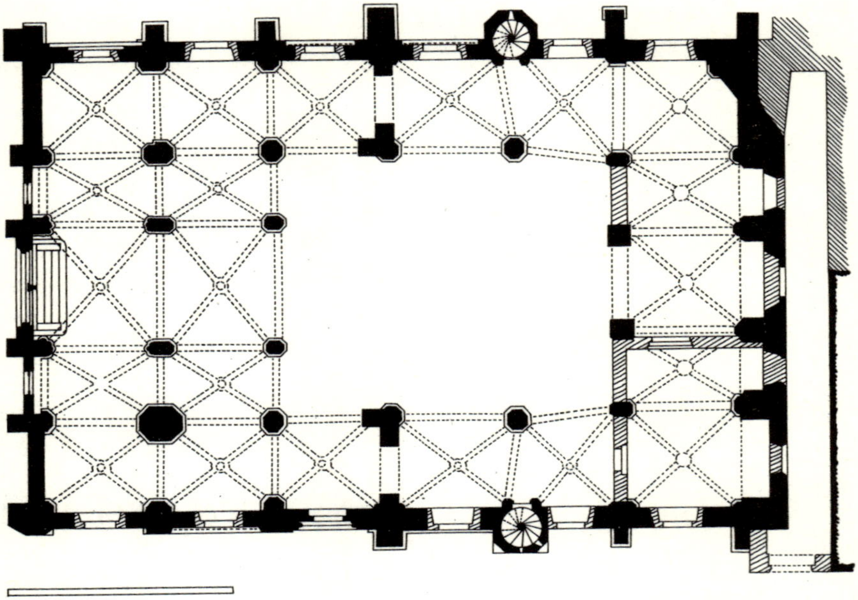

Regensburg
St. Ulrich

BESICHTIGUNG

Das Äußere von St. Ulrich läßt noch wenig auf den Innenraum schließen. Eine etwas zerklüftete Seitenschiff-Dachlandschaft fällt auf. Es sind die Mauerscheiben, die man von innen her als Vorstufe zum Strebebogen wird interpretieren dürfen. An der Westfassade und am Obergaden sind kräftige Strebepfeiler angeordnet, mit Satteldächlein am Traufgesims bzw. weit unter der Giebellinie endigend. Sie lassen auf Wölbung schließen, wie auch ein kleiner Treppenanbau und die zweizonige Fensteranordnung auf Emporen hinweisen. Gedrückt spitzbogige schlichte Fenster unter Entlastungs- oder Schildbögen gliedern die Traufseiten, wo die unteren Rundfenster erst von 1688 stammen. An der Westfassade ist eine Fensterrose zwischen Zwillingsfenstern dem Vorbild der Kathedrale von Laon verpflichtet. An der Ostfassade, die vom Römerturm verstellt wird, belichten ein zweibahniges Maßwerkfenster mit großem Rundfenster darüber den Raum. Zwei Portale öffnen sich ins Innere. Das südliche ist mit scharfgratigen »gotischen« Gewändegliedern, Tellerbasen und Kelchblattkapitellen an den eingestellten Säulen versehen, aber das Tympanon steht noch in romanischer Tradition (Bild 29). Zwei Engel halten ein Tuch wie in Schiffsform, auf dem dann das Brustbild des Heilands mit dem

Segensgestus und dem Buch erscheint. Die Strenge und Frontalität unter dem gedrückten Rundbogen erinnern noch sehr an die romanische Bilderwelt.

Das Innere überrascht durch seine Kontraste in Raumteilen und Aufbau. Bei St. Ulrich handelt es sich um einen zentralisierenden Bau, der Länge nach basilikal gegliedert, von Emporen umstellt und an den Schmalseiten jeweils innere Hallenräume ausbildend. Beschreibt man den Grundriß als sechsjochig und fünf-, teilweise dreischiffig, charakterisiert das den Raum ebenfalls nur ungenügend. Der flachgedeckte mittlere Kastenraum versammelt die umgebenden Emporen und Gewölbe und sprengt zugleich das System. Wandvorlagen und Dienstbündel haben die Idee aufkommen lassen, daß auch dieser Mittelraum zur Wölbung vorgesehen war. Aber ein definitiver Nachweis konnte nicht erbracht werden. Vielmehr scheint die Kirche gerade von diesem Kontrast dunkler Anräume, lichter Emporenjoche und dem klar begrenzten, aber gegenüber den durch Wölbung präzis umschriebenen Raumteilen provisorisch-unbestimmt wirkenden Mittelraum zu leben. Der tastende Versuch des Strebewerks draußen bekommt so drinnen sein Äquivalent. Sehr charakteristisch scheint der Wechsel verschiedener Bogenformen, von gestelzt und gedrückt rund- über unterschiedlich spitz- bis segmentbogig, der Wechsel der Rippenprofile und einzelner Jochgrößen zu sein. Es ist ein Tasten und Sich-lösen-Wollen, ohne daß bereits alles Neue gelingt. Kurze Zeit später decken nur noch die Minoriten den strengen Ordensregeln gemäß ihren Kirchenraum flach ein. Sonst entstehen mit der Dominikanerkirche und dem Dom grandios gewölbte und durchstrukturierte Räume, die sich von der Romanik in Bayern nun endgültig – wenn auch spät – verabschiedet haben.

Literatur

KDB Regensburg, III, 1933 (F. Mader), S. 23–39; Strobel, 1965, S. 192–199.

Prüfening.
Die ehemalige Benediktinerklosterkirche St. Georg

Geschichte

Kloster Prüfening liegt im westlichen Donaubogen etwa vier Kilometer vor den Toren der Altstadt. Immer noch erfreut es sich durch sein Eingebettetsein im großen Klostergarten einer gewissen Abgeschiedenheit und Ruhe. Die Distanzzone einer barocken Auffahrtsallee, die lockere Gruppierung weiterer, teilweise noch romanischer Bauten und die melancholische Stimmung, die von einer (wohl vergeblichen) Klosterneuplanung ausgeht, beeindrucken den Besucher. Aber man kommt ja mit anderen Erwartungen nach Prüfening. Bekannt ist die Zugehörigkeit zur Hirsauer Reformbewegung, die nur von geringer barocker Veränderung überformte Pfeilerbasilika mit Osttürmen und besonders der in ihr erhaltene Freskenzyklus. Hier haben sich im Chorbereich, wenn auch teilweise nur als aufdringliches Restaurierungsergebnis der Zeit um 1900, Wandmalereien von großer Kraft und Dichte erhalten, die etwas verspüren lassen von der Ausstrahlung und Wirkung solch monumentaler Figurenfolgen in ihrer Farbenpracht und hieratischen Strenge.

Da die Kirche in der bayerischen Sonderform der Pfeilerbasilika nicht ganz dem Schema – soweit es überhaupt vorhanden war – der Hirsauer Reformbauten entspricht, ist auf die Frühgeschichte des Klosters näher einzugehen. Gegründet wird Prüfening von Bischof Otto von Bamberg als bischöflich-bambergisches Eigenkloster auf Grund und Boden, der zur Alten Kapelle und damit zu Bamberg ge-

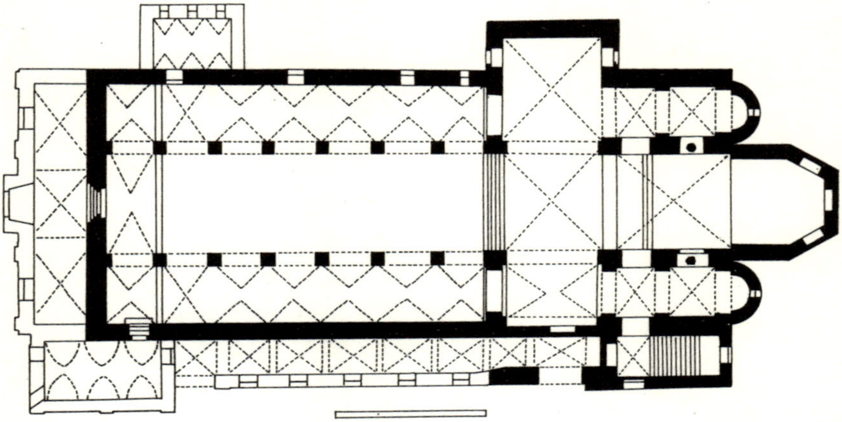

Prüfening St. Georg

hörte. Der Überlieferung nach weilte Otto zu einem Reichstag in Regensburg und mußte vor den Toren übernachten, da in der Stadt kein Platz mehr war. Die legendäre Ausschmückung der Gründung, der Traum des Stifters von der Jakobsleiter, die spontane Altarsetzung und -weihe gibt dem Klosterbeginn den Hauch göttlicher Bestimmung auf lieblichen, stillen Gefilden außerhalb der lärmigen, strapaziösen Stadt. Tatsächlich wollte Otto von Bamberg mit seiner Klostergründungspolitik und Förderung der Hirsauer Reform die Sache des Papsttums im Südosten des Reiches kräftigen. Der erdichteten Geschichte von den verschlossenen Türen Prüfenings, als der gebannte Kaiser Heinrich V. mit Bischof Hartwig von Regensburg und Otto selbst davorgestanden seien, mag als wahrer Kern dieser Sachverhalt zugrundeliegen. Der erste 1114 aus Hirsau berufene Abt Erminold war beispielsweise mit seiner Strenge bereits in Lorsch gescheitert und wurde dann 1121 Opfer eines mit der Klosterzucht unzufriedenen Bruders. Der Ort der Gewalttat *ante altare sanctae crucis* wurde später mit dem berühmten Grabmal des sogenannten Erminoldmeisters geschmückt. In dieser unbedingten Reformtreue auch beispielhaft gegenüber dem alten St. Emmeram, das sich erst in den 40er Jahren der Reform anschloß, in der Weitergabe des Reformgutes an fünf andere Klöster (Banz, Asbach, Münchsmünster, Biburg und Göttweig), in einer blühenden Malerschule und regen Bautätigkeit mag die Bedeutung Prüfenings zur damaligen Zeit erkennbar werden.

1109 war das Gründungsjahr, bereits 1119 fand eine Weihe statt. Das Datum vom 12. Mai wurde auf besondere Weise festgehalten:

Am südwestlichen Vierungspfeiler ist eine zeitgenössische Tonplatte mit der Weihenachricht und der Nennung aller Reliquien des Hochaltars angebracht. 1125 wurden zwei Altäre im Querhaus neu geweiht, weil sie wegen Einziehens der Gewölbe vom Platz gerückt worden waren. Zur selben Zeit gibt es auch die Weihe der kleinen Pfarrkirche St. Andreas. Über den Kreuzgang sind wird nicht so gut unterrichtet. Einige Kapellenweihen, die mit dem Kreuzgang in Verbindung gestanden haben dürften, könnten seine Bauzeit um die Mitte des Jahrhunderts nahelegen. Leider sind von ihm nur Spolien erhalten, deren Qualität allerdings den Verlust dieses Bauteils besonders schmerzlich empfinden lassen.

Besichtigung

Die dreischiffige, siebenjochige Pfeilerbasilika St. Georg ist mit östlichem Querhaus, Osttürmen und ursprünglich fünf Apsiden ausgestattet gewesen, von denen drei abgegangen sind. So ist diejenige am nördlichen Querarm im Putz markiert (Bild 31). Am Äußeren fällt das schöne Quaderwerk auf und die Vielfalt der Kapitellzier der Klangarkaden an je drei bzw. vier Turmseiten. Betreten wird die Kirche durch ein dreifach gestuftes Westportal. Während das Lang- und Querhaus ursprünglich flach gedeckt waren – über der barocken Wölbung haben sich mit Balken und Mäandermalerei Hinweise darauf erhalten –, wölbte man die Chorjoche von Anfang an ein. Ein auffallender Bauteil fand im Presbyterium Platz. Dort sind die Seitenwände zu den Nebenchören mit einem großen Bogen und näher zum Altar mit einer Doppelarkade geöffnet (Bild 32). Die Malereien nehmen darauf Rücksicht, etwa der Engel mit ausgebreiteten Flügeln über dem Würfelkapitell oder die kniende Figur auf dem Bogen statt der sonst stehenden. Auffallend und an bevorzugter Stelle die beiden adorierenden Figuren daneben. Zur Erläuterung des Programms soll aber bei der zentralen Figur oben im Gewölbe des Chorjochs begonnen werden.

Die thronende, Kreuzfahne und Sphaira tragende Figur wurde bei der Aufdeckung als Christus bezeichnet. Das mag neben dem schlechten Erhaltungszustand seinen Grund darin gehabt haben, daß durch den Abbruch der Hauptapsis der dort zu postulierende Christus woanders gesucht wurde. Richtig erkannte man schon bald den weiblichen Habitus, Reste der Umschrift, wo von der *virgo perennis sponsi iuncta* die Rede ist. Es handelt sich also um Ecclesia und Maria als Herrscherin und Braut des Herrn. Zwei seitlich postierte Figuren sind der Restaurierung zum Opfer gefallen; es handelte sich wohl um Benedikt und Georg. In den Gewölbezwickeln stehen auf gezinnten Quadermauern die vier Evangelistensymbole.

Auf beiden Seiten des Chorjochs sind drei Reihen stehender, langgewandeter Figuren angeordnet, die Palmen und durchgehende Schriftbänder tragen (Bild 32). Alle sind durch Nimben als Heilige gekennzeichnet, alle stehen frontal. Es ist die Heiligenhierarchie, wie sie im »Te deum« des Ambrosius anklingt und in der himmlischen Stadt mit der Versammlung aller Heiligen bildhaft Gestalt angenommen hat. Nördlich folgen von oben nach unten Propheten, Bekenner, Zönobiten, südlich Märtyrer und Anachoreten untereinander, wobei dort der mittlere Streifen ursprünglich Jungfrauen, also Märtyrerinnen, zeigte, wie man an Gewanddetails noch zu erkennen glaubt.

Die beiden erwähnten Einzelfiguren in Adorantenhaltung sind ohne Nimbus und etwas individuellerer Ausstattung als nicht zum Chor der Heiligen gehörig gekennzeichnet. Nördlich ist ein Herrscher mit Krone, südlich ein Bischof mit Pallium und zweihörniger Mitra dargestellt, die als Kaiser Heinrich V. und Bischof Otto von Bamberg, Vertreter der weltlichen und geistlichen Macht, gedeutet werden. Da zumindest beim Kaiser eine solche Personendarstellung eher fraglich bleibt, ist allgemeiner an die Repräsentanten der zwei tragenden Gewalten zu denken, an die Vertreter des Imperiums und des Sacerdotiums. Sie vermitteln zwischen der *ecclesia militans* der im Chorgestühl betenden Mönche und der *ecclesia triumphans* der gemalten, ins Jenseits erhobenen und dennoch präsenten Heiligen. Letztere sind wie lebendige Steine angeordnet und formen die vergeistigte, doch irdische Kirche aus heiligen Leibern, die von der himmlischen Kirche als *sponsa domini* und Erdbeherrscherin in der himmlischen Stadt überfangen wird.

Nochmals spielt die Verleihung weltlicher und geistlicher Macht eine Rolle: Am nordöstlichen Vierungspfeiler ist dargestellt, wie Petrus an König und Bischof das Schwert leiht, also bewußt das *Sacerdotium Petri* voransteht. Hier blieben wie in den Seitenchören unrestaurierte Originale erhalten. So sind im Nordchor (Bild 31 und 33) Szenen aus dem Leben Johannes des Täufers und im Südchor des heiligen Benedikts zu sehen. Johannis' Tod, Bestattung und Aufnahme in den Himmel sind die Apsisthemen. Das Lamm, umgeben von den Mauern der ewigen Stadt, im Turmgewölbe ist zweifach bedeutsam: Erinnernd an das johanneische *Ecce agnus dei* und vorweisend auf das apokalyptische Lamm der Endzeit. Im Südchor ist die Vergiftungsszene von Vicovaro und über einem nachträglich eingezogenen Gewölbe in der Apsis die Aufnahme der Seele Benedikts in den Himmel dargestellt, im alten Turmgewölbe wiederum das Lamm, umgeben von den Aposteln. An diesen Fresken ist die Farbqualität und Zeichnung der

Originale am besten zu studieren, wie sich auch in den Seitenchören die unerhörte Erfindungsgabe romanischer Ornamentik in tektonischen, textilen, vegetabilen Formen und Farben bestens zeigt.

Im westlichen Klosterpark haben sich noch zwei romanische Kleinarchitekturen von eigenem Charakter erhalten: Die einschiffige Andreaskirche (Bild 35) mit Ostchorturm und (rekonstruierter) Apsis hatte einst die Funktion der Pfarrkirche innerhalb der Klostermauern. Hier stand auch der Taufstein, ein kelchförmiges Becken mit ehemaliger Inschrift *verba, fides, signa, fons, unctio, mersio trina.* Das kleine Brunnenhaus (Bild 34) mit schlichter Rundbogentür und -fries spiegelt mit seinem schöngefugten Quaderwerk wider, was auch noch die romanische Nutz- und Kleinarchitektur auszeichnete und sie uns heute so köstlich erscheinen läßt.

Literatur

KDB Oberpfalz und Regensburg, XX, 1914 (H. Karlinger, G. Hager, G. Lill), S. 142–240; Strobel, 1965, S. 67–86; G. Lorenz, *Regensburg-Prüfening ehem. Klosterkirche St. Georg,* Große Baudenkmäler, Heft 369, München und Berlin 1986; H. Stein, *Die romanischen Wandmalereien in der Klosterkirche Prüfening,* Studien und Quellen zur Kunstgeschichte Regensburgs I, Regensburg 1987.

Karthaus-Prüll, Ausschnitt der Wandmalerei auf der Südwand der Empore: ▷
Engel der Verkündigung.

Karthaus-Prüll.
Die ehemalige Benediktinerklosterkirche St. Bartholomäus

Geschichte

Der Doppelname sagt bereits viel aus über das ehemalige Kloster, einst weit südlich vor den Toren der Stadt, heute in Nachbarschaft zur neugebauten Universität und zu Siedlungen der Vorkriegszeit gelegen. Das Klostergelände ist seit 1852 Heil- und Pflegeanstalt. Bis zur Säkularisation war es Kartäuserkloster, dies seit 1483. Die Kartäuser haben den spätgotischen Chor und die Reihe kleiner Kartausen an der Kirchennordseite veranlaßt, aber auch im 17. Jahrhundert die großen Gemeinschaftsbauten um zwei Innenhöfe südlich der Kirche. Vom 10. bis zum 15. Jahrhundert war Prüll Benediktinerkloster, zeitweilig als Doppelkloster. Bereits 997 gründete Bischof Gebhard (995–1023) das Kloster St. Bartholomäus, für das er von St. Emmeram im Tausch Grund und Boden erwarb. Für 1110 ist eine Kirchenweihe überliefert, die durch Verwüstungen im Krieg zwischen Heinrich IV. und Heinrich V. 1105 notwendig geworden sein mag. Jedenfalls haben sich große Teile des heutigen Baus aus dieser Zeit erhalten. Dieser romanische Kirchenbau interessiert nun in mehrfacher Hinsicht.

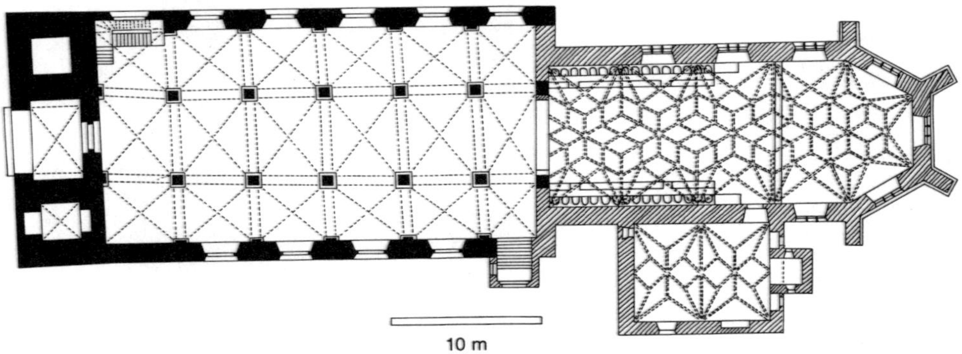

Karthaus-Prüll
St. Bartholomäus

Besichtigung

Auch heute noch fällt in moderner Umgebung das schlanke Turmpaar auf, dessen etwas steife Bekrönungen freilich erst aus dem 19. Jahrhundert stammen. Die achteckigen Türme, etwas unter Firsthöhe des Langhauses aus quadratischem Grundriß erwachsend, bilden mit dem Zwischenteil eine für den Regensburger Raum ungewöhnliche Westanlage. Unten öffnet sich ein großer Rundbogen zur Vorhalle, darüber eine Westempore, alles blockhaft geschlossen und doch in den Einzelheiten zierlich. Man wird an Wimpfen im Tal, St. Pantaleon in Köln, Gandersheim oder Bursfelde erinnert. Daß hier Einflüsse von weit außerhalb vorliegen, steht wohl außer Zweifel. Für die frühe Entstehungszeit spricht unter anderem das kleinteilige Sandsteinquadermaterial, das nur an Bogenstellungen, Türgewänden und innen an den Pfeilern durch Großquader abgelöst wird.

Ebenso fesselnd ist das Innere mit seiner Hallenform. Hier wird anscheinend erstmals im Regensburger Raum an einem Großbau die Halle gewählt mit sehr schlanken, hohen Pfeilern. Das dreischiffige, sechsjochige Langhaus hat zwar eine netzförmige Stuckierung in Formen der Nachgotik (frühes 17. Jahrhundert) erhalten, doch sind die romanischen Kreuzgratgewölbe gut ablesbar. Basis- und Kämpferprofile der Pfeiler lassen die alten Dimensionen nachempfinden. Die großen Mauerstärken erinnern daran, daß die gleichhohen Wölbungen noch ohne Strebesystem zu sichern waren. Prüll ist in der Reihe der weiteren Hallenkirchen wie St. Leonhard in Regensburg, Nabburg-Venedig, Bergen, Augsburg/St. Peter und Walderbach der Erstbau.

Auf der Empore, die sicher nicht mit dem Frauenkloster zusammenhängen wird, sondern in der Westwerktradition stehen mag, hat sich das Fresko einer Verkündigung im Zackenstil um 1230 erhalten (Farbbild S. 143). Wichtig ist der Rest einer Weiheinschrift, der auf einen Altar hinweist. Somit ist auch in Prüll ein Emporenaltar gesichert, wie er für derartige Anlagen charakteristisch zu sein scheint.

Das Westturmpaar mit Empore dazwischen, die Hallenform und die insgesamt schlanken Proportionen zeichnen den frühen Kirchenbau von Karthaus-Prüll aus. Er stellt innerhalb der Regensburger und altbayerischen romanischen Kirchen wieder eine eigene Facette vor Augen. Die Vorbilder für Einzelformen mögen weit weg im Nordwesten liegen; hier entstand aber ein überzeugender, für bayerische Verhältnisse kühner Bau von durchaus eigenem, fast zierlichem Charakter.

Literatur

Stoltze, 1929, S. 3–6; *KDB Regensburg,* II, 1933 (F. Mader), S. 152–166.

Donaustauf. Die Burgkapelle

Etwa zehn Kilometer donauabwärts von Regensburg entfernt und auf einem Berg liegend, benachbart der inzwischen viel berühmteren Walhalla König Ludwigs I., hat sich die Burgruine Donaustauf mit wenigen, zeittypischen Resten erhalten. Die Burg, bereits im frühen 10. Jahrhundert erwähnt, kann wohl von Anfang an als bischöflich-regensburgisch gelten. Hier entwickelte sich auch bis nach Wöhrd an der Donau das relativ kleine bischöfliche Eigenterritorium, dessen Besitz nach der Säkularisation der Fürst von Thurn und Taxis antrat.

Neben Mauerteilen und einem runden Bergfriedstumpf aus Bukkelquadern sowie Arkaturen des 12. Jahrhunderts am Hauptbau blieben – heute unzugänglich – zwei Seiten der ehemaligen Kapelle über einem inneren Burgtor erhalten (Bild 36). Die Wände sind durch Konchen gegliedert. Säulen mit Profilen der Reginwardzeit, das heißt des mittleren 11. Jahrhunderts, sind den Wandstücken vorgestellt. Reste der Bemalung mit roten Umrißzeichnungen haben sich verblassend an den Wänden erhalten. Es handelt sich um Bischofsbilder, wie aus den Beischriften hervorgeht. Man hat sich ursprünglich eine dreischiffige, dreijochige Kapelle, also einen Zentralraum vorzustellen, der insgesamt kleiner als die Wolfgangskrypta, aber durch höhere Säulen und größere Jochweiten noch freier gewirkt haben muß. Die Lage über einem Tordurchlaß, über dem sich noch ein oder zwei Geschosse erhoben, stellen die Burgkapelle von Donaustauf in die Reihe der Torturmkapellen. Da kaum ältere nachzuweisen sind, dürfte Donaustauf zu den Inkunabeln dieses Kapellentyps gehören. Auch im Ruinenzu-

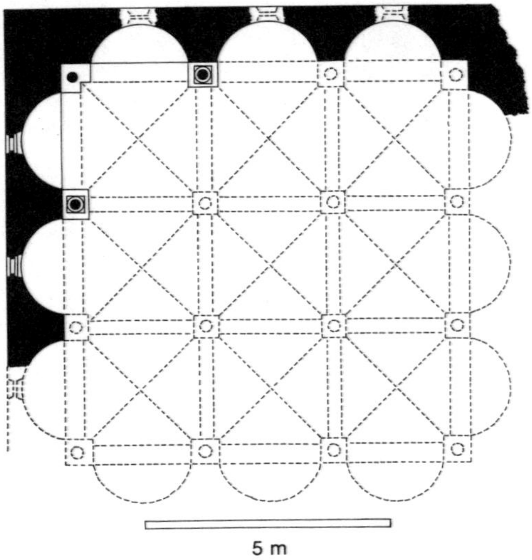

Donaustauf
Burgkapelle

stand kann sie in der wenigstens teilweise noch reizvollen Donaulandschaft zur Rückversetzung ins Mittelalter beitragen, als die Bischöfe zugleich streitbare Gefolgsleute des Kaisers zu sein hatten und sich Burg und Kapelle aufs engste verbanden.

Literatur

KDB Oberpfalz und Regensburg, XX, 1914 (H. Karlinger, G. Hager, G. Lill), S. 37–68; Strobel, 1965, S. 51–55.

Der Donauraum mit den Diözesen Regensburg und Passau

Biburg. Die ehemalige Benediktinerklosterkirche St. Maria

Geschichte

In der weiten Talaue der Abens, einem Nebenflüßchen der Donau in der Hallertau, gründeten Arbo und Konrad von Biburg 1133 ein Benediktinerkloster. Ihre fromme Mutter Bertha, deren Andenken ein spätromanischer Grabstein in der Kirche wachhält, wurde als Selige verehrt. Die Herren von Biburg haben ihren von Weihern umgebenen Ansitz der Klostergründung zur Verfügung gestellt, zu ihrem eigenen und anderer Seelenheil nach damals häufig geübtem Brauch. Obgleich in der Regensburger Diözese gelegen, wandte man sich an Bischof Otto von Bamberg, der an der Gründung wesentlich und schenkend teilhatte. Die ersten Mönche kamen 1133 aus Prüfening. So verwundert es nicht, viele bauliche Entsprechungen vorzufinden. Bereits für 1140 ist ein Weihedatum überliefert, was wohl nur ein vorläufiges bei in Gang gebrachtem Bau bedeuten kann. Die Leitung des Klosters hatte ein Bruder der Stifter inne, Eberhard, der später (1147) Erzbischof von Salzburg wurde. Eberhard hatte seine Ausbildung in der Bamberger Domschule bekommen und war einige Jahre Mönch in Prüfening gewesen. Dort wird er mit den durch Bischof Otto von Bamberg vermittelten Hirsauer Gepflogenheiten, auch baulichen, vertraut geworden sein, die über St. Michael in Bamberg Eingang gefunden hatten.

1228 wird ein Brand der Klostergebäude erwähnt. Um 1400 bzw. 1532 erfolgte die Einwölbung von Lang- und Querhaus. Um die Mitte

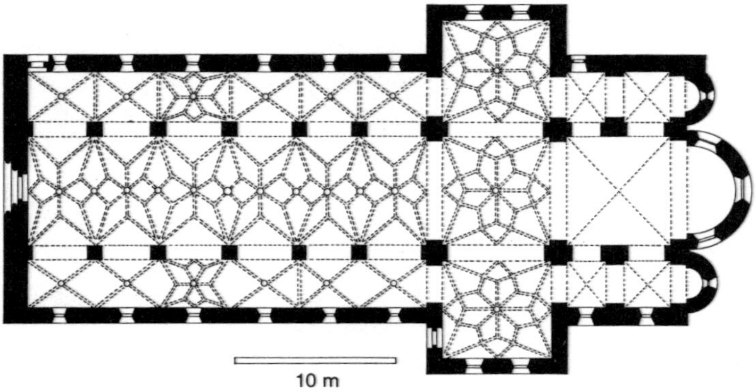

Biburg
St. Maria

des 16. Jahrhunderts ging das Kloster ein, kam 1598 an die Jesuiten in Ingolstadt und wurde schließlich 1785 Pfarrkirche. Die Reromanisierung 1885–87 wurde 1970/71 wieder rückgängig gemacht.

Besichtigung

Teilweise noch heute von Wasser umgeben, liegt die Klosterkirche auf einem wenig hohen, wohl künstlich hergerichteten Plateau, ursprünglich Sitz der Biburger Grafen. Das Turmpaar kündet weithin von dem romanischen Bau, dessen kompakte Erscheinung in der Nahsicht durch sparsamen Dekor und besonders das sauber behauene Quaderwerk des Donaukalksteins anspricht (Bild 38). Allerdings wird man sich für die Entstehungszeit einen hellroten Ockeranstrich und weißes Fugennetz vorstellen müssen. Nur die Westfassade und die Ostteile zeigen bemerkenswerte Bauplastik, während das Innere der dreischiffigen Basilika schlicht gehalten blieb; auch dort ist statt heutiger Steinsichtigkeit ein dünner weißer Anstrich vorzustellen. Östliches Querhaus, drei Apsiden am Chor, der mit Kreuzgratgewölben versehen ist, und die Türme über den östlichen Seitenchorjochen formen die strenge Klosterkirche, deren Langhaus flachgedeckt war.

Man nähert sich der Kirche von Südwesten, so daß zunächst die dem basilikalen Querschnitt folgende Westfassade mit dem in der Spätgotik steiler geformten Giebel vor Augen tritt. Die schildartige Geschlossenheit der Fassade ist auffällig; nur der Giebel zeigt mit steigenden Blendrundbögen und Profil- oder Kopfkonsolen eine Gliederung, über den zwei gleichhohen Scheitelbögen sitzt als ehemalige Firstplastik ein Adler auf Hasen. Die beiden Rundfenster sind alt. Höchst bemerkenswert und für die Ableitung der gotischen Wasserspeier von großer formaler Bedeutung sind die Figuren der Giebelansätze. An den Querschiffecken kauern Löwen, die ein Lebewesen verschlingen. An den Ecken der Westfassade krümmen geflügelte und geschwänzte Tiere, wohl Greife, ihre Köpfe auf langen Hälsen nach außen und rückwärts. Sicher dienten die Figuren nicht als Wasserspeier, sondern allein zur Betonung der Giebelansätze; jedoch die formale Entsprechung ist groß. Das auf den Eingang der Kirche herabblickende Fabelwesen, zum immerwährenden Dienst hier gezwungen, ist sicher apotropäisch gemeint gewesen.

Das Westportal, zweifach gestuft, zeigt den segnenden Christus im Tympanon. Die Archivolten wölben sich darüber wie ein multiplizierter Glorienschein. Das äußere Sägebandmotiv bleibt ebenso flächig wie die Reliefs der Kämpferzone, die außen keine Fortsetzung nach unten finden, sondern förmlich am Bogen hängen. Ihre figürlichen Motive wechseln gewohnt großzügig und derb zwischen Textilem, Pflanzlichem, Figürlichem und den Maßstab ändernd zwischen Kopf und figürlicher Szene (Bild 37). Dennoch scheint eine gewisse Ordnung gewahrt zu sein; als Hauptthema könnten die Laster gemeint sein. Vom Portal her links, also an der minderen Seite, beginnt das Kämpferband mit dichtem Flechtwerk. Es folgt ein Blattkapitell, wie die mittelalterliche Version eines korinthischen Kapitells. Dann folgt Figürliches: Ein Hockender mit den Händen im Schoß wurde als Trägheit gedeutet, der die Zunge Bleckende und seinen Schnurrbart Zwirbelnde als Zorn, gegenüber das verschlingende Mischwesen als Völlerei. Das geflügelte zweileibige Tier mit Halsband, das sich in die Flügelenden beißt, als selbstverzehrender Neid. Die Sirene als Symbol der Wollust fehlt ebensowenig wie die Jagdszene mit dem Bogenschützen, der den an Trauben pickenden Vögeln, d. h. den Seelen der Gläubigen, nachstellt. Ein Detail ist über Biburg hinaus für Kopfdarstellungen mit gebohrten Pupillen von Bedeutung: Es haben sich Metallstifte, in einem Auge die Bleifüllung erhalten. Damit sollte das Auge, der ›Blick‹ besonders hervorgehoben und betont werden, wie es bereits die Antike kannte.

Die Ostansicht zeigt eher konventionelle Gliederung. Rundbogenfriese schließen die Apsiden ab, die Konsölchen in Form von Tierköpfen wie Katze und Vogel, Widder und Hase, Hirsch und Rind. Auch hier wieder Beispiele für Metallstifte anstelle der Augen. Dazwischen nur zwei Menschenköpfe. Es ist auffallend, daß der milde weibliche Kopf mit langem Haar gerade über dem Mittelfenster plaziert wurde. Dieses große Fenster ist mit Kanten und Stäben reicher profiliert. Die Schallarkaden der Türme zeigen unterschiedliche Trennsäulchen oder -pfeilerchen, wobei sich die figürlichen Motive am Südturm häufen. Dort sind an der Südseite auch mehrmals Köpfe als

Streuplastik angebracht. Später als Prüfening dürfte in Biburg der Turmausbau nachträglich erfolgt sein, wohl erst im letzten Jahrhundertviertel.

Im Inneren ist das Mittelschiff mit sechs Arkaden rhythmisiert (Bild 40), so daß zwei Spitzbögen über schmäleren Jochen folgenden Wechsel ergeben (b = Spitzbogen): abaaba. Die Wulstkämpfer sind sicher gewollte Endbearbeitung, keine Bossen, und mögen dem Reformanliegen entsprochen haben. Chor-, Vierungs- und seitliche Querhausjoche gleichen einander. Das Chorjoch öffnet sich zu den Seitenchören in ungleichen Arkaden mit wandstückhaft breiten Pfeilern, also nicht wie in Prüfening in Zwillingsarkaden. Ob es hier ebenfalls Fresken gegeben hat, muß offenbleiben. Von der alten Ausstattung ist außer dem Grabstein der Bertha ein romanischer Taufstein aus der längst abgebrochenen Klosterpfarrkirche St. Stephan bemerkenswert (Bild 39).

Straff durchgebildet, sparsam, ja karg im Dekor, aber anspruchsvoll in der Gesamterscheinung verkörpert Biburg mit seinem guten Erhaltungszustand aufs beste die bayerische Sonderform der Hirsauer Reformbauten. Besonders die Ostteile können für die hochromanische Sakralarchitektur in Bayern als charakteristisch gelten und haben unsere Vorstellung von ihr entscheidend mitgeprägt.

Literatur

KDB Niederbayern, VII, 1922 (F. Mader), S. 90–117.

Walderbach.
Die ehemalige Zisterzienserklosterkirche St. Nikolaus

Geschichte

Am nördlichen Ufer des Regens, der aus dem Bayerischen Wald kommend hinter Roding vom flachen Hügelland der Keupersandsteinplatte gesäumt wird, entstand noch vor 1100 ein Chorherrenstift. Sein Gründer war Burggraf Heinrich I. von Regensburg. Mitbeteiligt war der mit ihm verwandte Landgraf von Stefling, dessen Stammburg in der Nähe steht. Walderbach wird zum Hauskloster und wenigstens zeitweise zum Erbbegräbnis der Burggrafen, bei dem die Bestattung der Udilhilde, Witwe König Stephans II. von Ungarn, eigens zu nennen ist. Burggraf Otto I. von Regensburg verwandelt das Stift in ein Zisterzienserkloster, dessen Abtseinführung mit 12 Mönchen 1143 erfolgte. Die heute noch bestehende Kirche dürfte erst später begonnen worden sein, jedoch könnten die ergrabenen Ostteile zu diesem Neubeginn gehören. Ein Wechsel in den Steinformaten läßt auf einen Baufortgang von Ost nach West schließen. Den Detailformen nach stammt das Langhaus aus dem letzten Viertel des 12. Jahrhunderts.

In den Hussitenkriegen 1428 und 1433 brannte das Kloster, 1556 wurde es aufgelöst. 1669 kam es an den Orden zurück, worauf im Kloster- und Kirchenbereich hier neu- und dort umgebaut wurde, zuletzt noch 1779 die Hinzufügung des Westturms anstelle einer Vorhalle. 1803 aufgehoben, wurde die Kloster- zur Pfarrkirche, das Kloster selbst zu einer Brauerei. Restaurierungen der Kirche fanden 1888 mit Freilegung der Gewölbemalereien und 1896/97 statt.

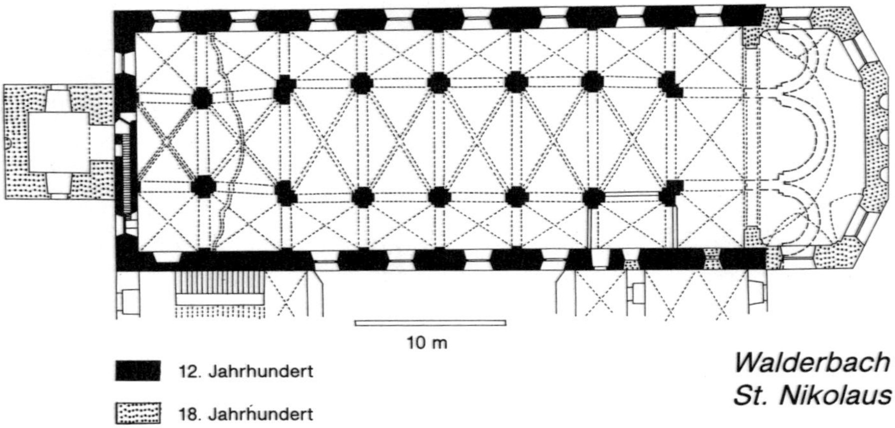

Walderbach St. Nikolaus

Besichtigung

Heute tritt die Klosteranlage von Walderbach, die Kirche mit Polygonalchor und zwiebelbekröntem Westturm, als barocker Bau vor Augen. Der romanische Kern wird erst im Inneren erlebbar, dort als dreischiffige gewölbte Hallenkirche, die mit ihrer alten Ausmalung um so mehr überrascht. Man betritt die Kirche unter der Turmvorhalle durch ein romanisches Säulenrücksprungportal. Das sichelförmige glatte Tympanon bekam seine Form durch eine nachträgliche Aufweitung (Bild 42). Sehr reich sind die jeweils zwei Säulen gearbeitet, mit gedrehten und senkrechten, gegeneinanderlaufenden oder abgesetzten Kanneluren, teilweise mit Diamant- oder Taustäben ausgelegt. Nur die inneren Säulen zeigen Kapitelle, links mit drei Reihen spitzer Blattkränze, rechts einreihig und dazwischen Köpfe mit dem Anschein, als ob Männchen in einem Blattkorb säßen. Das Kämpferprofil läuft durch, die Schaftringe sind aufgrund von Abschlagspuren ergänzt worden. Stilistisch ist das Portal gut mit Freising zu vergleichen und dürfte derselben Werkstatt angehören.

Das Kircheninnere (Bild 41) erschließt sich vom Grund- und Aufriß her als sieben-, ursprünglich achtjochige Halle mit Westempore, das Mittelschiff mit Rippen, die Seitenschiffe kreuzgratgewölbt. Unregelmäßigkeiten in den jeweils vorletzten Jochen und Pfeilerverstärkungen zum Ausgleich verschmälern das Mittelschiff zur Empore und zum Altarraum hin um zwei bzw. einen Meter. Letzterer schloß ursprünglich mit drei Apsiden, die 1897 ergraben wurden. Das erste Mittelschiffjoch war ebenfalls nur kreuzgratgewölbt, worauf die Pfeiler hinweisen. Die alte Fenstergröße ist im südlichen Seitenschiff an zwei hochsitzenden Rundbogenfenstern ablesbar. Die Westempore geht durch alle drei Schiffe. In der Westgiebelmauer führt eine schmale Steintreppe zum Dach. Kreuzförmige Pfeiler tragen die Gewölbe; diesen entsprechend sind zum Mittelschiff Halbsäulen, den Seitenschiffen zu Kanten eingestellt. Die Kapitelle über den Halbsäulen variieren stark, allerdings nur mit tektonischem und pflanzlichem Dekor. Die Würfel- und Bandgeflecht-, Blattranken- und Knospenkapitelle sind genauso hoch wie das Kämpferprofil und wirken deshalb kleingeraten. Der figürliche Dekor beschränkt sich auf Kopf- und ein Vogelkapitell.

Will man die Walderbacher Hallenform einordnen, liegt zunächst die Ableitung von den bekannten Hallenbauten auf altbayerischem und schwäbischem Boden nahe. Ebenso wird man bei der Westempore an Regensburger Gepflogenheiten erinnert. Jedoch ist das Gliederungssystem der Pfeiler und die Rippenwölbung so fortgeschritten, daß hier doch an Vermittlung durch den Orden gedacht werden muß, wobei Maulbronn am ehesten in Frage kommt, auch wenn darüber hinaus keine Beziehungen bestehen. Dreiapsidenschluß und Querschifflosigkeit gehören dagegen ganz in die bayerische Tradition.

Die geschrägten Bandrippen kreuzen sich ohne Schlußstein. Nur im östlichen Joch ersetzt Malerei das fehlende Bauglied: ein vierbeiniges Tier beißt sich in den Schwanz. Damit kommt die Rede auf die hochbedeutsame Ausmalung der Kirche. Diese ist nahezu vollständig im Gewölbe erhalten und stellt sich, von Verblassungen seit der Freilegung 1888 abgesehen, als Musterbuch romanischer Farbgebung und Ornamentik dar. Die Gewölbekappen zeigen noch die Schalungsabdrücke und erscheinen heute schiefergrau und blauschwarz. Dies dürfte sich aus Veränderungen eines blauen Anstrichs ergeben haben, was einer Himmelsabbildung gleichgekommen wäre. Auf Scheid- und Gurtbögen sowie auf den Diagonalrippen wechseln die Muster wie auf Stoffbahnen. Auf hellgrauer Tünche sind die Motive bzw. ihr Grund in kräftigem Rot, Rosa und Grau aufgetragen. Meist zweisträhnige Bänder, nur unter der Empore von Ranken durchsteckt, bilden eckige und (halb)kreisförmige Muster. An den Scheidbögen sind sie durch wechselnde Grundfarben oder rote Fugenstriche in breitrechteckige Felder unterteilt, während an den Gurtbögen die Muster meist ununterbrochen fortlaufen. Sägeschnitt-, Kreis- und Kreuzformen sind an den Rippen erfinderisch abgewandelt; eine Kreisform erinnert an unser modernes Gefahrensymbol für Radioaktivität. Durch wechselnde Betonung von Grund und Muster changieren die Figuren, so daß doppelte Sehweise möglich wird und Kreuze mit gebogenen Enden, Krüken- und Tatzenkreuze oder der zweifach plastisch zu sehende Sägeschnitt entstehen.

Figürliches und Pflanzliches fehlt am Gewölbe fast völlig. Wir wissen nicht, ob und wie die Wände einst bemalt waren. Nur die ebenfalls »abstrakte« Blattbemalung des rückwärtigen Fenstergewändes mit Lilien und Sternchen läßt mit einiger Wahrscheinlichkeit folgern, daß es keine große figürliche Ausmalung gab. Sicher kannte man in Walderbach die Figuren-Programme von Prüfening oder St. Emmeram. So sieht die karge und bei aller Formenvielfalt monotone Welt der Flechtbänder wie eine zisterziensisch-strenge Antwort auf den Figurenreichtum der älteren Klöster aus, ernst wie die Linien eines gelösten und durchschauten Labyrinths, konzentriert auf uralte Motive mit dem neuen Eifer einer neuen monastischen Bewegung.

Literatur

KDB Oberpfalz und Regensburg, I, 1905 (G. Hager), S. 174–208; Stoltze, 1929, S. 15–20.

Gewölbefresko der Karnerkapelle von Perschen. ▷

Perschen. St. Peter und Paul und die Karnerkapelle

Geschichte

Die Anfänge der Urpfarrei Perschen im Naabtal liegen im dunkeln, doch ist der Ort von alters her mit dem Kloster St. Emmeram in Regensburg eng verbunden. 1122 wird erstmals die Pfarrkirche erwähnt, zu der bis zum Jahr 1419 auch die benachbarte Reichsburg Nabburg mit anschließender Siedlung und die am Fuße gelegene Kaufmannsniederlassung Nabburg-Venedig eingepfarrt waren. In Venedig haben sich die Reste einer romanischen Kirche, die Umfassungsmauern und die Westempore einer ehemals dreischiffigen Halle aus der Mitte des 12. Jahrhunderts erhalten. Um 1160 wurde Perschen dem Regensburger Domkapitel einverleibt. Wenig später dürfte die Rundkapelle des Karners mit ihrer herausragenden Ausmalung und im beginnenden 13. Jahrhundert der spätromanische Neubau der Pfarrkirche errichtet worden sein. Im frühen 15. Jahrhundert wurde die Kirche durch den Anbau eines Rechteckchors erweitert, im 18. Jahrhundert im Langhaus eingewölbt und neu ausgestattet.

Die Wandmalereien des Karners wurden um 1850 entdeckt und teilweise freigelegt; eine umfassende Konservierung und Restaurierung erfolgte 1964 bis 1970.

Perschen
Karnerkapelle

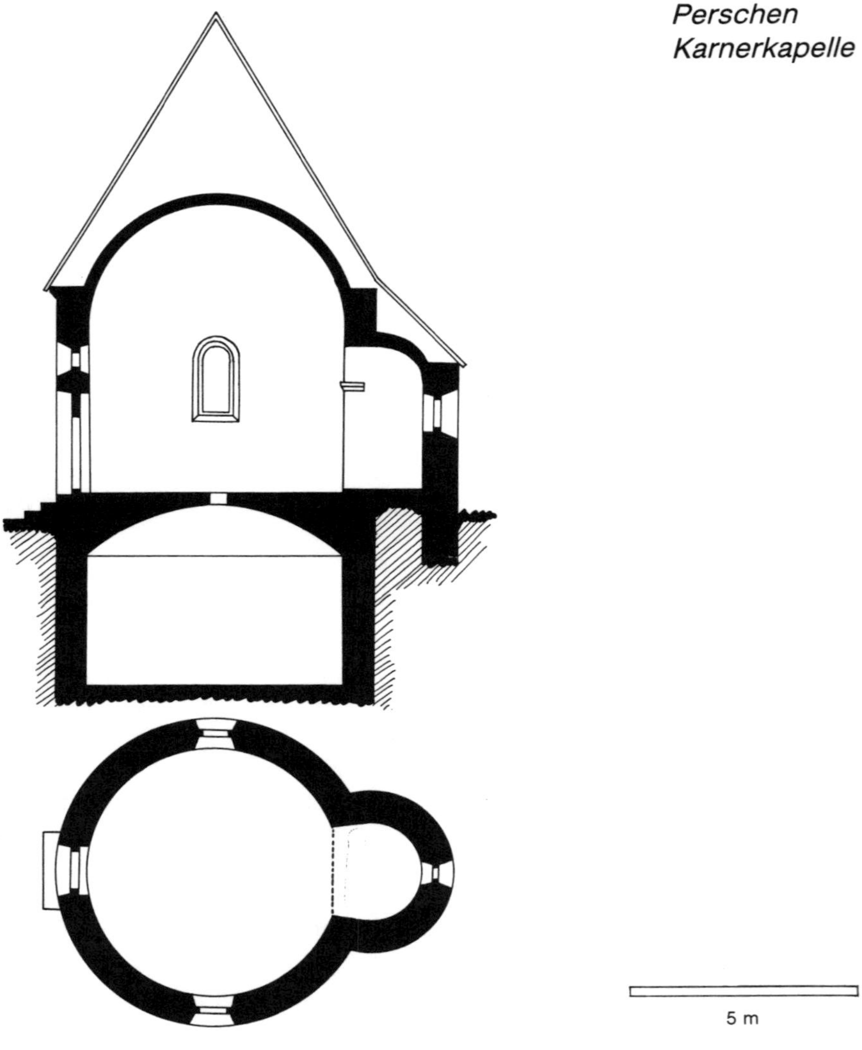

BESICHTIGUNG

Kirche, Karner und ehemaliger Pfarrhof (heute Bauernhausmuseum) bilden in freier Lage auf einer sanften Erhebung im Flußtal ein geschlossenes bauliches Ensemble. Die Pfarrkirche war ursprünglich eine dreischiffige, flachgedeckte Basilika mit Stützenwechsel und ungewöhnlich breitem Mittelschiff. Die fünf leicht spitzbogigen Langhausarkaden werden von kleinen, gedrungenen Säulen und quadratischen Pfeilern getragen. Die Disposition der Anlage folgt den Vorbildern Prüfening und St. Jakob in Regensburg.

Der kleine Rundbau der Karners südöstlich der Kirche birgt den geschlossensten Bestand romanischer Wandmalereien außerhalb Regensburgs. Die architektonische Gestalt entspricht einem in Böhmen und im östlichen Donauraum verbreiteten Bautypus. Der zylindrische Baukörper mit Kegeldach ist zweigeschossig; über dem als »Gebeinkeller« dienenden Untergeschoß erhebt sich die kuppelgewölbte Michaelskapelle mit weit ausladender Apsis. Im Inneren mißt der Kuppelbau nur 5,65 Meter im Lichten. Gegenüber der Apsis liegt im Westen das schlichte rundbogige Portal, und in den Achsen im Norden und Süden sind kleine rundbogige Fenster angeordnet (Bild 43).

Die Wandmalereiem des Karners von Perschen erlitten nicht das Schicksal einer frühen Restaurierung wie so viele andere mittelalterliche Fresken. Als in der Mitte des 19. Jahrhunderts Spuren der Malereien entdeckt wurden, bemühte man sich um eine reine Konservierung. Bemerkenswerterweise beschränkte man damals die Freilegung auf Bereiche, an denen abblätternde jüngere Kalktünchen die darunterliegenden Malereien sichtbar machten. So wurde die Tünche an der Wölbung bereits im letzten Jahrhundert abgenommen, während die gesamte Ausmalung der Apsis erst in den Jahren 1964 bis 1970 mit modernen restauratorischen Methoden freigelegt und konserviert werden konnte. Auf diese Weise blieben die Perschener Wandmalereien von Übermalungen und Retuschen verschont und zeigen einen in der Oberfläche zwar reduzierten, aber weitestgehend originalen Bestand. Das gesamte Innere ist ohne Unterschied zwischen Kuppel und zylindrischen Umfassungswänden mit Wandmalereien bedeckt, die in fünf Streifen gegliedert sind (Farbtafel S. 161). Ausgangspunkt ist im Kuppelscheitel die Darstellung Mariens. In den beiden anschließenden Registern der Wölbungszone sind von Arkadenreihen gerahmt fünf Engel und fünf kluge Jungfrauen und darunter die zwölf Apostel wiedergegeben. Nur im Bereich über der Ostapsis ist das System durchbrochen, indem in die beiden umlaufenden Zonen ein monumentaler Christus in der Mandorla einbeschrieben ist. In den Wandbereichen findet man über einer Sockelzone mit einem gemalten Vorhang in einer Arkadenreihe ganzfigurige Heilige, wohl Propheten, dargestellt. Die unteren Partien der Ausmalung sind teilweise stark beschädigt und gestört. Während die Prophetenfiguren stehen, sind die Apostel darüber sitzend wiedergegeben, und in der Kuppelwölbung sind Engel und Jungfrauen zu Halbfiguren verkürzt. Das ikonographische Programm der Malereien ist vielschichtig. Maria, mit der Lilie in der Hand, dem Symbol der Virgo und der Beischrift »STELLA MARIS« wird im Sinne des Hohenliedes als Sponsa-Ecclesia aufgefaßt. Der Titulus KHARVVNCVLVS (= Karfunkelstein) bei Christus in der Mandorla und die Applikation von Steinen oder

Glasflüssen, deren Einsetzlöcher im Putz noch zu erkennen sind, geben ein seltenes Beispiel der Edelsteinallegorese in der christlichen Ikonographie. In einer neuen Sinnschicht wird damit zugleich Stella Maris, der Meeresstern, mit Maria verknüpft. Der rote Karfunkelstein weist auf die Erlösung durch das Blutopfer Christi und auf Christus als Beherrscher der Finsternis hin. Maria, Sponsa-Ecclesia im Kreis der Jungfrauen, Fürbitterin und Leitstern, kann vermittelnd zwischen die Toten in der Gruft, die durch eine Öffnung mit den Malereien der Michaelskapelle räumlich verbunden ist, und Christus, den Richter und Herrscher, treten. Abrahams Schoß in der Apsiskalotte zeigt schließlich, wie die Menschenseelen in das ewige Paradies eingehen können.

Der Gehalt des ikonographischen Programms der Wandmalereien von Perschen, das eine Beeinflussung durch die Schriften des Honorius Augustodonensis zeigt und eine umfassende Kenntnis der theologischen Vorstellungen der Zeit voraussetzt, ist nur mit dem unmittelbaren Einwirken der Regensburger Klöster zu erklären. Stilistisch lassen sich die Wandmalereien an Prüfening und die Allerheiligenkapelle im Domkreuzgang, hinter denen wiederum sizilisch-byzantinische Vorbilder stehen, und an die Regensburger Buchmalerei der Mitte des 12. Jahrhunderts anschließen. Die strenge Frontalität der Figuren und der straffe architektonische Aufbau wie die knapp umrissene, statuarische Formgebung verleihen den Malereien einen Ausdruck von spannungsvoller Monumentalität, der noch konzentrierter als bei den Regensburger Vorbildern wirkt.

Literatur

KDB, Oberpfalz, XVIII (G. Hager), S. 66–80; Heidrun Stein, *Meerstern und Karfunkelstein. Die Malereien im Karner zu Perschen,* in: Jahrbuch des Zentralinstituts für Kunstgeschichte, 3, 1987, S. 7–38; Otto Demus, *Romanische Wandmalerei,* München 1968, S. 190.

Mallersdorf. Die ehemalige Benediktinerabtei St.Johannes

Geschichte

Das Benediktinerkloster Mallersdorf wurde 1107 von dem Ministerialengeschlecht des Regensburger Niedermünsters von Kirchberg als Hauskloster mit Unterstützung des Bischofs Otto von Bamberg gegründet. Mönche von St. Michael in Bamberg ließen sich dort nieder. Die Weihe der ersten Kirche erfolgte schon 1109. Spätestens seit 1131 war Mallersdorf Bambergisches Eigenkloster.1177 wurde der 1164 begonnene Neubau geweiht, dem man in der Mitte des 13. Jahrhunderts im Zuge von Umbauten eine Doppelturmanlage im Westen anfügte. Von dem mittelalterlichen Bau haben sich nach Veränderungen im 17. und 18. Jahrhundert nur noch in der Turmfront romanische Reste erhalten.

BESICHTIGUNG

An der spätromanischen Doppelturmfassade, deren nördlicher Turm im Barock in Angleichung an den erhaltenen südlichen ergänzt wurde, bildet das in den barocken zweigeschossigen Vorbau integrierte Westportal den Eingang zum Kircheninneren. Fraglich ist, ob die Portalanlage ursprünglich in der Flucht der Westtürme lag oder ob der mittelalterliche Bau bereits eine ähnliche Vorhalle besaß. Das mächtige rundbogige Stufenportal mit eingestellten Dreiviertelsäulen wird von einem äußeren gestelzten Rundbogenfries gerahmt. Die Gewändekanten sind mit deutlichen Kehlen und Stäben gefast, in den Archivolten wird die Gewändegliederung fortgesetzt. Dicke Wülste über den Säulen verleihen dem Portal eine drückende Schwere. Die Kapitelle ziehen sich als stark ornamental aufgelöste Bänder unter dem verschlungenen Kreisgeflecht des Kämpfers über die seitlichen Gewändestufen (Bild 45). Es sind Menschen und Tierfiguren zu erkennen, die bisher nicht überzeugend gedeutet sind. Im Tympanon findet sich im flachen Relief ein griechisches Kreuz mit Lilien, umrahmt von geometrischen Bandornamenten (Bild 44). Eine Weihenachricht von 1265 erscheint als Datierung der von Regensburg beeinflußten Mallersdorfer Portalskulptur doch etwas zu spät.

Literatur

KDB Niederbayern, XXV (J. M. Ritz und A. v. Reitzenstein), S. 159–213; Isidor Gschlößl, *Mallersdorf,* Kleiner Kunstführer Nr. 66, München und Zürich [5]1986; Karlinger, S. 102 f.

Passau

Passau, am Zusammenfluß von Inn und Donau in herausragender Lage, geht auf das keltische Oppidum Boiodurum zurück. Am rechten Innufer entstand um 80 n. Chr. ein römisches Kastell, ein weiteres, spätkaiserzeitliches, »Batavis« genannt, um 270 im Bereich des späteren Klosters Niedernburg. Schon in der Spätantike sind hier die Spuren des Christentums greifbar; jedoch fehlt der Nachweis einer Kontinuität vom zeitweise in Batavis wirkenden heiligen Severin (gest. 482) bis ins Frühmittelalter. Die mehrfach veränderte heutige Friedhofskirche St. Severin, südlich des Inns in der Nähe der freigelegten Überreste des römischen Kastells Boiotro, steht auf spätantiken Fundamenten.

739 wird Passau im Zuge der kirchlichen Neuorganisation des heiligen Bonifatius als Bischofssitz bestätigt und damit zu einem bestimmenden kirchlichen Zentrum im östlichen Alpenraum.

Der das Stadtbild dominierende barocke Dom steht an der Stelle einer seit dem 7. Jahrhundert nachweisbaren Stephanskirche. Von den hochmittelalterlichen Vorgängerbauten des Domes, darunter eine frühromanische querschifflose Basilika des 10. Jahrhunderts, hat sich nichts erhalten.

Die Bildseiten

Donaustauf. Die Burgkapelle

36 *Die Ruine der Burgkapelle.*

Biburg. St. Maria

37 *Kapitelle des Westportals.*
38 *Die ehemalige Klosterkirche von Südwesten.*
39 *Blick aus dem südlichen Seitenschiff in den Seitenchor.*
40 *Langhaus und Chor.*

Walderbach. St. Nikolaus

41 *Nördliches Seitenschiff und Mittelschiff.*
42 *Westportal.*

Nabburg-Perschen.

43 *Die Karnerkapelle von Norden.*

Mallersdorf. St. Johannes

44 *Tympanon des Westportals.*
45 *Kapitelle des Westportals.*

Passau

46 *St. Nikola. Krypta.*
47 *Das Kloster Niedernburg. Westvorhalle von St. Maria.*

Straubing. St. Peter

48 *Tympanon des Westportals.*
49 *Tympanon des Südportals.*
50 *Langhaus und Chor.*
51 *Das Chorhaupt von Nordosten.*

Windberg. St. Maria, Sabinus und Serena

52 *Taufstein.*
53 *Nordportal.*

37

BIBURG

39

Das Kloster Niedernburg

Geschichte

Die Tradition einer christlichen Kultstätte an der Stelle der ehemaligen Benediktinerinnenabtei Niedernburg geht wahrscheinlich bis in die Spätantike zurück. Das Kloster wurde über dem spätrömischen Kastell Batavis errichtet. Die Anfänge der Abtei liegen wohl im 8. Jahrhundert. Urkundlich erwähnt wird das Kloster erstmals 888 als »monasterium Sanctae Mariae«. Als »zweiter Stifter« wird Kaiser Heinrich II. verehrt, der dem Kloster im Jahre 1010 wertvolle Besitzungen schenkte. Die dem Kloster vorstehende Äbtissin Eilika war mit der kaiserlichen Familie verwandt.

Die Reichsabtei Niedernburg, auf der Landzunge am Zusammenfluß zwischen Donau und Inn gelegen, war neben dem Bischofssitz in der Altstadt der zweite Machtfaktor in Passau. Ende des 12. Jahrhunderts geriet die Abtei jedoch in den Einflußbereich des Bischofs und wurde schließlich zum bischöflichen Eigenkloster. Als adliges Damenstift bestand das Kloster bis zur Säkularisation. 1836 wurde das Kloster von König Ludwig I. den Maria-Ward-Schwestern übertragen.

Der überlieferte Baubestand der Klosteranlage umfaßt die romanische Marienkirche, die ursprüngliche Laienkirche, und die 1040 geweihte, gotisch erweiterte und barock umgebaute Heiligkreuzkirche. Diese enthält in ihrer neuromanischen Westfassade von 1860 bis 1865 Reste des ottonischen Westbaus.

Besichtigung

Die ehemalige Laienkirche, die das Marienpatronat von der Klosterkirche übernahm, als diese nach dem Erhalt von wertvollen Kreuzreliquien durch eine Schenkung der Kaiserin Kunigunde 1010 ihr Patrozinium wechselte, liegt im Nordosten der Hauptkirche. Nach der Brandzerstörung von 1662 wurde die Kirche bis auf die Westvorhalle und die sie flankierenden Turmstümpfe abgetragen. Die noch erhaltenen Teile sind heute in die moderne Aula des Schulgebäudes der Englischen Fräulein integriert und nur über diese zugänglich. Ein äußeres Stufenportal mit drei tiefen Abtreppungen und eingestellten Säulen, wobei jeweils ein Säulenpaar im Wechsel einen runden und einen polygonalen Schaft besitzt, führt in die einhüftige Vorhalle (Bild 47). Ihr quadratisches Hauptjoch und das südliche Nebenjoch sind an den

Kreuzgratgewölben vollständig mit Wandmalereien bedeckt. Grabungsbefunde und die erhaltenen Reste stützen die Rekonstruktion der Laienkirche als dreischiffige Basilika mit dreiapsidialem Chorschluß ohne Querhaus und unterstreichen wieder einmal mehr das Festhalten der bayerischen Romanik am Typus der alpenländischen Basilika. Eine Besonderheit der Marienkirche ist jedoch die asymmetrische Portalanlage mit einer über die Türme westlich vorspringenden Vorhalle und die aus der Disposition resultierende erhebliche Verbreiterung des südlichen Seitenschiffs, das mit dem Südturm fluchtet.

Die romanischen Wandmalereien der Vorhalle wurden 1955 freigelegt. Dargestellt sind an den Gewölbefeldern des Hauptjoches vier Szenen des Gleichnisses vom armen Lazarus und dem reichen Prasser, an jenen des südlichen Anraums der Kampf der Tugenden mit den Lastern, an der Nordwand und der entgegengesetzten Südwand das Gastmahl in Bethanien bzw. die Hochzeit zu Kana. Über dem vermauerten inneren Portal der Vorhalle befindet sich eine Halbfigur Christi, und die Westwand des Nebenraums zeigt eine sitzende Madonna mit Kind, der sich anbetend die Figuren des heiligen Kaisers Heinrich II. mit Kirchenmodell und der Kaiserin Kunigunde zuwenden.

Wegen der fragmentarischen Überlieferung ist das ikonographische Programm des Wandmalereizyklus nicht vollständig zu erschließen. Die Gastmahldarstellungen verweisen auf die Eucharistie, die Halbfigur Christi steht in direktem Zusammmenhang mit dem Portal, das Gleichnis vom Lazarus exemplifiziert die Tugenden und Laster und – gesondert an der Westwand – wird der »zweiten Stifter« des Klosters, Heinrich und Kunigunde, gedacht.

Die Portalplastik, Würfelkapitelle mit kerbschnittartigem Palmettendekor in den Schildflächen, durchlaufende attische Basis an Säulen und Gewände und vegetabil ornamentierte, durchlaufende Deckplatte, besonders die mit Rundstäben ausgesetzten Kanten der Stufungen an Gewände und Archivolten und mit Kugeln besetzte Kehle, weisen auf eine Entstehung im späten 12. Jahrhundert. Die um 1230 entstandenen, flächenfüllend ausgebreiteten Wandmalereien sind in ihrem erzählerischen Stil von Salzburg beeinflußt.

Literatur

KDB Niederbayern, III (F. Mader) S. 237 – 266; Susanne Tuczek-Matz, *Romanische Wandgemälde im Kloster Niedernburg-Passau,* in: Münchner Jahrbuch der Bildenden Kunst 3.F., 7., 1956, S. 32–48; Rainer Christlein, in: Das Archäologische Jahr in Bayern 1980, Stuttgart 1981, S. 126; Gottfried Schäffer, *Kloster Niedernburg,* Kleiner Kunstführer Nr. 1407, München und Zürich 1983.

40

41

WALDERBACH

42

43

NABBURG

MALLERSDORF

PASSAU

48

49

STRAUBING

50

52

WINDBERG

St. Nikola

Geschichte

Zwischen 1067 und 1073 gründete der Passauer Bischof Altmann mit Unterstützung der Kaiserinwitwe Agnes das erste deutsche Augustinerchorherrenstift südwestlich vor den Toren der Stadt. Altmann setzte auch nach seiner zweiten bedeutenden Neugründung, Stift Göttweig, sein Reformwerk fort. Von St. Nikola aus wurden die Chorherrenstifte von Rottenbuch, St. Florian und St. Pölten besiedelt. In der Zeit des Investiturstreits wurde Altmann von Kaiser Heinrich IV. aus Passau vertrieben; erst um 1100 wurde das Stift St. Nicola wiederhergestellt. Noch 1209, bei der Neuerrichtung der Stadtmauer Passaus, lag das Stift außerhalb des Stadtgebiets.

Nach einem Erdbeben erfolgte 1348 ein gotischer Wiederaufbau. Das blühende Stift erneuerte in der Barockzeit sämtliche Klostergebäude einschließlich der Klosterkirche. Nur die romanische Krypta überdauerte, wenn auch bis zur Restaurierung von 1972 durch eingezogene Stützmauern entstellt. Die aufwendige Instandsetzung machte eine der seltenen romanischen Krypten Bayerns wieder als Sakralraum für die jetzige Universitätskirche St. Nikola nutzbar.

Besichtigung

Die Krypta von St. Nikola ist ein Einstützenraum mit vier annähernd quadratischen Gewölbejochen, die durch Gurte und Scheidbögen voneinander getrennt sind (Bild 46). Der Zugang in die Krypta erfolgte ursprünglich von Westen aus dem Mittelschiff der Kirche und nicht wie jetzt von Norden. Den Raumeindruck bestimmt die klare Gliederung des Gewölbes. In die Umfassungsmauern der Krypta sind an drei Seiten, im Osten, Norden und Süden Muldennischen eingetieft. Als Begrenzung des Raumes werden in erster Linie die Schildbögen wirksam. An der Ostseite ist die Abfolge der Konchen in der Außenwand durch kleine kapellenartige Erweiterungen aus gotischer Zeit gestört. Die dort geschaffenen Anräume wurden zur Aufstellung von Altären genutzt, wie aus den Inschriften an den östlichen Schildbögen geschlossen werden kann.

Der Schaft der Mittelsäule ist ein Monolith aus Granit. Die attische Säulenbasis über quadratischer Plinthe ist steil proportioniert. Das eigenartig karniesförmige Kapitell, das mit einem dünnen Halsring vom Schaft abgesetzt ist, lädt weit aus, um die breiten Gurte und

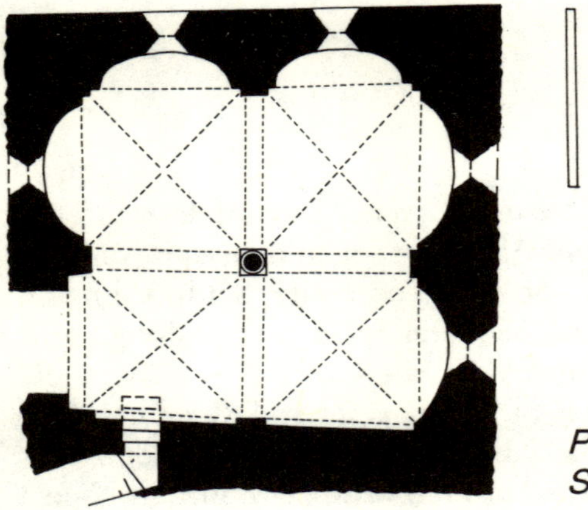

Passau
St. Nikola

Scheidbögen aufnehmen zu können. Streng stilisierte, lanzettförmige Blätter in dünnem Relief verzieren den Kapitellkörper.

Die der Mittelstütze entsprechenden, breiten Wandvorlagen besitzen einen schlichten Kämpfer, über dem die schmäleren Gurte anlaufen. Die Gewölbe steigen zum Scheitel stark an. Bei der jüngsten Restaurierung wurden an den Gewölben Reste von Wandmalereien aus fünf übereinanderliegenden Schichten angetroffen. Die ältesten Malereien aus dem 13. Jahrhundert im nördöstlichen Gewölbejoch zeigen im Scheitel ein Sonnensymbol und Reste einer stehenden Prophetengestalt (?) mit einem weitgehend zerstörten Schriftband.

Die Krypta von St. Nikola ist im Bautypus verwandt mit der Stephanskapelle des Regensburger Domkreuzgangs, der Wolfgangskrypta in St. Emmeram und der Burgkapelle von Donaustauf, die sämtlich im 11. Jahrhundert entstanden sind. Die Passauer Krypta muß aufgrund der Einzelformen, besonders der Säulenbasis mit Eckzehen, in die Zeit um 1100 oder kurz danach gesetzt werden. Die Krypta wurde früher mit dem Gründungsbau in Verbindung gebracht, der etwa 1075 entstanden sein soll, eben zu der Zeit, als Bischof Altmann wegen des Investiturstreits die Bischofsstadt verlassen mußte. Wahrscheinlich ist der Bau aber erst nach der Vertreibung des Bischofs anläßlich der Wiederbesiedlung des Stifts um 1100 errichtet worden.

Literatur

KDB Niederbayern, Bd. 3 (F. Mader) S. 271–273; Walter Haas, *Zur romanischen Krypta von St. Nikola in Passau,* in: Baukunst des Mittelalters in Europa, Hans Erich Kubach zum 75. Geburtstag, hrsg. von Franz J. Much, Stuttgart 1988, S. 141–154; Gottfried Schäffer, *Passau St. Nikola,* Kleiner Kunstführer Nr. 1419, München und Zürich 1983.

Straubing. Die Pfarrkirche St. Peter

Geschichte

Die Pfarrkirche St. Peter liegt heute inmitten eines Friedhofes in einer vorstädtischen Randzone im Osten der 1218 von Herzog Ludwig I. zur Stadt erhobenen Marktsiedlung, etwa auf halber Strecke zwischen der wittelsbachischen Neustadt und der Stelle, an der sich das römische »Sorvidorum« befunden hatte. Die Ummauerung des Friedhofs enthält wahrscheinlich noch Reste einer alten Stadtmauer. Über den einzigartigen Reiz dieser Situation schrieb Felix Mader: »Dem Besucher Straubings bleibt nichts so nachhaltig im Gedächtnis, soweit Stimmungswerte in Frage kommen, als der Friedhof bei St. Peter. Derselbe schließt mit der ehrwürdigen Peterskirche und den weiteren innerhalb des Beringes stehenden Kapellenbauten zu so einer wirkungsvollen Gruppe zusammen, wie sie selten zu finden sind.« Neben der ältesten, vielleicht in der Anlage noch romanischen Kapelle Unserer Lieben Frau, doppelgeschossig mit Karner aus dem 15. Jahrhundert, und der Totenkapelle von 1486 gilt das Interesse vor allem der mit dem tragischen Schicksal der Augsburger Baderstochter Agnes Bernauer verbundenen Kapelle. Die heimliche Gemahlin des bayerischen Herzogs Albrecht wurde nahe Straubing in der Donau ertränkt. Die Kapelle, die die Grabplatte der Bernauerin birgt, ließ Albrechts Vater, Herzog Ernst, zur Sühne auf dem Petersfriedhof 1435 errichten.

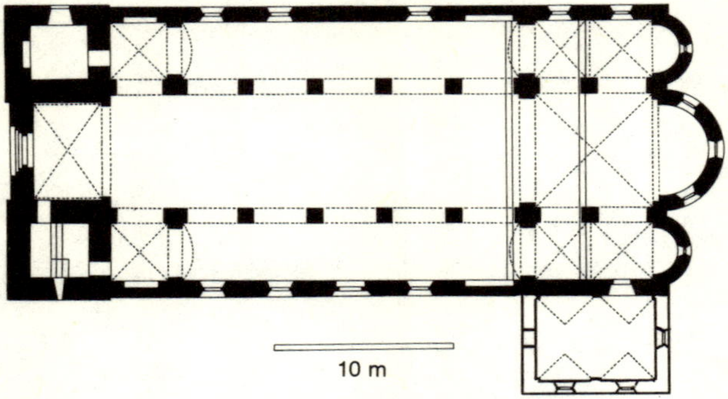

Straubing
St. Peter

In der alten Kulturlandschaft an der Donau bestand schon vor der römischen Kaiserzeit eine keltische Siedlung. Nach der Auflassung des römischen Militärlagers erfolgte spätestens im 6. Jahrhundert in der Nähe die Neubesiedlung durch bayerisch-bajuwarische Einwanderer. Um das Jahr 1000 war der Ort in der Hand des Bischofs von Augsburg. Bischof Bruno, der Bruder Kaiser Heinrichs II., vermachte den umfangreichen Besitz bei seinem Tod 1029 dem Augsburger Domkapitel. Bei Ausgrabungen während der jüngsten Restaurierung konnten 1974 von Walter Sage Fundamente eines steinernen Vorgängerbaus aufgedeckt werden. Es handelte sich dabei um einen Saalbau mit eingezogenem, rechteckigen Chor in der Achse des heutigen Baus. Diese wohl noch karolingische Kirche wurde später, sehr wahrscheinlich noch vor der Mitte des 11. Jahrhunderts und möglicherweise im Zusammenhang mit dem Übergang der Pfarrei an das Augsburger Domkapitel, im Osten mit einer halbrunden Apsis versehen, jedenfalls aber nach Westen erweitert und durch einen westlich in der Mittelachse vorgelegten Turm ausgezeichnet. Der Rechteckchor des Vorgängerbaus war in seinen Dimensionen nur wenig kleiner als das Chorquadrum des romanischen Baus; der Saalraum war nur etwas breiter als das jetztige Mittelschiff, hatte aber in der erweiterten Form des 11. Jahrhunderts schon annähernd die Länge des bestehenden Langhauses.

Seit dem Anfang des 12. Jahrhunderts besaß Straubing Marktrechte. Die um 1200 neu errichtete Pfarrkirche ist Ausdruck der Bedeutung dieses vom Augsburger Domkapitel abhängigen Marktes. Mit der wenig später, im Jahre 1218, einsetzenden Aufwertung des im Westen von St. Peter entstandenen Marktplatzes zur Neustadt Straubing geriet die alte Pfarrkirche zunehmend an die Peripherie. Doch erst 1492 wurde die Pfarrei von St. Peter nach St. Jakob in die Neustadt übertragen.

Das Erscheinungsbild der dreischiffigen flachgedeckten Basilika – im Äußeren wie im Inneren – entspricht heute nur scheinbar einem romanischen Urzustand. Die flach gedeckten Partien der Seitenschiffe waren wohl schon in der Gotik überwölbt. Am Ende des 17. Jahrhunderts kam es wie in vielen mittelalterlichen Kirchen Bayerns zu einer umfassenden Barockisierung. Das Langhaus erhielt die durchgehende Wölbung einer Tonne mit Stichkappen, in den Seitenschiffen wurden über Kapellen am Ostende kuppelartige Laternen aufgesetzt, und der südliche Turm der Westfassade bekam eine Kuppelbekrönung. Letztere ersetzte man nach einem Brand 1769 durch eine landesübliche Zwiebelhaube.

Die aufwendige Rokokodekoration mit Stukkaturen und Fresken wurde 1866/67 bei einer durchgreifenden Umgestaltung im Sinne der Neuromanik durch den Regensburger Domvikar Georg Dengler beseitigt. Die historistische Ausstattung des Inneren wurde ihrerseits bei der jüngsten Restaurierung vollständig entfernt. Die neuerliche Purifizierung von 1977/78 hinterläßt den Bau in einem, dem romanischen angenäherten Zustand, freilich jedoch nicht in authentischer Form, sondern in einer am Befund orientierten Interpretation des 20. Jahrhunderts. So trat an die Stelle des Mittelschiffgewölbes eine hölzerne Flachdecke in Höhe des ursprünglichen Deckenabschlusses. Der Fußboden wurde wieder tiefergelegt, so daß die Basen der Pfeiler und die richtigen Raumproportionen zur Geltung kommen. Im Erscheinungsbild der Oberflächen, den freigelegten Werksteinteilen der Pfeiler und Arkaden und den hart weiß getünchten Putzflächen, manifestiert sich jedoch der Geist der Restaurierung. Auch die helle, lichte Raumwirkung in den Seitenschiffen – eine Folge der im Barock vergrößerten Fensterflächen – ist gänzlich unmittelalterlich.

Besichtigung

St. Peter in Straubing ist eine dreischiffige, querhauslose Pfeilerbasilika mit flachgedecktem Langhaus und westlicher Doppelturmfassade. Nur die Ostjoche sind in allen drei Schiffen, die in parallelen Apsiden enden, gewölbt.

Der Außenbau von St. Peter präsentiert sich in einer klar umrissenen, kubischen Gestalt. Der Quaderbau besitzt, von den Portalen abgesehen, kaum Schmuckformen. Die basilikale Grundstruktur ist von allen Seiten eindeutig ablesbar. In der Ostansicht zeigt sich in dem dreiapsidialen Chorschluß die stärkste plastische Durchgliederung (Bild 51). Die große Mittelapsis erreicht mit ihrem Kranzgesims annähernd die Höhe des Dachanschlags der flachen Pultdächer über den Seitenschiffen am Obergaden des Mittelschiffs, während die Bedachung der kleineren Seitenapsiden ungefähr in Höhe der Sohlbänke der rundbogigen Fenster der Hauptapsis ansetzen.

An den Apsiden, wie am gesamten Bau, zeigt sich ein auffälliger Materialwechsel. Die untere Zone ist etwa bis in Höhe der Ansätze der (barock vergrößerten) Seitenschiffenster und der Chorfenster in den Apsiden aus hammerrechten Kleinquadern gemauert; darüber ist der ganze Bau aus sorgfältig bearbeiteten Quadern mit einheitlicher Schichtstärke und weitgehend horizontal durchlaufenden Lagerfugen gefügt. Die Apsiden weisen als einzige Schmuckform einen oberen Abschluß mit Rundbogenfries und Deutschem Band auf. Am Bogenfries sind kleine Konsölchen sauber abgesetzt. Diese Schmuckformen laufen nur um das Rund der Apsiden und haben keinerlei Verbindung zur Fassade. Die schwachen Mauervorsprünge im östlichen Joch des Obergadens sind nicht als Lisenen zu verstehen, sondern als Verstärkung für das Gewölbe im Chorjoch. Am Verlauf des steigenden Rundbogenfrieses im Ostgiebel ist die ursprüngliche Dachschräge des Mittelschiffs abzulesen. Der zurückhaltende Einsatz von Schmuckformen bleibt zudem ausschließlich auf Horizontalgliederungen beschränkt.

Von den beiden Türmen der Westfassade sind lediglich die unteren Geschosse des Südturms im romanischen Bestand erhalten. Die Turmfreigeschosse des Nordturms und die an Formen der niederrheinischen Romanik erinnernden Turmhauben sind eine neuromanische Zutat von 1887. In der Durchbildung der Öffnungen und der Steigerung in der Hierarchie der Formen von unten nach oben ist eine Parallele zur Ostturmgruppe von Altenstadt zu erkennen.

Den einzigen plastischen Akzent an der schlichten Westfassade setzt das Mittelportal (Bild 48). Es handelt sich um ein zweifach gestuftes Rundbogenportal mit eingestellten Dreiviertelsäulen, reich geschmückten Archivolten, die der Stufung des Portals folgen, und ein in flachem Relief skulptiertes Tympanon. Kapitelle, Architrav und Archivolten sind mit einem flächig ausgebreiteten Gespinst von vegetabilen Kerbschnittornamenten überzogen. Die inneren Kapitelle sind zusätzlich mit plastischen Tiergestalten geschmückt. Das Tympanonrelief zeigt den Kampf eines mit Schwert und Schild bewaffneten Ritters gegen einen Drachen, aus dessen Rachen der Kopf eines Menschen hervorschaut, der von dem Untier verschlungen wird. Diese Darstellung ist mit dem Relief vom Westportal der Kirche von Altenstadt vergleichbar. Beide entspringen der gleichen mittelalterlichen Vorstellungswelt wie die Gestalten am Regensburger Schottenportal.

Die Ikonographie des Drachenkampfes ist nicht zweifelsfrei zu klären. Einerseits wird in der Szene ein Bezug zu Psalm 35/34 gesehen: »Ergreife Waffen und Schild und steh auf, mir zu helfen. Schwinge Schwert und Spieß gegen meine Verfolger«; andererseits glaubt man in der Darstellung den Kampf Dietrich von Berns gegen den Lindwurm erkennen zu können. Wahrscheinlicher scheint jedoch eine christologische Bedeutung des Ritters im Kampf gegen das Böse, wobei durchaus die Psalmworte, in typologischem Sinne auf Christus gewendet, die Deutung stützen können.

Das kleinere Südportal besitzt nur ein einfach gestuftes Gewände mit eingestellter und gedrehtem Schaft verzierter Dreiviertelsäule. Dieses Spiralornament setzt sich auch in dem von den Säulen getragenen Wulst in den Archivolten fort. Die Kanten der Laibung sind karniesartig profiliert. Wie am Hauptportal tritt auch hier eine reiche Verzierung durch Flechtbandornamentik auf; die kerbschnittartig ornamentierten Flächen sind allerdings auf den Türsturz und die Kapitellzone beschränkt.

Das Tympanon zeigt Greif und Löwe, einander gegenständig zugeordnet. Die Tiergestalten können hier, literarischen Quellen wie dem Physiologos folgend, als Sinnbilder von Gut und Böse gedeutet werden.

Das Innere wirkt in der heutigen Redaktion des Baus schlicht und monumental (Bild 50). Die ruhige Abfolge der Pfeilerarkaden des Mittelschiffs prägt das sechsjochige Langhaus. Die jetzt steinsichtigen Pfeiler zeigen ihr sauber gefügtes Quadermauerwerk. Sie besitzen einfache Basen, die aus Plinthe, Wulst, Kehle und Wulst im attischen Profil bestehen. Die teils nur aus Platte und Schmiege gebildeten, teils einfach profilierten Kämpfer der Mittelschiffarkaden wurden erst im 19. Jahrhundert ornamental verziert. Der Querschnitt der Pfeiler ist quadratisch, so daß die Breite der Arkadenlaibungen mit der Breite der Stirnseiten der Pfeiler im Mittelschiff übereinstimmen. Der Kubus des Langhausmittelschiffs wird durch einen Chorbogen von den gewölbten Teilen des Sanktuariums getrennt. Das quadratische, kreuzgratgewölbte Chorjoch erinnert durch den eingezogenen Chorbogen an eine ausgeschiedene Vierung und vermittelt einen entsprechenden Raumeindruck, obwohl die drei Schiffe des Langhauses und die Arkaden des Mittelschiffs ohne Unterbrechung bis zur jeweiligen Apsis durchlaufen. Auf das quadratische Chorjoch sind in den Seitenschiffen jeweils zwei – allerdings unregelmäßig und unterschiedlich gebildete – Seitenschiffjoche bezogen. Eigentlich müßte man hier eine Anlage im Sinne des gebundenen Systems erwarten, hierauf wurde jedoch zugunsten einer Betonung der jeweils östlichen, der Apsis der Seitenschiffe unmittelbar vorgelagerten Joche verzichtet.

Eine besondere Eigentümlichkeit des Straubinger Baus ist darin zu sehen, daß nicht nur die östlichen Joche der Seitenschiffe gewölbt und durch niedrige Scheidbögen vom Langhaus getrennt sind, sondern jeweils auch das westliche Seitenschiffjoch in analoger Form als Gewölbejoch ausgebildet ist. Hiermit soll nicht nur der westliche Abschluß der Seitenschiffe – gewissermaßen als Antwort auf die gewölbte Ostpartie – betont werden; die Gewölbe im Westen der Seitenschiffe dienen zugleich als Widerlager und Verstrebung gegen die Türme. Die querrechteckige Vorhalle zwischen den Westtürmen, die über quadratischem Grundriß in der Flucht der Seitenschiffe angeordnet sind, ist ebenfalls gratig überwölbt.

Von der ursprünglichen Ausstattung hat sich wenig erhalten. Um so beachtenswerter ist das große romanische Kruzifix, das jetzt im Chorbogen hängt. Der Korpus wurde bei der letzten Restaurierung der Kirche auf einen Kreuzesbalken montiert und seine Farbfassung nach vergleichbaren mittelalterlichen Vorbildern rekonstruiert. Das Kruzifix des Viernageltypus ist mit der Erbauungszeit der Kirche um 1200 anzusetzen.

Für die Errichtung des Baues selbst sind keine Bau- und Weihedaten überliefert. Aufgrund der stilistischen Stellung und historischen Überlieferung der Stadtgeschichte – hier sei nochmals an die Gründung der Neustadt 1218 erinnert, ist jedoch eine Ausführung in den Jahren unmittelbar nach 1200 wahrscheinlich.

St. Peter in Straubing weist in mancherlei Hinsicht Ähnlichkeiten mit dem ebenfalls mit dem Augsburger Bistum verbundenen Altenstadt bei Schongau auf. In der Raumwirkung sind beide Bauten jedoch gänzlich verschieden. Die blockhaft geschlossene Grundform der Pfeilerbasilika von Straubing kontrastiert geradezu mit der jochweise gegliederten Gewölbebasilika von Altenstadt. Die Stützen und Arkaden in Altenstadt wirken gedrungen, wozu wesentlich die Rundform der Pfeiler und die niedrig ansetzenden Kämpfer der Arkaden beitragen. Der ungewölbte Raum von Straubing erscheint freier, in gewisser Hinsicht monumentaler, ein Eindruck, den die moderne helle Lichtführung unterstreicht. In Altenstadt ist die Lichtwirkung durch die Lage der Obergadenfenster in der Gewölbezone eingeschränkt.

Mannigfach und offensichtlich sind die Beziehungen beider Bauten jedoch in den Formen und im Motivschatz der Bauornamentik. Bei beiden Bauten zeigen die Tympana an der Westfassade die Darstellung eines Drachenkampfes. Das Motiv der gedrehten Säulen vom Westportal in Altenstadt kehrt am Südportal in Straubing – allerdings nur in einfacher Stufung wieder. Das Palmettenmotiv am Architrav und das am Kämpfer über den Gewändekapitellen zu findende Wellenband mit Blättern und Trauben im Wechsel erscheint an entsprechender Stelle sowohl am Altenstädter Nordportal wie am Straubinger Südportal. Die Einzelformen sind in Straubing härter und in der Wirkung graphischer, in manchem auch präziser als die mehr plastisch-weichen Bildungen in Altenstadt. In motivischer Hinsicht ist die Bauzier beider Kirchen von Vorbildern aus der Lombardei angeregt. Der Kerbschnitt der Palmetten und Bänder, gekennzeichnet durch die aufstehenden Ränder und die scharfen Laubspitzen, ist von lombardischen Werken in Mailand (Kapitelle in S. Ambrogio), Pavia (S. Pietro in Ciel d'Oro) und Maderno (Westfassade) wohlbekannt.

Trotz der offensichtlichen Zusammenhänge sind jedoch zugleich stilistische Unterschiede zwischen Altenstadt und Straubing nicht zu verkennen. Karlinger ging davon aus, daß das südlicher gelegene Altenstadt sich noch enger an lombardische Vorbilder anschließt, während in Straubing auch Einflüsse von Regensburg (Schottenportal) wahrscheinlich sind. Ungeklärt ist darüber hinaus die Frage, wie sich die Formenwanderung aus der Lombardei über die Alpen vollzogen hat. Die ausschließliche Übernahme im Motivischen und die stilistischen Variationen auch untereinander sprechen eher dafür, daß beide Bauten von einheimischen Werkleuten, die in Beziehung zum Süden standen, ausgeführt wurden.

Lombardische Einflüsse haben in Bayern schon Tradition, etwa in der Flechtbandornamentik der karolingischen Chorschranken von Ilmmünster. Sowohl in Altenstadt wie in Straubing manifestiert sich eine bayerische Eigenart, die stärker als andernorts von südlichen Vorbildern geprägt ist.

Literatur

KDB Niederbayern, VI (Felix Mader), S. 95 ff.; Karl Tyroller, *Die Biographie des altehrwürdigen Pfarrgotteshauses St. Peter in der Altstadt von Straubing,* Straubinger Hefte 29, Straubing 1979; Walter Sage, *Die Ausgrabungen in St. Peter zu Straubing,* in: Jahresbericht des Historischen Vereins für Straubing und Umgebung 79, 1976, Straubing 1977, S. 113–128; Hugo Schnell, Hans J. Utz, *Pfarrkirche St. Peter, Straubing,* Kleiner Kunstführer Nr. 1005, München und Zürich 1974, [2]1979; *Vorromanische Kirchenbauten,* Katalog der Denkmäler bis zum Ausgang der Ottonen, Nachtragsband, bearb. von Werner Jacobsen, Leo Schäfer, Hans Rudolf Sennhauser, München 1991, S. 403 f.; Karlinger, S. 95–97.

Windberg.
Das Prämonstratenserkloster St. Maria, Sabinus und Serena

Geschichte

Das Prämonstratenserstift entstand als Hauskloster der ehemaligen Grafen von Bogen anstelle ihrer Burg. Graf Albert überließ dem Orden 1140 den Besitz; im gleichen Jahr begann der Bau der Kirche, für die eine erste Weihe schon 1142, eine weitere 1167 überliefert ist. Die Klostergründung erfolgte mit Unterstützung des Bischofs Otto I. von Bamberg.

Die Vollendung des Kirchenbaus – zumindest aber seine bauplastische Ausgestaltung – ist, wenn man die stilistische Datierung der Portale zugrunde legt, erst im beginnenden 13. Jahrhundert anzunehmen. Der romanische Kirchenbau, eine im Langhaus flachgedeckte kreuzförmige Pfeilerbasilika, wurde im 15. Jahrhundert eingewölbt und im 18. Jahrhundert durchgreifend barockisiert. Im Zuge der Säkularisation aufgehoben, wurde das Kloster 1923 von holländischen Prämonstratensern wiederbesiedelt.

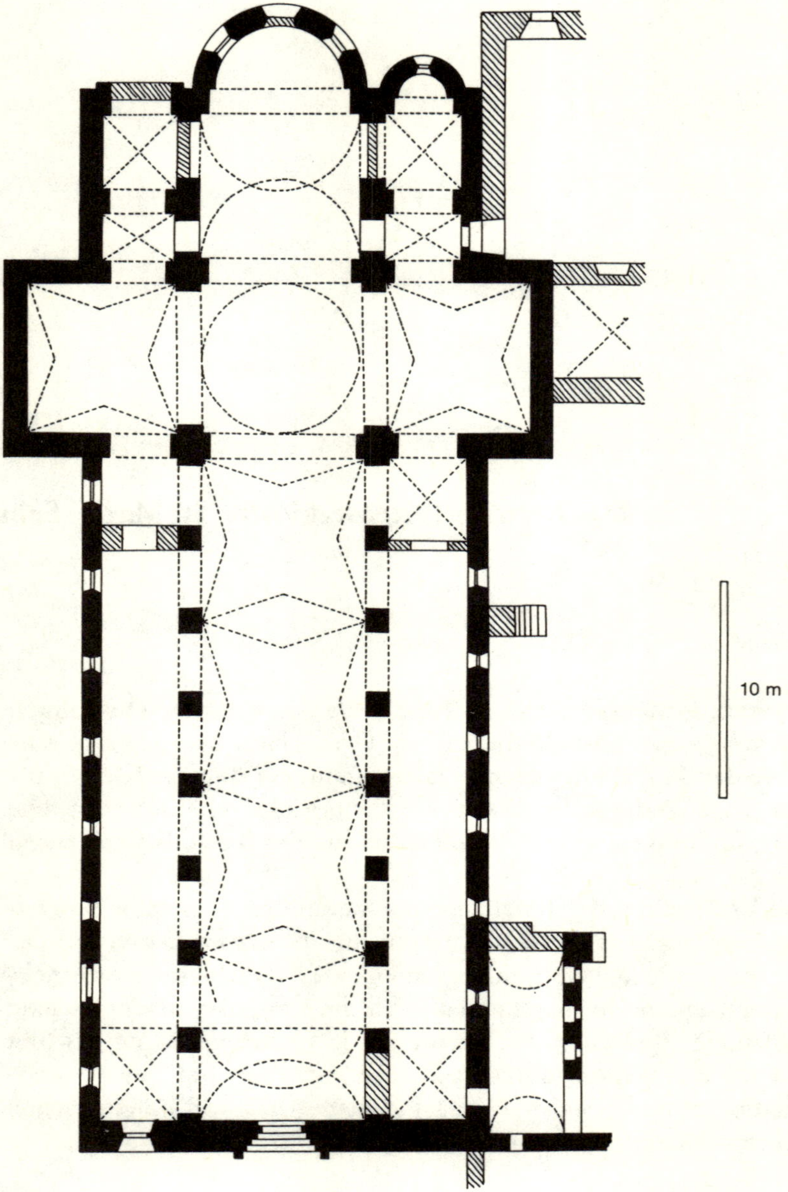

Windberg
Klosterkirche

In exponierter Lage auf dem Rücken der Ausläufer des Bayerischen Waldes blickt die Klosteranlage nach Süden weit hinein in die Niederungen des Donautals. Die bauliche Anlage ist mit der benediktinischer Reformklöster vergleichbar, vielleicht ein Ergebnis des Einflusses, den Otto von Bamberg auf die Gründung genommen hat. Das schlichte Äußere besticht durch die Qualität der Mauertechnik und die Verwendung des schwer zu bearbeitenden heimischen Granits.

An das ursprünglich flachgedeckte Langhaus schließt eine ausgeschiedene quadratische Vierung und ein ausladendes östliches Querhaus an. Der Chor weist eine eigentümliche Disposition auf. Das wiederum annähernd quadratische Chorjoch des Mittelschiffs ist mit einer Tonne überwölbt, die in den Seitenschiffen von je zwei ungleichen Jochen, einem kleineren querrechteckigen und einem quadratischen, kreuzgratgewölbten, begleitet wird. Von den parallelen Apsiden der drei Schiffe wurde später die nördliche beseitigt. Das Langhaus weist zweimal je acht Pfeilerarkaden auf. Die durch die spätere Wölbung vermauerten Obergadenfenster sitzen jeweils in der Achse über den Pfeilern.

Das Presbyterium zeigt einerseits die reguläre, aus dem Quadrat der Vierung entwickelte Anlage, andererseits die von Kastl angeregte ungewöhnliche Tonnenwölbung im Mittelschiff. Der Bautypus der kreuzförmigen Basilika stimmt mit Prüfening und Biburg überein. Auch in den als ausgesprochen wohlräumig empfundenen Proportionen – die Höhe des Mittelschiffs entspricht der zweifachen Arkadenhöhe – gleichen sich Windberg und Biburg weitgehend. Eine weitere Gemeinsamkeit bestünde, wenn die wohl ursprünglich über den östlichen, quadratischen Jochen der Chorseitenschiffe intendierten Türme auch in Windberg realisiert worden wären. Statt dessen wurde im Winkel zwischen Querhaus und Mittelschiff über dem nordöstlichen Seitenschiff im 13. Jahrhundert ein mächtiger Turm errichtet.

Während das Innere der Klosterkirche den romanischen Bestand unter der Schale der spätbarocken Dekoration verbirgt, zeigt sich am Außenbau deutlich die urwüchsige Kraft der Romanik, besonders am reich verzierten Hauptportal der Westfassade und am etwas bescheideneren Nordportal.

Kennzeichen des zweifach gestuften Hauptportals sind die mit Kugeln und ornamentalem Schmuck besetzten Archivolten und entwickelten Spätformen wie Blattkapitelle mit Eckköpfchen und Blütensternen, gedrehte Säulenschäfte und die karniesartige Profilierung der Gewändestufen. Das Portal flankiert ein Freisäulenpaar – die südliche Säule wurde im 19. Jahrhundert erneuert – auf eigenem kleinen quadratischen Sockel und Plinthe. Die äußere, den vorgestellten Säulen zugeordnete Archivolte ist mit kleinen plastischen Zierformen, meist verkürzten Blütenornamenten, besetzt. In den Rückstufungen sind in den Bogenlaibungen Wülste, im Gewände Säulen, die mittleren mit gedrehtem Schaft, eingelassen. Die Kapitellzone verkröpft sich als ein durchgehendes Band über die eigentlichen Säulenköpfe und die Gewändestufen hinweg. Im Kämpfer verbindet ein Rankengeflecht alle Teile der Portalanlage. Die Kapitelle sind zum Teil mit Vogel- und Tiergestalten im Relief, teils mit floralen Elementen verziert.

Das Tympanon zeigt in weich modellierten Formen die thronende Maria mit Kind, flankiert von einem anbetenden Figurenpaar, in dem die Stifter des Klosters gesehen werden.

Das Nordportal ist einfacher gehalten (Bild 53). In die nur einfache Stufung ist jeweils eine Dreiviertelsäule mit umlaufendem Wulst in der Archivolte eingelassen; die Außenkanten des Gewändes sind mit einer ausgeprägten Kehle zwischen zwei schwächeren Rundstäben profiliert. Die skulptierte Kapitellzone greift seitlich in die anschließende Mauerfläche ein. Der Sturz ist im Flachrelief mit einem Ornamentband aus sich überlagernden Kreisen verziert. Das Bogenfeld zeigt eine Kampfszene zwischen einem übermächtig groß erscheinenden Löwen und einem Ritter, der im Begriff ist, sein Schwert zu ziehen. Die Darstellung ist thematisch mit den Drachenkampfszenen an den Tympana von Straubing und Altenstadt verwandt. Wie in Straubing ist der Reliefgrund mit einem Rankengeflecht ausgefüllt. Der Figurenstil der Windberger Bogenfelder ist stark plastisch, in der Ausführung aber eher grob. In Aufbau und Ornamentmotiven werden über Altenstadt und Straubing Anklänge an lombardische Vorbilder spürbar, während die mit Kugeln besetzten Kehlen an den Archivolten an den Salzburger Kunstkreis erinnern. Stilistisch steht die Windberger Bauplastik auf einer jüngeren, spätromanischen Stilstufe, wenngleich die Ausführung von minderer Qualität ist.

Ein weiteres Werk der gleichen bildhauerischen Auffassung ist der romanische Taufstein, der von glotzäugigen Löwen getragen wird (Bild 52). In gedrückt rundbogigen Arkaden, die auf oktogonalen Dreiviertelsäulen mit unterschiedlichen Basen und Kapitellen ruhen, thronen in strenger Frontalität untersetzte Apostelfiguren von straffer plastischer Durchbildung. Der Gegensatz zwischen tektonischem Aufbau, der sorgfältigen, detailgenauen Wiedergabe der Kleinarchitektur der rahmenden Blendarkaden und geringeren künstlerischen Qualität in der figürlichen Darstellung, insbesondere der Gewandbehandlung, ist offensichtlich und geradezu ein Kennzeichen des Windberger Stils.

Ein kunstgeschichtliches Problem ist die Diskrepanz zwischen der stilistischen Datierung der Bauskulptur auf ungefähr 1220/30 und dem durch Schriftquellen überlieferten frühen Baubeginn sowie der Weihedaten von 1142 und 1167. Andererseits läßt sich die Architektur der Ostanlage an Kastl, für das die Bauzeit relativ genau zwischen 1103 und 1129 nachgewiesen ist, anschließen. Ob der Bau von Ost nach West so langsam fortschritt, daß insgesamt eine Bauzeit von 80 Jahren erreicht wurde, oder ob die allerdings im Verband mit den westlichen Bauteilen ausgeführte Bauskulptur einer zweiten Ausstattungsphase zuzurechnen ist, muß offen bleiben. Wahrscheinlich ist eine längere Unterbrechung zwischen der Fertigstellung der Ostteile und der Errichtung des Langhauses anzunehmen.

Literatur

KDB Niederbayern, XX, S. 440–517; Norbert Backmund, *Kloster Windberg. Studien zu seiner Geschichte,* Windberg 1977; Norbert Backmund, *Windberg. Ein Führer durch Geschichte und Kunst,* Ottobeuren ²1978; Haas, S. 344 f.; Karlinger, S. 100 ff.; Landsberg, S. 83 ff.

Oberndorf. Mariä Himmelfahrt

Geschichte

Das nahe Regensburg an der Donau gelegene Oberndorf war zur Erbauungszeit der Kirche in der ersten Hälfte des 13. Jahrhunderts eine Hofmark des Klosters Prüfening. 1007 kam der Ort durch Kaiser Heinrich II. an das neu gegründete Bistum Bamberg und durch Schenkung des Bischofs Otto von Bamberg 1119 an das von diesem gestiftete Kloster Prüfening. Die Erbauung der Kirche steht möglicherweise in Verbindung mit einer Sühnestiftung für den 1209 getöteten Otto von Wittelsbach, der seinerseits im Jahr zuvor in Bamberg Philipp von Schwaben ermordet hatte und über den in Oberndorf die Reichsacht verhängt worden war.

Die Kirche ist ein Saalbau mit einspringendem Westturm. Um 1600 wurde anstelle der romanischen Apsis ein knapp eingezogener dreiseitiger Chorraum angefügt. Der Kirchenraum erfuhr im 18. Jahrhundert eine barocke Ausgestaltung.

Besichtigung

Aus dem kreuzrippengewölbten Turmuntergeschoß, das als Vorhalle dient, führt ein fünffach gestuftes Portal in das einschiffige Langhaus. In Oberndorf wird der geläufige Typus des Säulenrücksprungportals

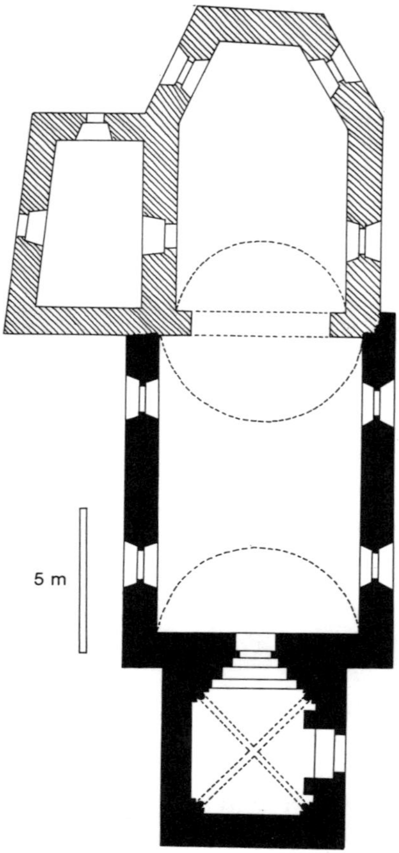

Oberndorf
Mariä Himmelfahrt

durch die Verklammerung mit dem Wölbungsapparat konsequent in die Architektur der Vorhalle eingebunden. In der vordersten Ebene ist die Portalanlage mit dem Raum durch eingestellte Säulen verknüpft, die die schweren Wulstrippen des Gewölbes aufnehmen. Das anschließende Gewände springt in drei Abtreppungen rechtwinklig zurück, die Kanten jedoch sind stark profiliert, und die Kapitellzone ist zu einem einheitlich durchlaufenden, plastisch verzierten Schmuckband zusammengezogen. Attische Basen und Kämpferprofil verkröpfen sich über die Stufungen des Gewändes. In der innersten Stufe vor der eigentlichen Portalöffnung sind nochmals zwei Vollsäulen eingestellt, die sich als umlaufender Wulst in den Archivolten fortsetzen. Am linken Gewände weisen die innere wie die äußere Säule zaghafte Blattknospenkapitelle auf, eine Leitform, die einen Ansatz für die Datierung in die Zeit um oder kurz nach 1220 bietet und die unmittelbare Abhängigkeit von den spätesten Arbeiten bei St. Jakob in Regensburg, etwa dem Refektoriumsportal im südlichen Kreuzgangflügel, unterstreicht. Dort treten die gleichen eigentümlichen, profilierten und stabgesäumten Kehlen an den Gewändekanten auf. Vergleichbar sind auch die auf den Kapitellblock appliziert wirkenden Blattreihen am rechten inneren Säulenkapitell mit ähnlichen Bildungen des Regensburger Refektoriumsportals. Die Tierdarstellungen in der wie ein Fries durchlaufenden Kämpferzone erscheinen in ihrem flachen Relief nahezu emblematisch verkürzt und beziehungslos aneinandergereiht. Am linken Gewände erkennt man Hirsch, Löwe und Fabeltiere, am rechten einen Adler und eine aus dem Rankenornament erwachsene fratzenhafte Maske.

Aufgrund der historischen wie stilistischen Abhängigkeit von Regensburg ist von einem unmittelbaren Anschluß Oberndorfs an die »Schottenwerkstatt« und einer Datierung noch ins erste Drittel des 13. Jahrhunderts auszugehen. Die schwächere Qualität der flachen Reliefs gegenüber den Hauptwerken der Schottenwerkstatt kann dennoch eine fernere zeitliche Distanz nicht hinreichend begründen. Sowohl die räumliche Nähe zu Regensburg wie auch der mit hoher Wahrscheinlichkeit anzunehmende historische Zusammenhang mit einer Sühnestiftung für die Ermordung Ottos von Wittelsbach stützen eine Datierung um 1220. Otto konnte nämlich erst acht Jahre nach seinem gewaltsamen Tod und nachdem posthum die Lossprechung des über ihn verhängten Kirchenbanns durch entsprechende Sühnestiftungen erwirkt worden war, im Kloster Indersdorf bestattet werden.

Literatur

KDB Niederbayern, VII (F. Mader), S. 258–266; Karlinger, S. 92; Strobel, S. 172–174.

Weißendorf. St. Margaretha

Im abgelegenen Gebiet zwischen Ingolstadt und Regensburg haben sich mehrere für bayerische Verhältnisse ungewöhnlich reich ausgestaltete romanische Dorfkirchen erhalten. Die bedeutendsten Vertreter dieser lokalen Gruppe, die unser Interesse vor allem wegen der qualitätvollen Bauplastik beansprucht, sind Tolbath und Weißendorf.

Die Kirche des kleinen Weilers Weißendorf war wie die von Ainau Teil eines abgegangenen Adelssitzes und wurde wie diese auf einer künstlich aufgeschütteten Erhebung errichtet (Farbtafel S. 211). Es handelt sich um einen Saalraum mit eingezogener Chorapsis und westlicher Empore über drei kreuzgratgewölbten Jochen. Die Dreiteiligkeit der Empore, mehr aber noch die im Westen vorhandenen Wandvorlagen, deuten auf eine ursprünglich dreischiffige Konzeption des Innenraums hin. Ungewöhnlich vielfältiger plastischer Schmuck gibt Weißendorf eine Sonderstellung unter den romanischen Dorfkirchen Bayerns. Die aus Quadern mit nach oben deutlich abnehmender Schichtstärke gefügte Ostapsis besitzt als horizontalen Abschluß einen gestuften Rundbogenfries, der von 22 Kopfkonsolen unterschiedlichster Bildung getragen wird. Tierköpfe und Menschenköpfe mit differenziertem Ausdruck wechseln in bunter Reihe, so daß kein einheitliches Programm zu erkennen ist, wohl aber insgesamt der apotropäische Charakter der Darstellungen nicht zu bezweifeln ist.

Gegenüber den an bedeutenden Kirchen üblichen Säulenportalen stellt das schlicht rechteckig gestufte Westportal von Weißendorf eine Reduktion dar, entbehrt aber dennoch nicht repräsentativer Züge

(Bild 54). Hervorstechend sind die auf den seitlichen Kämpferprofilen lagernden, quer zur Achse gerichteten Portallöwen. Die äußerste Gewändestufe umzieht an der Stirnseite das geometrische Ornament eines mäandrierenden Schlingengeflechts.

Den interessantesten figürlichen Schmuck weisen die Säulenkapitelle der Westempore im Innern auf. Die gedrungenen Säulen, die die Arkatur der Empore zum Kirchenschiff hin tragen, haben würfelförmige Kapitelle mit klar begrenzten Schilden, deren leicht eingetiefte Schildfläche den Reliefgrund für stark plastisch vortretende Darstellungen bietet.

Das südliche Kapitell zeigt an der Ostseite das Brustbild eines Mannes, der in seiner Rechten ein Buch hält, an der Südseite das Lamm Gottes mit Kreuzstab und an den beiden anderen Seiten Tierfiguren. Während die Darstellungen des südlichen Kapitells positiv zu deuten sind, scheinen die teilweise ineinander verschlungenen Tier- und Drachenfiguren des nördlichen Kapitells eher mit negativen Bedeutungen besetzt zu sein. Ob in der menschlichen Gestalt am nördlichen Kämpfergesims des Chorbogens (Bild 55). Mit merkwürdig verschränkten Armen und Beinen ein Hinweis auf eine Darstellung des Kirchenstifters oder gar des Kirchenpatrons gesehen werden kann, ist äußerst zweifelhaft. Überkreuzte Beine könnten auch eine Gauklerfigur kennzeichnen.

Die Skulpturen von Weißendorf sind im Motivischen wie im Stilistischen mit denen von Tolbath verwandt. Ein Einfluß vom übermächtigen Kunstzentrum Regensburg zeigt sich in manchen Details. Die besonders reiche Ausgestaltung der Dorfkirche von Weißendorf läßt sich nur dadurch erklären, daß sie wie zahlreiche andere romanische Kleinkirchen Bayerns im Zusammenhang mit einer mächtigen Ortsherrschaft stand. Angeblich war der benachbarte Herrensitz ursprünglich direkt mit der Empore der Kirche verbunden. Angesichts fehlender historischer Überlieferung müssen alle weiteren Deutungen jedoch spekulativ bleiben.

Literatur

KDB Oberbayern, I S. 92; Weber, S. 416–420; J. Reichart, *Von romanischen Kirchen unserer Gegend. Der romanische Bildhauerschmuck der Weißendorfer Kirche,* in: Sammelblatt des Historischen Vereins Ingolstadt 87, 1978, S. 312–318; Karlinger, S. 91 f.

Weißendorf, St. Margaretha, die Kirche von Südwesten. ▷

Pförring. St. Leonhard

Geschichte

Der kleine Ort Pförring, nahe dem nördlichen Donauufer gelegen, kann auf eine bewegte Geschichte zurückblicken. Nordwestlich des Dorfes befand sich ein römisches Steinkastell, das um 233 von den Alemannen zerstört wurde. Die strategisch günstige Lage – hier befand sich der Donauübergang jener berühmten Fernstraße von Paris durch das Donautal nach Byzanz, die als Nibelungenstraße bekannt ist – wies dem Markt schon früh überregionale Bedeutung zu.

Die erste urkundliche Erwähnung der Kirche geht auf das Jahr 1031 zurück; unter Kaiser Heinrich II. gelangt die Ortschaft in den Besitz des neuerrichteten Bamberger Bistums. Das Domkapitel von Bamberg baute 1180 eine neue Pfarrkirche, die dem heiligen Leonhard geweiht wurde. Die dreischiffige Basilika mit dreiapsidialem Chorschluß und westlichem Querhaus war ein einheitlicher Quaderbau von für eine Pfarrkirche beachtlichen Dimensionen. Die Patronatsrechte über die schon 1229 nachweisbare Kirche lagen seit 1272 beim Kloster St. Emmeram in Regensburg. Nach einem Brand im Jahre 1554, den nur die Apsiden und Turmuntergeschosse überdauerten, wurde die Kirche einschiffig und ohne Querhaus wiederhergestellt.

1711/12 wurden die Gewölbe ausgebrochen und der Bau in eine nach Westen verlängerte barocke Saalkirche umgebaut; 1903 erfolgte eine nochmalige Erweiterung nach Westen.

Von der ehemaligen dreischiffigen romanischen Basilika mit dreiapsidialem Schluß und westlichem Querhaus nach Regensburger Vorbild (St. Jakob) hat sich noch die Ostansicht mit den drei parallelen Apsiden und den Osttürmen, die über den östlichen Seitenschiffjochen errichtet wurden, erhalten (vgl. Altenstadt, Biburg). Die Türme sind mit Ecklisenen und geschoßweise mit Rundbogenfriesen gegliedert. Die mittlere Apsis dominierte die Seitenapsiden schon im mittelalterlichen Baubestand, erfuhr jedoch im Zuge der Barockisierung eine weitere Erhöhung.

Von den drei zum Teil versetzten Portalen zeigt das westliche an der Nordseite des barocken Langhauses (Bild 56). Ein dreifach gestuftes Gewände und als einzigen Schmuck einen karniesartigen, profilierten Kämpfer (vielleicht barock überarbeitet?), der in ähnlicher Form auch in Tolbath vorhanden ist.

Ein Zahnschnittfries rahmt das Tympanonrelief des Agnus Dei mit Kreuz flankiert von sehr plastischen Weinranken. Das stark aus dem Reliefgrund vortretende Lamm vermittelt mit rückwärts gewandtem Kopf den »Schein anmutiger Gelassenheit« (Karlinger). Der Phantasiereichtum der von Regensburg ausgehenden Steinmetzen zeigt sich weiterhin an den Fratzen, Menschen- und Tierköpfen an den Bogenfriesen der Nebenapsiden. Am obersten Geschoß des Nordturms hat sich ein annähernd 80 Zentimeter hohes Relief erhalten, das als Darstellung des Bischofs Eberhard II. von Bamberg oder als heiliger Leonhard gedeutet wird.

Die Kirche von Pförring stellt einen von St. Jakob in Regensburg abhängigen Bau dar und zeigt in vielen Details Verwandtschaft mit der lokalen Gruppe Weißendorf, Ainau, Münchsmünster und Biburg.

Literatur

KDB Oberbayern, I (Hager), S. 88 f.; Franz Xaver Matok, *Pförring, St. Leonhard*, Kleiner Kunstführer Nr. 1221, München und Zürich 1980; Karlinger, S. 89 f.; Weber, S. 403–406.

Bad Gögging. St. Andreas

Die Pfarrkirche in Bad Gögging erhebt sich über geschichtsträchtigem Boden. Bei Kirchengrabungen wurden nicht nur ein frühmittelalterlicher Vorgängerbau, sondern auch römische Badeanlagen freigelegt. Durch Schriftquellen ist bekannt, daß 1128 die Pfarrei schon seit langem bestand; Bau- oder Weihedaten sind jedoch nicht überliefert. Die romanische Pfarrkirche birgt im Innern ein Museum der archäologischen Ausgrabungen.

Der schlichte Saalbau der Chorturmkirche besitzt in seinem Nordportal einen einzigartigen Skulpturenschmuck (Bild 57). Ein mit einem dünnen Wulst eingefaßtes rechteckiges Wandfeld umschließt die zweifach gestufte Portalanlage. An den Gewändekanten der Portalaußenseiten sind jeweils reliefierte Quader eingelassen. Außerdem befinden sich vier skulptierte Steinblöcke im Wandfeld über dem Portalbogen. Die einzelnen Darstellungen schließen sich zu einem Programm zusammen, obwohl nicht alle Einzelszenen in der Deutung gesichert sind. Ausgangspunkt und Zentrum ist das auf einem Konsolenpaar ruhende Tympanon. In der Mitte thront Christus als Richter mit dem Buch in der Linken, flankiert von zwei Engeln. Merkwürdigerweise wenden sich die Begleitfiguren mit ausschreitenden Bewegungen nach rechts. Auf dem oberen Quader des rechten Seitengewändes ist Christus am Kreuz dargestellt, umgeben von Maria und Johannes, und im Wandfeld darüber erscheint der Auferstehende mit Kreuzesfahne aus dem Grabe steigend. Dem Auferstehenden gegenüber befindet sich eine weibliche Figur, die durch das bemerkenswert seltene Attribut des Rauchfasses als Ecclesia zu identifizieren ist. Die der Kreuzigung entsprechende Szene am linken Gewände zeigt einen sitzenden Herrscher, dem sich zwei Männer mit Judenhüten nähern: der römische Statthalter Pilatus gibt den Juden Barabbas frei und bricht den Stab über Jesus. Ein Hinweis auf den Opfertod Christi ist in der Darstellung eines Opfertieres (Abraham und der Widder?) unter der Kreuzigung zu sehen. In den beiden Figuren unter der Gerichtsszene mit Pilatus werden Kain und Abel gesehen. Die übrigen Szenen sind, bis auf die Tierfiguren von Basilisk und Sirene unmittelbar über dem Portallöwen und dem Zentaur mit Pfeil und Bogen über dem Portal, bisher nicht schlüssig gedeutet.

Hinter der Ikonographie tritt die künstlerische Ausführung, auch wenn man den Bildhauern von Gögging eine naive Erzählfreude und unbekümmerte Frische in der plastischen Umsetzung nicht absprechen kann, deutlich zurück. Die Relieftechnik ist sonderbar. Abgesehen von den Portallöwen sind alle Darstellungen in die Quader eingetieft, so daß der Reliefgrund hinter der Vorderkante, von der nur ein randschlagbreiter Rahmen stehenbleibt, zurücktritt. Diese in Bayern beispiellose Machart erweckt den Eindruck, als ob die Reliefs erst nachträglich aus dem Stein herausgearbeitet worden seien; doch ist am Versatz der Quader eindeutig das Gegenteil zu erkennen. Die bearbeiteten Werkstücke sind nach einem genauen Plan versetzt und in die Portalanlage eingepaßt worden. Stilistisch fällt eine gewisse Derbheit im Detail bei dennoch ansprechender Komposition und geschickter Ausnutzung der durch die strenge, blockhafte Geschlossenheit des Quadermaßes vorgegebenen Möglichkeiten auf. Es ist zu vermuten, daß hier eine Bildhauerwerkstatt tätig war, die Vorbilder etwa der Regensburger Bauplastik kannte und selbständig umzusetzen vermochte. Die besondere Technik, die kompositionelle Qualität und das ikonographische Programm setzen Gögging deutlich ab von den benachbarten Werken der Gruppe um Biburg, Pförring, Ainau und Weißendorf und lassen an eine Datierung ins bereits fortgeschrittene 13. Jahrhundert denken.

Literatur

KDB Niederbayern, VII, Landkreis Kelheim, S. 127–138; Anton Mayer, *Der Zentaur von Gögging,* in: Bayerisches Jahrbuch für Volkskunde, 1960, S. 111–120; Landsberg, S. 73 f.; Josef Reichart, *Das Portal der romanischen Kirche von Bad Gögging,* in: Sammelblatt des historischen Vereins Ingolstadt, 88, 1979, S. 50–54; Karlinger, S. 93 f.; Hans Ulrich Nuber, *Ausgrabungen in Bad Gögging,* Landshut 1980; *Vorromanische Kirchenbauten,* Katalog der Denkmäler bis zum Ausgang der Ottonen, Nachtragsband, bearb. von Werner Jacobsen, Leo Schäfer, Hans Rudolf Sennhauser, München 1991, S. 149 f.

Ainau. St. Ulrich

Die Kirche von Ainau gehört zu den reizvollsten Zeugnissen romanischer Kunst in Bayern. Der kleine einschiffige Saalbau liegt weitab von der zugehörigen Siedlung einsam in der Talaue der Ilm auf einer kleinen, wohl künstlich angelegten Erhebung. Nach der örtlichen Überlieferung – historische Belege fehlen – soll sie die Kapelle eines abgegangenen Herrensitzes sein.

Die Kirche besteht aus einem rechteckigen Saalraum und einer eingezogenen halbrunden Chorapsis im Osten. Die wie im nahegelegenen Tolbath mit Lisenen und Rundbogenfries auf Kopfkonsolen dekorierte Apsis wurde im 15. Jahrhundert zu einem gotischen Chor umgebaut, indem sie außen mit einem Turmaufsatz überhöht und im Innern mit einem wesentlich höheren, aber auch schmaleren Chorbogen als dem ursprünglichen, dessen Dimensionierung aus der Höhe des ursprünglichen Kranzgesimses am Außenbau abgeleitet werden kann, ausgestattet wurde. Der Zugang zum Kirchenraum erfolgt durch das reich und äußerst qualitätvoll mit Skulpturen verzierte Südportal.

Nach einer Barockisierung erfolgte im 19. Jahrhundert eine Rückrestaurierung auf den mittelalterlichen Zustand, verbunden mit einer Verlängerung des Kirchenschiffs nach Westen. Ein Rücksprung in der Mauerstärke der Nordwand läßt darauf schließen, daß die Kirche einst eine Zwischendecke besaß, die wesentlich tiefer als der heutige Raumabschluß lag.

Das Säulenrücksprungportal an der südlichen Schauseite wird durch eine rechteckige, flach vorgelegte Umrahmung aus dem Wandkontinuum herausgelöst. Halbsäulen tragen die Rechteckrahmung. Die äußere Archivolte ist gekehlt und mit plastischen Zierformen besetzt. Der in seiner Naivität reizende figürliche Schmuck zeichnet Ainau besonders aus. Im Tympanon sind die Seelen in Abrahams Schoß dargestellt (Bild 58): Abraham hält als frontale Halbfigur in einem zwischen den Händen ausgebreiteten Tuch vier kleine Menschenkinder, flankiert von zwei knienden Ganzfiguren im Profil und überfangen von drei mittleren Halbfiguren. Zwei wie eingeklemmt wirkende Köpfe sind zwischen dem Wulst der Archivolte und den Tympanonfiguren eingefügt. Über dem Portalrahmen thront Christus mit Buch und Segensgestus. Rechts neben dem Portal erscheint in flachem Relief auf drei Quadern in Sockelhöhe der Einzug Christi in Jerusalem (Bild 59). Die linke Szene zeigt eine formelhaft verkürzte Stadtdarstellung mit einer Frauen- und Kindergestalt, die mittlere Zachäus auf dem Baum und zwei ihre Gewänder vor dem einreitenden Christus ausbreitende Männer. Der dritte Quader ist der Figur Christi auf dem Esel vorbehalten. Merkwürdig ist die plastische Behandlung dieses in seiner knappen Darstellung so erzählfreudigen Reliefs. Alle skulptierten Teile sind im Gegensatz zu den eingetieften Reliefs in Bad Gögging erhaben aus den Quadern gearbeitet, so daß der Reliefgrund mit der Außenwand fluchtet.

Die Skulpturen wie die ornamentale Behandlung des Portals datieren den Kirchenbau in die Zeit um 1220/1230. Sollte es sich tatsächlich um eine ehemalige Schloßkapelle mit profanem Obergeschoß handeln, worauf die von Walter Haas festgestellten Befunde hindeuten, wäre eine Zuordnung zu der Gruppe von romanischen Kleinkirchen dieses Bautyps möglich.

Literatur

KDB Oberbayern, I, S. 107 f.; Walter Haas, *Der Bautypus der Kirche in Ainau,* in: 24. Bericht der Bayerischen Denkmalpflege, 1965, München 1966, S. 113–117; Karlinger, S. 88 f.; Josef Reichart, *Apsisfries und Portalschmuck der Kirche von Ainau,* in: Sammelblatt des Historischen Vereins Ingolstadt, 88, 1979, S. 54–60. Weber, S. 342–345.

Paring. Das ehemalige Augustinerchorherrenstift St. Michael

Geschichte

An der Stelle eines karolingischen Klosters, das seit 875 der Alten Kapelle in Regensburg unterstanden hatte, gründete der Regensburger Kanoniker Gebhard von Roning und Rottenburg 1141 ein Augustinerchorherrenstift, das bis in die Reformationszeit Bestand hatte. Nach schweren Beschädigungen im Dreißigjährigen Krieg, denen der Südturm zum Opfer fiel, erfolgte 1813 die Säkularisation und 1852 der Abbruch des größten Teils der Stiftsgebäude. Im Jahre 1974 wurde das Kloster durch die Windsheimer Kongregation wieder neu besiedelt.

BESICHTIGUNG

Bereits im Jahre 1139 war mit dem Bau der Stiftskirche begonnen worden, eine erste Weihe erfolgte 1143. Von der dreischiffigen romanischen Pfeilerbasilika blieben im Zuge von spätgotischen und spätbarocken Umbauten nur die Wände des Mittelschiffs erhalten, deren Arkaden vermauert sind. Auch die (verbaute) ehemalige westliche Vorhalle mit zugesetztem Doppelbogenportal und der im Grundriß längsrechteckige Nordturm stammen noch vom ursprünglichen Bau. Ein bei der Barockisierung 1764–69 geborgenes Portal des 13. Jahrhunderts wurde auf die Südseite des Kirchenschiffs versetzt. Dem einfach gestuften Gewände ist ein Säulenpaar eingestellt, dessen Schäfte mit Flecht- und Palmettenornament überzogen sind, das sich ähnlich an den Kapitellen und den hohen Kämpferblöcken wiederfindet. Die äußeren Gewändekanten sind mit Kehlen und Rundstäben profiliert, die jeweils in Kapitellhöhe in Tierrachen auslaufen. Das Motiv kehrt am Türgewände in Gesimshöhe neben den Löwenköpfen wieder, die an gleicher Stelle wie in Moosburg als Konsolen das Tympanon tragen. Das von verschlungenem Flechtornament und Diamantband gerahmte Bogenfeld zeigt in derbem Relief die Halbfiguren von Christus und Petrus. Christus mit dem Buch in seiner Linken, die Rechte segnend erhoben, wird von dem sich ihm zuwendenden Petrus mit großem Schlüssel flankiert. Die starren Figuren mit breiten Köpfen, die Gewandfalten schematisch mit gratigen Linien schwach modelliert, zeigen entfernt Anklänge an Isen und Moosburg, wobei der Qualitätsunterschied aber deutlich zutage tritt. Das formal und handwerklich auf geringerer Stufe stehende Paringer Portal ist stilistisch der Mitte des 13. Jahrhunderts zuzuordnen.

Literatur

KDB Niederbayern, XXII, S. 171–185; Karlinger, S. 103 f.

Diözese Eichstätt

Eichstätt.
Dom St. Salvator, Unsere Liebe Frau und St. Willibald

Geschichte

Im Grenzgebiet zwischen »Altbaiern«, Schwaben und Franken gründete der heilige Bonifatius das Bistum Eichstätt und setzte seinen angelsächsischen Gefolgsmann Willibald als ersten Bischof ein. Der Bischofssitz liegt in einer Schleife der Altmühl, deren mäandrierender Flußlauf sich tief in den Fränkischen Jura eingegraben hat.

Die Christianisierung des schon in keltischer und römischer Zeit besiedelten Gebiets teilte sich Willibald mit seinen Geschwistern Wunibald, dem ersten Abt des Klosters Heidenheim, und seiner Schwester Walburga, der nachmaligen Äbtissin von Heidenheim.

Neben einer älteren Marienkirche hatte Willibald 741 ein Benediktinerkloster gegründet, das vermutlich 744 zum Bischofssitz erhoben wurde. Die Fundamente der ersten Kathedralkirche, einem einfachen Saalbau, wie auch die der westlich davon gelegenen Klosteranlage sind unter dem jetzigen Dom erhalten.

Die Überlieferung aus der Frühzeit des Bistums und der archäologische Befund der Grabungen im Dom von 1970/72 und 1974 (W. Sage) vermögen noch immer nicht die vielen offenen Fragen der Baugeschichte des karolingisch-ottonischen Doms von Eichstätt eindeutig zu klären. Durch die Grabungen konnten jedenfalls die Existenz vorwillibaldinischer Bauten und Spuren einer weit zurückreichenden Besiedlung nachgewiesen werden. Die beiden selbständigen Fundamentkomplexe aus karolingischer Zeit lassen sich in Übereinstimmung mit

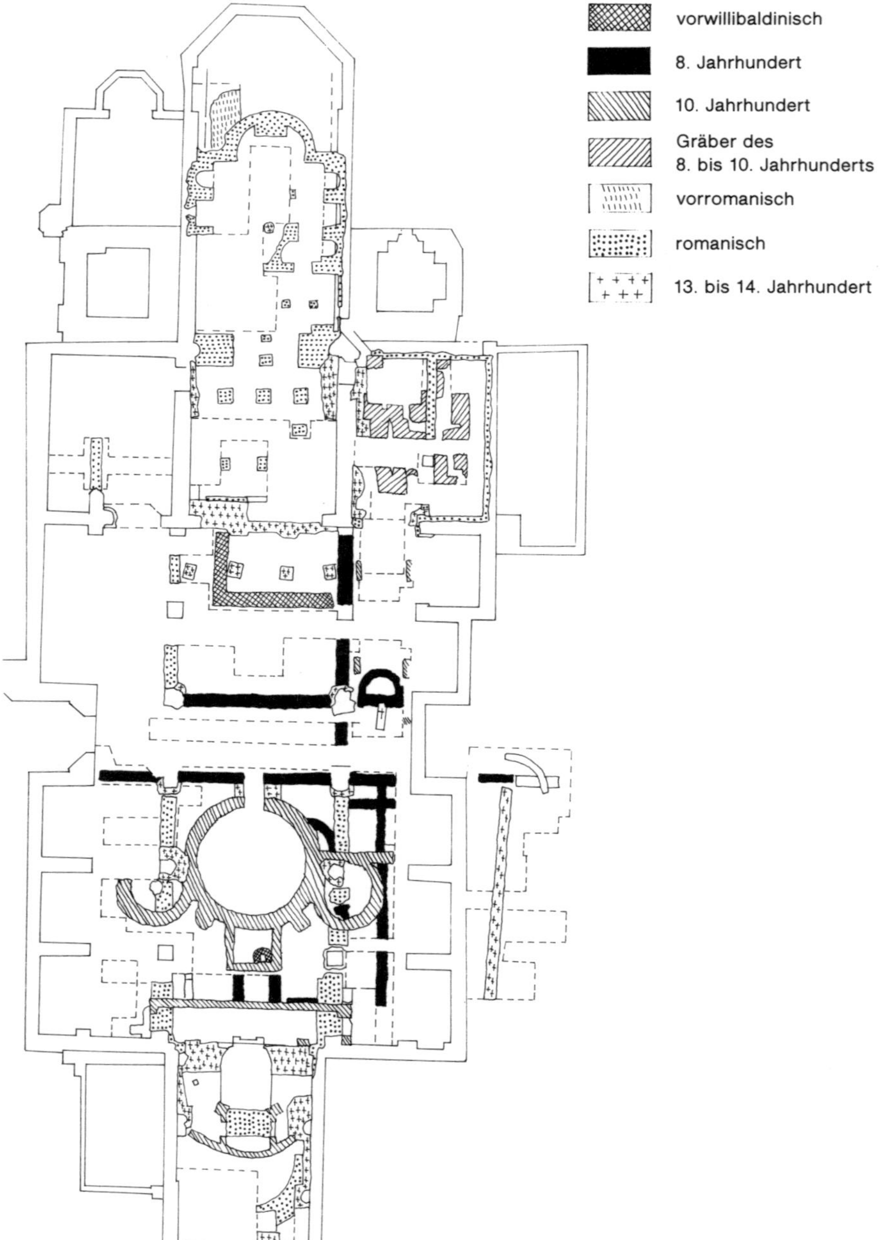

Eichstätt
Dom
Ausgrabungen
der Vorgängerbauten

den Schriftquellen als separaten Klosterbereich und als Bischofskirche interpretieren. Wohl gegen Ende des 10. Jahrhunderts muß der westlich des Gründungsbaus ergrabene Rundbau mit zwei flankierenden Türmen errichtet worden sein, der mit einer Außenkrypta im Bereich des heutigen West(Willibald)-Chores verbunden war. Die Errichtung dieser Baugruppe muß das äußere Erscheinungsbild des willibaldinischen Domes in der Art eines karolingischen Westwerks geprägt haben. Die für das Jahr 989 durch Quellen gesicherte Überführung der Gebeine des heiliggesprochenen Gründers Willibald ist wohl mit der Westkrypta in Verbindung zu bringen.

In salischer Zeit begann ein großer Domneubau, der im wesentlichen unter dem Bischof Gundekar II. (1057–1075) fertiggestellt wurde und durch Schriftquellen und erhaltene Bauteile gut belegt ist. Dieser frühromanische Bau war eine doppelchörige Anlage mit östlichem Querhaus und einer östlichen Krypta. Vom frühromanischen, um 1060 geweihten Dom sind Teile des Ostchors und die Disposition der Osttürme sowie die im 12. Jahrhundert erweiterte Krypta erhalten, letztere jedoch nur im Untergrund verborgen und bei den Grabungen im Zusammenhang mit der Domrestaurierung dokumentiert.

Der Westchor des Doms wurde 1256 bis 1269 frühgotisch erneuert; das heutige Erscheinungsbild des Doms bestimmt jedoch der spätgotische Umbau zu einer weiträumigen Wandpfeilerhalle aus der zweiten Hälfte des 14. Jahrhunderts.

Besichtigung

Vom salischen Dom des Bischofs Gundekar haben sich bis heute als sichtbare Teile unter anderem der westliche Chorbogen, der den frühgotischen Willibaldschor vom spätgotischen Hallenlanghaus trennt, sowie Teile der Chorflankentürme und der östlichen Querhauswände erhalten. Die Bausubstanz des 11. Jahrhunderts umfaßt die östlichen Wände der Querarme mit den darin enthaltenen Turmflanken fast ganz, die westlichen bis etwa in eine Höhe von 4,30 Meter über dem heutigen Langhausniveau und die Mauern der Querhausstirnseiten im unteren Bereich. Vom Domplatz im Norden erschließt sich das Äußere am klarsten. Der Nordturm steht mit seiner Nordseite völlig frei, während er an allen übrigen Seiten zumindest im unteren Drittel vollständig umbaut ist. Fast bis in Höhe des anschließenden Querhauses wird die Turmvorderseite von einer zweifach gestuften großen Blendnische gegliedert. Die drei folgenden Turmgeschosse werden durch gekuppelte Blendnischen oder Ecklisenen und Rundbogen-

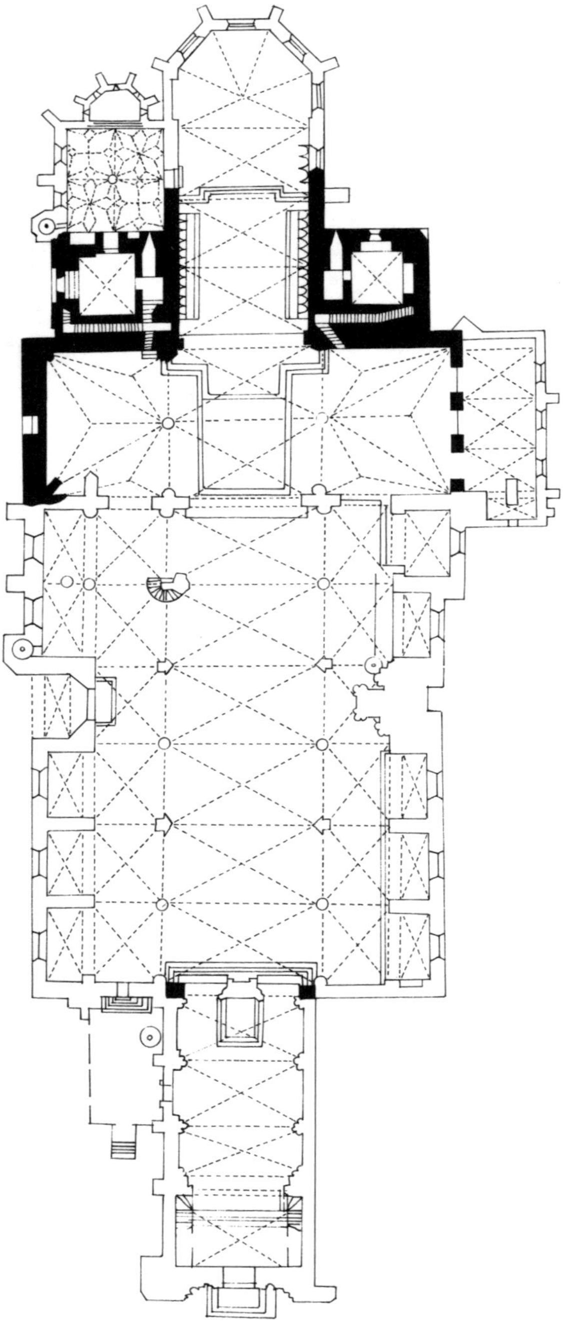

Eichstätt
Dom

friese gegliedert. Ein besonders auffälliges Motiv ist die zweifache Rückstufung an den Turmkanten am Nordturm, die in ähnlicher Form nur an den Türmen in Moosburg begegnet. Diese Gliederungselemente und die Einwölbung im Innern des Nordturms mit Bandrippen sprechen für einen späteren Umbau der Türme des Gundekarbaus. Damit müssen die überlieferten Weihedaten von 1072 für die Datierung des aufgehenden Mauerwerks der Eichstätter Domtürme ausgeschieden werden; dagegen sind die Baunachrichten in den Jahren 1188 bis 1210 durchaus mit dem heutigen Bestand vereinbar. In dieser Zeit wurden die salischen Chorwinkeltürme wohl durch die bestehenden ersetzt und gleichzeitig die Ostteile des Domes umgestaltet und die Krypta erweitert.

Literatur

KDB Mittelfranken, Stadt Eichstätt, München 1924; Walter Sage, *Die Ausgrabungen in den Domen zu Bamberg und Eichstätt 1969–1972,* in: Jahresbericht der bayerischen Bodendenkmalpflege 17/18 (1976/1977), S. 202–234; Jürgen Fabian, *Der Dom zu Eichstätt,* Worms 1989.

Die Bildseiten

Weißendorf. St. Margaretha

54 *Westportal.*
55 *Relief am nördlichen Chorbogenkämpfer.*

Pförring. St. Leonhard

56 *Tympanon des Nordportals: Agnus Dei.*

Bad Gögging. St. Andreas

57 *Nordportal.*

Ainau. St. Ulrich

58 *Tympanon des Südportals: Die Seelen in Abrahams Schoß.*
59 *Relief neben dem Südportal: Einzug Christi in Jerusalem.*

Eichstätt. Kapuzinerkirche

60 *Heilig-Grab-Kapelle.*
61 *Tür der Heilig-Grab-Kapelle.*
62 *Inneres der Heilig-Grab-Kapelle.*

54

PFÖRRING

BAD GÖGGING ▶

58

AINAU

59

EICHSTÄTT ▶

60

61

62

63

BERGEN

PLANKSTETTEN

66

67

KASTL ▶

68

69

SOLNHOFEN

71

72

Bergen. Heilig Kreuz

63 *Rundbogenfries am Chorhaupt.*
64 *Krypta.*
65 *Der Kirchturm von Osten.*

Plankstetten. Mariä Himmelfahrt

66 *Die Westtürme von Nordwesten.*
67 *Vorhalle und Westportal.*

Kastl. St. Peter

68 *Mittelschiff und südliches Seitenschiff nach Nordwesten.*
69 *Relief in der Westwand des Mittelschiffes.*

Solnhofen. Propsteikirche (Sola-Basilika)

70 *Inneres der Ruinen.*
71 und 72 *Kapitelle.*

Eichstätt. Die Kapuzinerkirche zum Heiligen Kreuz und zum Heiligen Grab

Die Kapuzinerkirche zum Heiligen Kreuz und zum Heiligen Grab Christi, ein barocker Saalbau von 1623–1625, bewahrt im Innern ein einzigartiges Zeugnis romanischer Baukunst, das sogenannte Heilige Grab, eine Nachbildung der Grabstätte Christi in Jerusalem.

Im 12. Jahrhundert bestand hier ein von den Schottenmönchen der Abtei St. Jakob in Regensburg abhängiges Benediktinerkloster. Zur Zeit der Kreuzzüge, im Jahr 1166, hatte der Eichstätter Dompropst Walbrun von Rieshofen im Osten der Bischofsstadt die Kopie des Heiligen Grabes und über ihr eine (nicht erhaltene) Rundkirche errichten lassen, die 1194 von Bischof Otto geweiht wurde.

Besichtigung

Der Quaderbau des Heiligen Grabes besteht aus einem zylindrischen Baukörper auf ovalem Grundriß mit leicht abgeflachter Stirnseite und einem an der südlichen Schmalseite anschließenden rechtwinkligen Vorbau (Bild 60). Den 4,10 Meter hohen Bau umzieht etwa in Mannshöhe eine Blendbogengliederung, die von einfach abgeschrägten Konsolen getragen wird. Der eigentliche Grabbau schließt mit einem als Schachbrettfries ausgebildeten Kranzgesims und einer flachen Plattform ab, die eine neuzeitliche Brüstung und ein offenes Ziborium bekrönen.

Im Innern besteht das Heiliggrab aus einem Vorraum mit Apsis, aus der ein kleiner Durchgang in die mittig im ovalen Baukörper angeordnete Grabkammer führt. Die Innenräume sind mit Kreuzgratgewölben geschlossen; die Grabkammer ist unbelichtet und hat nur eine kleine Öffnung im Scheitelbereich. Der in Querrichtung zur nördlich orientierten Grabkammer angelegte Vorbau besitzt an der Südseite seinen Haupteingang mit einer rundbogigen Öffnung und geradem Türsturz, das gerahmte Bogenfeld ist mit einem menschlichen Kopf besetzt (Bild 61). Außerdem führen jeweils an den Schmalseiten von Osten und Westen kleine rechteckige Türöffnungen ins Innere. Dort liegt ein großer Steinwürfel, der sogenannte Engelstein, der an den von Engeln beiseite gerollten Stein vor dem Grab Christi erinnern soll (Bild 62). Die Grabkammer enthält eine Steinbank – wie in Jerusalem.

Am Äußeren des Rundbaus fehlen in der unteren Zone die zehn Freisäulen unter den Blendarkaden, die für des Typus der Grabeskirche kennzeichnend sind. Der Aufsatz wurde 1877 angeblich nach Befund erneuert. Möglicherweise wurde die gesamte Grabanlage schon bei der Errichtung des barocken Kirchenbaus abgetragen und steingetreu in der neuen Kirche wieder zusammengesetzt.

Unter den verschiedenen Formen mittelalterlicher Architekturkopie, die immer darauf gerichtet war, den Bedeutungsgehalt eines Monuments auf einen anderen Ort zu übertragen, ist der Typus des Heiliggrabes der entschiedenste Vertreter. Das Eichstätter Beispiel ist besonders wichtig, weil seine Erbauer offensichtlich um äußerste Authentizität bemüht waren und es das am besten erhaltene seiner Art in Deutschland ist. Die aus dem Mittelalter und Spätmittelalter überlieferten Vorstellungen von der Architektur des Heiligen Grabes in Jerusalem stehen weitgehend im Einklang mit dem Baubestand der Eichstätter Anlage, so daß eine detaillierte Kenntnis des Vorbilds vorausgesetzt werden muß. Der unmittelbare Anlaß zur Errichtung des Heiliggrabes liegt in der Verehrung von Kreuzreliquien, die im Zusammenhang mit den Kreuzzügen einen lebhaften Aufschwung erfuhr. Es ist zwar nicht nachgewiesen, daß der Stifter, der Dompropst Walbrun, am Kreuzzug von 1147 teilnahm, die von ihm gestiftete Kirche besaß jedoch wertvolle Kreuzpartikel. Sie trug von Anfang an den Titel »Zum Heiligen Kreuz und zum Heiligen Grab«.

Literatur

KDB Mittelfranken, I, S. 353–357; Gustav Dalman, *Das Grab Christi in Deutschland,* Leipzig 1922, S. 56–65; Romuald Bauerreiß, *Sepulcrum Domini,* Abhandlungen der bayerischen Benediktinerakademie 1, 1931; Franz Xaver Hoedl, *Kapuzinerkirche Eichstätt,* Kleine Kunstführer Nr. 620, München, Zürich ³1979.

Bergen. Die ehemalige Klosterkirche Heilig Kreuz

Geschichte

Im zwischen Neuburg an der Donau und Eichstätt gelegenen Bergen wurde 976 durch Wiltrudis (Biletrudis), der Witwe des Herzogs Berthold von Bayern, ein Benediktinerinnenkloster gegründet. Dem Erwerb von Kreuzreliquien verdankte die Abtei seit der Jahrtausendwende eine blühende Wallfahrt. Das Kloster wurde im Jahr 1007 durch Kaiser Heinrich II. dem Bistum Bamberg unterstellt.

Eine um 1095 errichtete Kirche wurde 1156 durch einen Brand schwer beschädigt. Der anschließende Wiederaufbau der Klosterkirche erfolgte als dreischiffige Hallenkirche. 1543 bzw. 1552 wurde das Kloster durch Herzog Ottheinrich von Pfalz-Neuburg aufgehoben. Der Bau des 12. Jahrhunderts wurde 1756 bis 1758 eingreifend in einen Saalbau mit reicher Rokokodekoration umgestaltet, bei dem jedoch Teile der Umfassungsmauern des Langhauses gewissermaßen als Schale des heutigen Baus miteinbezogen und der dreiapsidiale Chorschluß beibehalten wurden. Vom romanischen Kirchenbau sind die Krypta und der freistehende Turm unverändert überkommen.

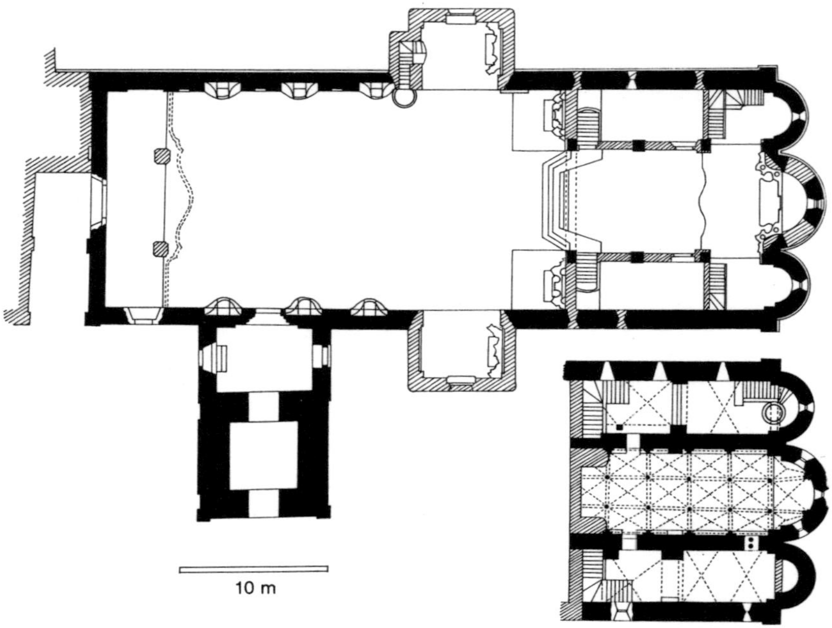

Bergen
Heilig Kreuz

Besichtigung

Der abseits vor der Südseite der Kirche stehende, massig und gedrungen wirkende romanische Kirchturm erreicht lediglich die Höhe des barocken Kirchendachs (Bild 65).

Der romanische Kirchenbau offenbart sich am deutlichsten in der Ostansicht. Hier hat sich das heute steinsichtig freigelegte Mauerwerk von drei parallelen Ostapsiden erhalten (Bild 63). Die mittlere Apsis wurde beim barocken Umbau deutlich erhöht und dominiert jetzt über die Nebenapsiden. Alle drei Apsiden umzieht in Höhe des Kranzgesimses der Seitenapsiden ein von Kopfkonsolen getragener Rundbogenfries. Die profilierten Rundbögen sind jeweils aus einem Werkstück gehauen und mit einem zusätzlichen bildnerischen Schmuck im Bogenfeld, entweder einem Menschen- oder Tierkopf, verziert. Während die Hauptapsis wohl schon ursprünglich zumindest zweigeschossig angelegt war, weisen die Nebenapsiden über dem Rundbogenfries noch ein Deutsches Band und Kranzgesims auf, das vermuten läßt, daß sie niedriger als die Hauptapsis waren. Auffällig ist die springende Höhe der Sockelzone und ein Materialwechsel zwischen Sockel und Hauptgeschoß von Quadern niedriger Schichtstärke zu größeren Werksteinen. Der Sockel der südlichen Nebenapsis ist deutlich niedriger und im Gegensatz zu den beiden anderen ohne Kryptenfenster.

Die reichste romanische Bauzier hat sich an dem 1906 freigelegten Gewände des vermauerten Südportals erhalten. Es besteht aus einem dreifach gestuften Portalgewände mit eingestellten Säulen und entsprechenden, um das Bogenfeld laufenden Wülsten. Die äußeren Säulen sind kanneliert; das Tympanonfeld ist leer und nur durch ein kerbschnittartiges Zickzackband gerahmt.

Im Innern hat die Barockisierung den romanischen Raumeindruck vollkommen ausgelöscht. Lediglich in der Anlage des Chors mit seinen schlanken Freistützen läßt sich erahnen, wie die ehemalige romanische Hallenkirche strukturiert war. Aus den barocken Umbauplänen wissen wir, daß der romanische Bau insgesamt in allen drei Schiffen zehn kreuzgratgewölbte Joche besaß. An den zweijochigen Chor, in dem die Schiffe durch Schrankenmauern von einander geschieden waren, schloß sich ein zweijochiger Psallierchor an. Im Westen befand sich noch zusätzlich ein Emporengeschoß.

Die Krypta von Bergen besteht aus mehreren Teilen (Bild 64). Unter dem Chormittelschiff hat sich eine dreischiffige, fünfjochige Hallenkrypta erhalten, während unter den Seitenschiffen selbständige kreuzgratgewölbte Nebenkrypten angelegt sind. Die dreiteilige Disposition der Krypta ist sicherlich bereits bauzeitlich, da sich in dem nördlichen Seitenraum ein mittelalterlicher Ziehbrunnen erhalten hat und die südliche Zwischenwand der Krypta von einer wieder freigelegten, allerdings scharf restaurierten spätromanischen Zwillingsarkade durchbrochen ist. Die Nebenräume wie auch der Westabschluß der Krypta sind jedoch beim barocken Umbau verändert worden. Die mittlere Hallenkrypta wurde dabei um ein Joch verkürzt und der ursprünglich im Mittelschiff liegende Zugang in die Seitenäume verlegt. In allen drei Schiffen sind die leicht längsrechteckigen Joche durch Gurte, Scheidbogen und Schildbögen an den Seitenwänden begrenzt. Die östlichen Joche sind der Form der Apsis folgend seitlich jeweils nur mit gratigen Dreistrahlgewölben überdeckt, während alle übrigen Joche regelmäßige gebuste Kreuzgratgewölbe besitzen.

Die Stützen sind monolithische Säulen. Alle Basen sind attisch profiliert und besitzen kräftig ausgebildete Eckzehen, wie sie in der süddeutschen Baukunst seit der zweiten Hälfte des 12. Jahrhunderts verbreitet sind. Die Kapitelle sind meist als Schildkapitelle mit kantig abgesetzten, profilierten oder zweifach profilierten, flachen halbkreisförmigen Schilden ausgeführt. Der Formenreichtum nimmt nach

Osten hin zu. Auffällig ist das Kapitell der südöstlichen Säule, das mit vier plastisch ausgearbeiteten Spiralen besetzt ist.

Die entwickelten Detailformen und die einheitliche Quadertechnik des Mauerwerks am gesamten Bau sprechen für eine Entstehung im 12. Jahrhundert, nach dem historisch überlieferten Brand von 1152/56. Von dem 1095 geweihten Kirchenbau wurden wohl kaum mehr als die allgemeine Disposition und die Breite des Mittelschiffs übernommen. Obwohl im Baubestand nur fragmentarisch erhalten, hat Bergen als südlichster Vertreter der Gruppe bayerischer Hallenkirchen der Romanik besondere Bedeutung.

Literatur

KDB Schwaben, V S. 360–398; Reinhard H. Seitz, *Das Benediktinerinnenkloster Bergen und die Bergener Klosterkirche,* in: Bruno Bushart, Walter Pötzl, Reinhard H. Seitz, Erich Steingräber, Kloster Bergen bei Neuburg an der Donau und seine Fresken von Johann Wolfgang Baumgartner (Kunst in Bayern und Schwaben 3), Weißenhorn 1981, S. 5–38; L. Stoltze, *Die romanischen Hallenkirchen in Altbayern,* Borna-Leipzig 1929; Haas, S. 45, 307; Weber, S. 364–368; Landsberg, S. 25–27.

Plankstetten.
Die Benediktinerabteikirche Mariä Himmelfahrt

Geschichte

Die Benediktinerabtei Plankstetten ist eine Stiftung der Grafen von Grögling-Hirschberg. Graf Ernst IV. gründete das bischöflich eichstättische Eigenkloster im Jahr 1129 zusammen mit seinen Brüdern Hartwig und Gebhard, dem Bischof von Eichstätt. Letzterer weihte die Klosterkirche bereits 1138. Die ersten Mönche kamen aus Kastl, dessen Kirche im Gründungsjahr von Plankstetten geweiht wurde.

Nur mit Mühen überstand die Abtei Reformation und den Dreißigjährigen Krieg. In der Blütezeit des 18. Jahrhunderts wurde die Kirche unter Beibehaltung des romanischen Baubestands barockisiert.

Das Kloster wurde während der Säkularisation aufgehoben, nach einem Jahrhundert, im Jahr 1904, wiederbesiedelt und 1927 vom Priorat zur selbständigen Abtei erhoben. 1928/1929 erweitete man die Kirche nach Osten durch die Errichtung eines neuen Presbyteriums (Architekt Fritz Schulz). Dabei wurde die polygonale gotische Chorapsis abgetragen und um ca. 10 Meter versetzt wiederaufgeführt. Die letzte umfassende Restaurierung der Klosterkirche erfolgte 1960 bis 1970.

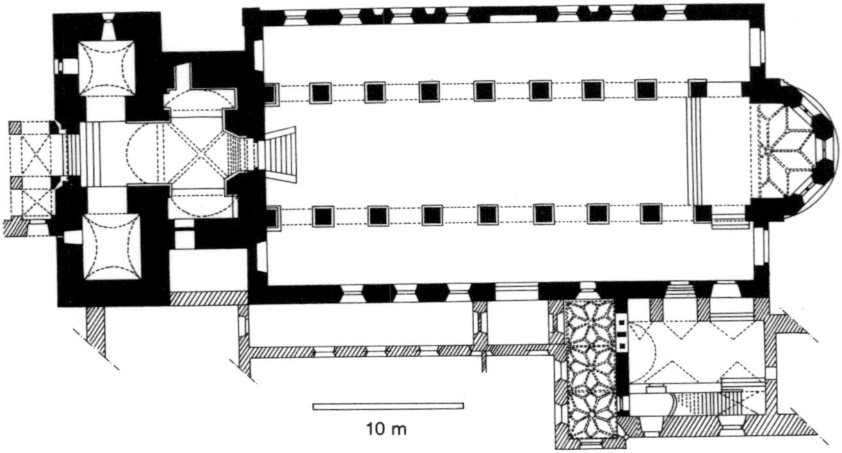

Plankstetten
Benediktinerabteikirche

Besichtigung

Die im Tal der Sulz gelegene Abtei ist durch ihre aufragende Doppelturmfassade von weitem sichtbar (Bild 66). Nur die westlichen Bauteile der Kirche, die Türme mit dem engen, tonnengewölbten Zwischenjoch und die anschließende, gegenüber dem Langhaus stark eingezogene Vorhalle mit gestuftem Säulenportal haben ihr mittelalterliches Erscheinungsbild bewahrt (Bild 67). Der schlichte, querschifflose Kastenraum des Langhauses läßt hinter der zurückhaltenden barokken Dekoration die mittelalterliche Pfeilerbasilika erahnen. Das Langhaus ist steil proportioniert; über den engen Pfeilerarkaden erhebt sich eine hohe Sargwand, und die Belichtung im Obergaden setzt dicht unter der flachen Decke des Mittelschiffs an.

Eingehende Betrachtung verdienen die ungewöhnlich disponierten Westteile. Von den beiden Türmen stammen nur die steinsichtigen Teile des aus Quadern gefügten Kalksteinmauerwerks aus der Erbauungszeit des 12. Jahrhunderts. Der Nordturm wurde in den oberen, heute verputzten Geschossen erst im 18. Jahrhundert formgleich mit dem Südturm vollendet. Gleichzeitig erhielten beide Türme ihre geschweiften Hauben. Die romanischen Teile des Südturms sind über dem hohen Sockelgeschoß mit Lisenen und einem Rundbogenfries gegliedert. An den Südturm, der die ursprüngliche Anordnung von zu Gruppen zusammengefaßten Fensteröffnungen bewahrt hat, schließen direkt die barocken Klostergebäude an. Ein zwischen die als Kapellen genutzten Turmuntergeschosse eingespanntes Vorjoch führt ins Innere der Vorhalle. Diese besteht aus einem auf die Breite des Portals ausgerichteten, annähernd quadratischen rippengewölbten Joch und wird durch nördlich und südlich anschließende kleine Quertonnen erweitert. Sie wirkt wie ein kleiner, zwischen die Türme eingespannter Zentralbau mit einer deutlichen Betonung der Querachse.

Die Wölbung des Mitteljochs der Vorhalle und das innere Hauptportal sind architektonisch aufeinander bezogen. Das Portalgewände an sich ist vierfach gestuft und besitzt drei eingestellte Dreiviertelsäulen. Das äußere flankierende Säulenpaar nimmt zugleich die schweren Wulstrippen der Wölbung wie den hinter den Rippen aufsteigenden äußeren Bogenlauf der Archivolten auf. Die räumliche Wirkung des Gewändes wird ganz von den jeweils eingestellten Säulen geprägt. Diese tragen einheitliche Würfelkapitelle, die durch einen Halsring und einen starken Rücksprung des Kämpfers als selbständige Glieder in Erscheinung treten. Das attische Profil der Basen setzt sich am gemeinsamen, schräg ausgerichteten Sockel fort. Hinter dem gestuften Gewände, das jeweils aus großen Quaderblöcken mit durchgehenden Lagerfugen gemauert wurde, steht, gewissermaßen in einer zweiten Ebene, nochmals ein Säulenpaar auf eigenem, unabhängigem Sockel. Wahrscheinlich ist das reiche Portalgewände zusammen mit der Vorhalle erst nach einem Planwechsel in einer zweiten Bauphase im späten 12. Jahrhundert entstanden. Das eigentliche Portal, mit einem schmucklosen Tympanon, steht im Verbund mit der Westwand des Langhauses. Es gehört zusammen mit dem inneren Säulenpaar noch dem ersten Plan an, der dann zugunsten des reicheren Säulengewändes erweitert wurde.

In die Pfeilervorlage des südlichen Scheidbogens der Vorhalle sind drei skulptierte Werkstücke eingelassen. Den Kämpfer bildet ein Stück eines Palmettenfrieses, darunter befindet sich ein Quader mit Weinlaub und schließlich ein zum Portal hin schreitender Löwe mit anthropomorphem Gesicht. Möglicherweise stammen die wie Spolien vermauerten Werkstücke aus einem anderen Zusammenhang, vielleicht vom älteren, ersten Portal der Klosterkirche.

Von den ursprünglichen Klostergebäuden hat sich nur ein kleiner, aber eindrucksvoller Arkadenrest des Kapitelsaals erhalten, der im spätgotischen Ostflügel vermauert und wieder freigelegt wurde. Vier kleine, aus flachen Segmentbögen bestehende Arkaden werden von zwei gekuppelten und einer einfachen Trennungssäule getragen. Die Arkatur kragt gegenüber dem ohnehin weit ausladenden Kämpferblock nochmals vor und verdeutlicht den Gegensatz von dicker Wand und schlanken Stützen.

Die romanische Klosterkirche von Plankstetten weist einige Eigenheiten auf, die entfernt an Hirsauer Bauten erinnern: die Proportionen des flachgedeckten Langhauses und besonders die Ausbildung einer Westanlage. Die entscheidenden Kennzeichen der Hirsauer, ausgeschiedene Vierung, Querhaus mit Nebenapsiden und Säulenarkaden, finden sich jedoch nicht in Plankstetten. Andererseits fehlen hier auch die typischen Merkmale der alpenländischen Basilika, da die zwar durchgehenden Seitenschiffe gerade und nicht apsidial schließen. Unmittelbare Beziehungen zum salischen Dom von Eichstätt, dem Gundekarbau, bestehen ebenfalls nicht. Plankstetten ist vielmehr ein relativ selbständiger Bau in betont schichten Formen.

Literatur

KDB Oberbayern, XII, S. 114–133; Peter Bauer, *Die Benediktinerabtei Plankstetten in Geschichte und Gegenwart,* Plankstetten 1979; Marian Altendorf OSB, *Plankstetten,* Kleiner Kunstführer Nr. 961, München und Zürich ^{2}1980.

Kastl. Die ehemalige Benediktinerabtei St. Peter

Geschichte

Das Nordgau-Kloster Kastl wurde nach nicht ganz gesicherter Überlieferung 1098 anstelle einer Burg von den Grafen Berengar II. von Sulzbach, Friedrich von Kastl-Habsberg und dessen Sohn Otto gegründet. Das Benediktinerkloster stand von Anfang an unter dem Einfluß des Konstanzer Bischofs Gebhard III., der mit den Stiftern eng verwandt war und während der Wirren des Investiturstreits seinen Bischofssitz verlassen mußte. Aus Petershausen bei Konstanz vertriebene Mönchen kamen so nach Kastl. Das Hauskloster der Sulzbacher wurde im Jahr 1103, in dem die Anwesenheit des Konstanzer Bischofs in Kastl bezeugt ist, durch eine päpstliche Bulle bestätigt. Mit dem Kirchenbau wurde wohl wenig später, jedenfalls noch zur Regierungszeit des ersten Abtes Theoderich aus Petershausen (1103–1108), wie Gebhard ein Schüler Wilhelms von Hirsau, begonnen. Durch ein Weihedatum von 1129 läßt sich die Bauzeit der Kirche zweifelsfrei eingrenzen. Die vermutlich von Kastl aus besiedelten Klöster in Plankstetten (vgl. S. 253) und Auhausen (vgl. S. 267) unterstreichen dessen wichtige Stellung.

Nach einem Teileinsturz des nördlichen Ostturms 1264 erfolgten erste Reparaturen. Im frühen 15. Jahrhundert wurde das ursprünglich flachgedeckte Langhaus eingewölbt, und ab 1460 wurden die Seitenschiffe im westlichen Teil durch Kapellenanbauten erweitert. Nachdem das Kloster zwischenzeitlich der Reformation anheimfiel, ge-

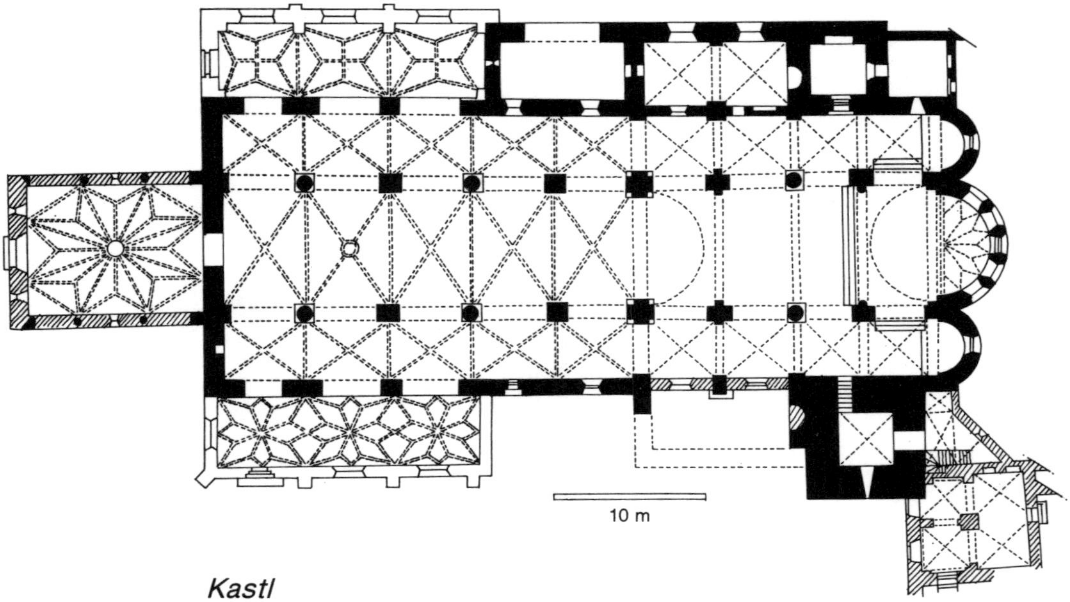

Kastl
St. Peter

langte es 1636 in die Hand der Jesuiten, unter deren Leitung bauliche Veränderungen, insbesondere an der Vorhalle und den Ostteilen erfolgten. Seit 1806 dient die ehemalige Stiftskirche als Pfarrkirche.

Bei einer durchgreifenden Restaurierung 1906, die das mittelalterliche Erscheinungsbild wiederherzustellen suchte, wurde die barocke Ausstattung weitgehend entfernt. Erst 1952/53 mußte aufgrund statischer Probleme der südliche Ostturm abgetragen und anschließend wiederaufgebaut werden. Die jüngste Instandsetzung von 1963 bis 1967 führte mit konsequenter Zielsetzung das Restaurierungswerk von 1906 fort.

Besichtigung

Eindrucksvoll erhebt sich die Klosterburg Kastl auf einem schmalen Bergsporn der Waldlandschaft des Nordgaus. Aus dem komplexen Baubestand der ehemaligen Klosteranlage, deren Klausurgebäude wegen der topographischen Situation östlich an die Kirche anschließen, ragt der erneuerte Turm auf.

Die romanische Klosterkirche war ursprünglich eine dreischiffige Basilika mit flachgedecktem Langhaus und einem eigentümlich als Staffelhalle mit Tonnenwölbung im Mittelschiff ausgebildeten Chor. Die Choranlage schloß östlich mit drei parallelen Apsiden – die mittlere im oberen Teil gotisch erneuert –, begleitet von unterschiedlich dimensionierten Chorflankentürmen. Im westlichen Teil war der Chor kapellenartig auf fünf Schiffe erweitert, die mit einer Nische in der Westwand der Chortürme schlossen.

Trotz der gotischen Langhauswölbung hat der Innenraum im wesentlichen seinen eigentümlich romanischen Charakter bewahrt (Bild 68). Das Langhaus, in dem der ehemalige Kastenraum noch spürbar ist, und der Chorbereich als gegliederter Wölbungsbau bildeten eine Einheit aus Gegensätzen. Die Bereiche von Laienkirche und Mönchschor sind durch ihre unterschiedlichen architektonischen Formen und einen kräftigen Scheidbogen voneinander getrennt. Im fünfachsigen Langhaus herrscht ein Stützenwechsel von Rechteck- und Rundpfeilern vor, ein Motiv, das im vierjochigen Chor in der mittleren Rundstütze wieder anklingt. Allerdings ist die nördliche nach einem Teileinsturz 1264, dem auch der Nordturm bis auf die Sockelgeschosse zum Opfer fiel, in bereits gotischen Einzelformen erneuert worden. Die topfförmigen, extrem flachen Kapitelle der übrigen Rundpfeiler in Chor und Langhaus sind alle aus der gleichen Grundform entwickelt.

Die Choranlage von Kastl ist ohne Parallele in der deutschen Baukunst der Romanik. Gegenüber dem Langhaus weitet sich der Grundriß auf Kosten der Seitenschiffe um etwa einen halben Meter. Durch die leichte, in der Raumwirkung fast unmerkliche Verbreiterung ergibt sich durch den größeren Wölbungsradius ein Ansteigen der Tonnenwölbung nach Osten. An den Jochgrenzen gliedern rechteckige Unterzüge das Gewölbe. Die Gurte ruhen auf Pfeilervorlagen; nur an der Rundstütze werden sie von einer Konsole im Ansatz der Wölbung abgefangen. Die Kreuzgratgewölbe der Seitenschiffe setzen nur wenig unterhalb der Tonne an, so daß sie ein wirksames Widerlager für den Gewölbeschub des Mittelschiffs bilden können. Aufgrund dieser Maßverhältnisse und wegen der notwendigerweise fehlenden Belichtung durch einen Obergaden, wirkt die Tonnenwölbung des Chormittelschiffs gedrungen. Und dennoch vermittelt die Staffelhalle des Chors eher einen basilikalen Raumeindruck. Diesen unterstreichen vor allem die trennenden Mittelschiffarkaden. Zugleich stellt die Reihung der Arkaden, trotz geringer Differenzen in der Weite, ein verbindendes Element zu den Langhausarkaden dar.

Die eigenartige Wölbung und die kapellenartige Erweiterung, die jedoch nur noch an der heute als Sakristei dienenden zweijochigen

Kapelle der Nordseite nachzuvollziehen ist, werfen bisher noch nicht eindeutig gelöste Fragen nach der Herleitung der Raumform von Kastl auf. Die historischen Beziehungen Kastls, die in der Person des ersten Abtes, Theoderich von Petershausen, und dem Bischof Gebhard von Konstanz zum Ausdruck kommen, werden als Hinweis auf Einflüsse der benediktinischen Klosterreform interpretiert. Doch zeigen weder die Raumbildung noch die Einzelformen ausgesprochen hirsauische Züge. Die Kapitelle von Kastl sind ungewöhnlich flach und besitzen schmale Eckblätter, so daß sie einer umgedrehten Basis ähnlich sind. Am nächsten kommen diesen merkwürdigen Formen die Kapitelle der Langhausarkaden von Reichenau-Niederzell und die vergleichbaren Bildungen in der Augsburger Domkrypta und in Füssen (vgl. S. 281 ff. und 321 ff.). Eine unmittelbare Nachfolge Kastls hier in zeigt sich in den Kapitellen der Regensburger Kirche St. Leonhard.

In der Raumbildung bleibt Kastl ein einzigartiger Sonderfall. Man kann sich kaum einen stärkeren Gegensatz zu den gliedernden Bauten der Hirsauer vorstellen als den Staffelhallenchor von Kastl. Die Herleitung von südwestfranzösischen, mit Gurttonnen gewölbten Hallen trifft allenfalls auf das Motiv, nicht jedoch auf die Raumform zu. In den lombardischen Bauten (S. Celso in Mailand und Rivolta d'Adda), die mit Kastl im System und auch deutlicher als die südwestfranzösischen Hallen in den Raumproportionen übereinstimmen (Kluckhohn), darf man wohl eher eine Parallele als die unmittelbaren Vorbilder erkennen. Bei der Ableitung der Tonnenwölbung ist wohl am ehesten an Einflüsse aus Burgund, vermittelt etwa über Payerne im Schweizer Jura, zu denken.

Die Kirche von Kastl ist innerhalb der romanischen Architektur Bayerns eines der merkwürdigsten Zeugnisse des Wölbungsbaus. In Kastl verschmelzen die unterschiedlichsten strukturellen Elemente zu einem Bau von gänzlich eigenständigem Gepräge, in dem die frappante Neuartigkeit und die Unsicherheit eines – für bayerische Verhältnisse herausragenden – Gründungsbaus nebeneinanderstehen.

Literatur

KDB Oberpfalz und Regensburg, XVII, S. 136–183; Haas, S. 292 f.; Strobel, S. 91 f.; Schütz, S. 236 f.; Hugo Schnell, Ludwig Krauß, *Kastl im Lauterachtal,* Kleine Kunstführer Nr. 278, [8]1991; Rolf Jakob, *Vorromanische und romanische Sakralarchitektur in der Oberpfalz* (Weidener Heimatkundliche Arbeiten 19), Weiden 1982, S. 77–85; Karl Bosl, *Das Nordgaukloster Kastl,* in: Verhandlungen des Historischen Vereins Oberpfalz, 1939.

Solnhofen. Die Propsteikirche (Solabasilika)

Geschichte

Der kleine Ort Solnhofen im Altmühltal ist dank der Ausgrabungen von 1961–1966 und 1974–1979 von herausragender Bedeutung für die Kenntnis der frühen Christianisierung in Bayern. Die archäologischen Untersuchungen unter Leitung von Vladimir Milojčić haben die Kontinuität einer christlichen Kultstätte schon bis in vorkarolingische Zeit nachweisen können.

Wohl noch zu Zeiten des heiligen Bonifatius, d. h. vor dem Märtyrertod des großen angelsächsischen Missionars 754, bestand in Solnhofen eine Einsiedelei. Ihr Gründer war ein Gefolgsmann des Bonifatius, der später für den Ort namensgebende ehemalige Fuldaer Mönch Sola. Unterstützung erhielt Sola von Willibald, dem Bischof von Eichstätt, und Wunibald, dem Abt des Klosters Heidenheim. Kaiser Karl der Große schenkte dem angelsächsischen Einsiedler den Ort, an dem dieser seine Niederlassung errichtet hatte. Kurz vor seinem Tod am 3. Dezember 794 übereignete Sola seinen Besitz dem Kloster Fulda. Im 9. Jahrhundert bestand in Solnhofen eine Propstei, die von Gundram, einem Neffen des Hrabanus Maurus, geleitet wurde. Um 833 schenkte Kaiser Ludwig der Fromme der Propstei weitere Besitzungen. Die Nachricht einer Kirchweihe ist im Pontifikale des Eichstätter Bischofs Gundekar II. (1057–1075) überliefert und damit auf den Zeitraum von 1065 bis 1071 einzugrenzen. Diesem Zeitraum gehört wahrscheinlich der erhaltene Kirchturm an.

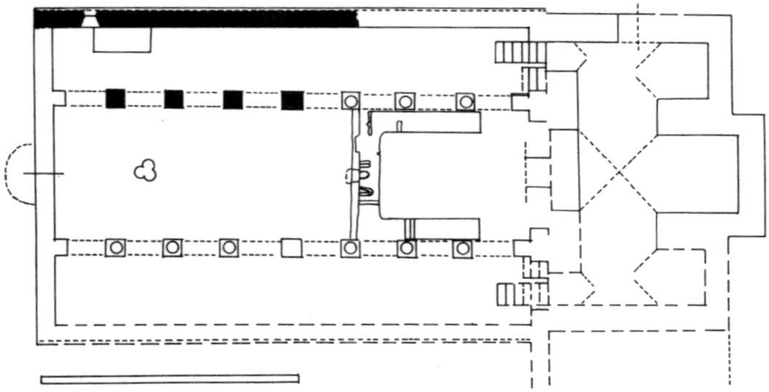

Solnhofen
Propsteikirche

Der spätestens seit der Reformation einsetzende Niedergang gipfelte 1782 im Abriß der größtenteils baufälligen Kirche. Nur die vier westlichen Arkaden des nördlichen Mittelschiffs und die angrenzenden Teile des Seitenschiffs mit dem Grabmal des heiligen Sola blieben in fragmentiertem Zustand erhalten.

Bei einer Restaurierung 1957 kam es nochmals zu Substanzeingriffen, als die bis dahin in situ erhaltenen Kapitelle und Kämpfer entfernt und durch Betonabgüsse ersetzt sowie der horizontale Abschluß der noch stehenden Obergadenwand erniedrigt und begradigt wurden. 1958 machte Christian Beutler auf das sogenannte Sola-Relief, eine halbfiguriges Bildnis in Form eines antiken Clipeus, aufmerksam und initiierte damit zwei Grabungskampagnen, die erst 1979 abgeschlossen wurden. Nach den Grabungsbefunden können vier übereinanderliegende Kirchenbauten angenommen werden. Der erste noch vor oder um 700 zu datierende Kirchenbau war ein kleiner, fast quadratischer Saal mit einer merkwürdigen Doppelapsis im Osten. Nach einer Holzkirche (Bau II), möglicherweise der Cella des heiligen Sola, folgte wiederum ein Saalbau (Bau III), dessen Ostabschluß bei der Errichtung der vierten Kirche auch im Fundamentbereich weitgehend zerstört wurde. Die bis heute überkommenen Reste gehören wohl dieser Kirche (Bau IV) an. Im erhaltenen Teil des nördlichen Seitenschiffs, hinter den Rudimenten der Mittelschiffarkaden, befindet sich das mehrfach veränderte Grabmal des hl. Sola. Es besteht aus einer einfachen Tumba mit Satteldach, die in jüngerer Zeit so eingerichtet wurde, daß man unter ihr durchkriechen kann. Die Tumba entstand wohl vor der Mitte des 9. Jahrhunderts, als die Gebeine des heiligen Sola erhoben wurden. Mit der paläographisch datierten Inschrift eines mit Wandmalereifragmenten an der nördlichen Seitenschiffwand aufgedeckten Titulus, der allgemeinen Fundsituation und ihrer Entsprechung in der historischen Überlieferung sowie dem Bautypus der Solabasilika, die mit der Propsteikirche auf dem Petersberg bei Fulda vergleichbar ist, wird die Datierung der Solnhofer Basilika in die erste Hälfte des 9. Jahrhunderts begründet. Umstritten ist nach wie vor die von Beutler mehrfach vorgeschlagene Datierung der Bauplastik, insbesondere des sogenannten Sola-Reliefs in die Zeit um 840.

Besichtigung

Die Solabasilika genannte, vierte Kirche von Solnhofen war eine flachgedeckte (oder mit offenem Dachstuhl versehene) dreischiffige Basilika ohne Querhaus(Bild 70). Ihr Chor war in allen drei Schiffen flach geschlossen, wobei das Mittelschiff im Osten über die Seitenschiffe hinausragte. Im Verbund mit den Kirchenschiffen stand eine dreiteilige Stollenkrypta im Osten (mit Querstollen?), deren Grundmauern größtenteils bis zum Ansatz der Tonnenwölbung erhalten sind.

Das Langhaus, dessen Erscheinungsbild an der noch zur Hälfte aufrecht stehenden nördlichen Mittelschiffwand und den zugehörigen nördlichen Seitenschiffmauern abzulesen ist, wies ursprünglich acht Achsen auf. Eine eigenartige Form des Stützenwechsels teilt nach jeweils drei Säulen mit einem Pfeiler das Langhaus in zwei gleichgewichtige Kompartimente. Die Säulen stehen auf rekonstruierten hohen quadratischen Plinthen und besitzen eine eigentümlich archaisch wirkende Basis, die nach flachem Anlauf nur aus einem kräftigen Wulst besteht; eine Hohlkehle fehlt. Die mit einer auffallenden Entasis im unteren Teil gedrungen wirkenden Säulen schließen mit einem kräftigen Halsring ab. Während die Basen und die Säulenschäfte aus rötlichem Sandstein bestehen, sind die bis 1957 in situ erhaltenen Kapitelle aus gelb-grünlichem Sandstein gefertigt. Neben dem ionisierenden Kapitelltypus mit kräftigen Voluten und schwungvollem Akanthusblattwerk steht ein mit zwei Zonen reichlich verschlungener Blätter geschmücktes Kapitell (Bild 71 und 72). Die Kapitelle und die im Zuge der archäologischen Untersuchungen geborgenen Stuckteile der Arkadenumrahmungen sind in eine rekonstruierende museale Präsentation in der Prähistorischen Staatssammlung München integriert; während vor Ort Abgüsse in den originalen Bauzusammenhang eingesetzt und Kapitelle auf wiedererrichteten Säulen aufgestellt sind. Die Solnhofener Kapitellplastik ist ohne Parallele in Bayern.

Alle erhaltenen Kapitelle weisen stark vom Reliefgrund abgesetzte, vegetabile Rankenornamente in jeweils völlig unterschiedlicher Form auf. Die Ornamentik auf dem Kapitellblock ist jeweils in sich auf Symmetrie angelegt, doch laufen die Überschneidungen der Ranken in jeweils gegensinnigen Endungen aus, so daß sich im Detail reizvolle Asymmetrien in Überlagerungen und gegenseitigen Verschränkungen der Rankenmotive ergeben. Die Kämpferplatten bestehen aus einer dünnen Platte und Schmiege, die bisweilen durch mehrere Profilstäbe gebildet werden. Der Kämpfer des Mittelpfeilers besitzt an der Stirnseite zum Langhaus eine Zier aus vier jeweils sechsblättrigen Rosettenmotiven.

Die Umrahmungen der Arkaden waren aus Stuck geformt und gehören sicherlich zu den ältesten Zeugnissen dieser Art in Deutschland. Ihr Motivschatz ist mit dem der Kapitelle verwandt, jedoch stärker von reiner Kerbschnittechnik geprägt. Die Datierung der Bauplastik, ob karolingisch (Beutler, Milojčić, Dannheimer) oder ob hochmittelalterlich (Hager, Jacobsen) wird nach wie vor kontrovers diskutiert.

Das sogenannte Sola-Relief ist ein am Fuß leicht abgeflachtes Medaillon von etwa 50 Zentimetern Durchmesser. Es zeigt in frontaler Darstellung das Brustbild eines Mannes, der in seiner Rechten eine Fackel hält; während die Linke in einem Gruß- oder Segensgestus erhoben ist. Das mit dichtem, strähnigen Haar besetzte Haupt trägt ein Diadem mit Perlenbesatz. Die Augen des Dargestellten treten kräftig, von kantigen Lidern umrahmt, hervor. Das ganze Bildnis ist in formelhafter Verkürzung zu großer, knapp umrissener Plastizität getrieben. Weder die Ikonographie, die Datierung noch die Herkunft dieses einzigartigen Bildwerks konnten bisher zweifelsfrei geklärt werden. Als gesichert kann nur gelten, daß das Relief in irgendeinem Zusammenhang mit der Solnhofer Prioratskirche stand, bevor es im 19. Jahrhundert am Pfarrhaus eingemauert wurde. Von dort wurde es 1961 entfernt und in den Restaurierungswerkstätten des Bayerischen Landesamtes für Denkmalpflege von seinen entstellenden Überfassungen befreit. Heute befindet sich am Pfarrhaus in Solnhofen eine Kopie.

Die lokale Tradition sah in dem Dargestellten – wohl auch wegen des Attributs, das als Ölgefäß gesehen wurde, zunächst einen heiligen Vitus, den späteren Kirchenpatron. Schon Georg Hager wies auf die Deutung als Sol hin, die sich auf das Argument der Gleichsetzung von Sola und Sol stützen kann, wie sie schon im Pontifikale des Bischofs Gundekar II. von Eichstätt evoziert wird. Allgemein wird das Relief als Bildnis des Gründungsheiligen Sola interpretiert, eine Deutung, die gleichermaßen naheliegend wie – angesichts des Fehlens jeglicher Parallelen – ausgefallen erscheinen muß. Die von Beutler mehrfach ausführlich begründete Frühdatierung des Sola-Reliefs in die erste

Hälfte des 9. Jahrhunderts wurde auch wiederholt in Zweifel gezogen.

Auch für die Datierung der fragmentarisch erhaltenen Kirche in die erste Hälfte des 9. Jahrhunderts, die mit den historisch überlieferten Weihedaten von 819 und der Erhebung der Gebeine des heiligen Sola, dem archäologischen wie auch paläographischen Befund und der stilistischen Beurteilung der mit dem Bau verbundenen Bauzier begründet wurde, fehlt letztlich ein zwingender Nachweis. Von den gegenwärtig noch nicht abgeschlossenen restauratorischen Nachuntersuchungen werden neue Argumente für eine Ansetzung ins 9. oder ins 11. Jahrhundert erwartet, die vielleicht zur Klärung der alten Streitfrage beitragen können.

Literatur

Vorromanische Kirchenbauten, Katalog der Denkmäler bis zum Ausgang der Ottonen, bearb. von Friedrich Oswald, Leo Schäfer, Hans Rudolf Sennhauser, München 1966, S. 315–317; Nachtragsband (Werner Jacobsen) 1991, S. 392; Vladimir Milojčić, *Die Propstei Solnhofen an der Altmühl in Mittelfranken.* Untersuchungen 1961–1964 und 1974, in: Ausgrabungen in Deutschland 2, 1975, S. 278–312; Christian Beutler, *Das Grab des Heiligen Sola,* in: Wallraf-Richartz-Jahrbuch 20, 1958, S. 55–68; Georg Hager, *Kloster Fulda und die romanische Baukunst Mittelfrankens,* in: Georg Hager, Heimatkunst, Klosterstudien, Denkmalpflege, München 1909, S. 253–263; Peter Marzolff, *Solnhofen,* in: Führer zu archäologischen Denkmälern in Deutschland 15: Landkreis Weißenburg-Gunzenhausen, Stuttgart 1987, S. 152–164; Die Bajuwaren, Ausstellungskatalog Rosenheim, Mattsee 1988, S. 300, 462f.

Auhausen. Das ehemalige Benediktinerkloster St. Maria

Geschichte

Die Benediktinerabtei wurde zu Anfang des 12. Jahrhunderts von den Ortsadligen von Auhausen, die sich später nach ihrem thüringischen Besitz von Lobdeburg nannten, gegründet. Eine weiter zurückreichende Tradition ist nur legendarisch überliefert. Der Gründungsbau der Klosterkirche wurde wohl schon um 1120 errichtet, Baunachrichten sind jedoch nicht bekannt. Eine erste päpstliche Bestätigungsbulle datiert aus dem Jahr 1136. Für die Jahre nach 1230 sind Baumaßnahmen durch Schriftquellen überliefert. Vor allem die drei oberen Geschosse des Nordturms wurden in dieser Zeit aufgeführt. Der Ausbau des Südturms erfolgte erst 1334. Im beginnenden 16. Jahrhundert wurde die Kirche durch einen gegenüber dem Langhaus erhöhten östlichen Choranbau erweitert.

Der Bauernkrieg bereitete der Existenz des Klosters schon 1525 ein Ende. Die Klosterkirche wurde den Protestanten übergeben und 1537 mittels Tieferlegung der flachen Mittelschiffdecke und Erhöhung der Seitenschiffwände zur Aufnahme eines Getreidekastens über den Kirchenschiffen umgebaut. Die Klostergebäude wurden im 19. Jahrhundert abgerissen. Bei der jüngsten Restaurierung 1975 erhielt das Mittelschiff wieder seine ursprüngliche Höhe, verblieb aber indirekt durch die Seitenschiffe und den Chor belichtet, da das einheitliche Satteldach belassen wurde.

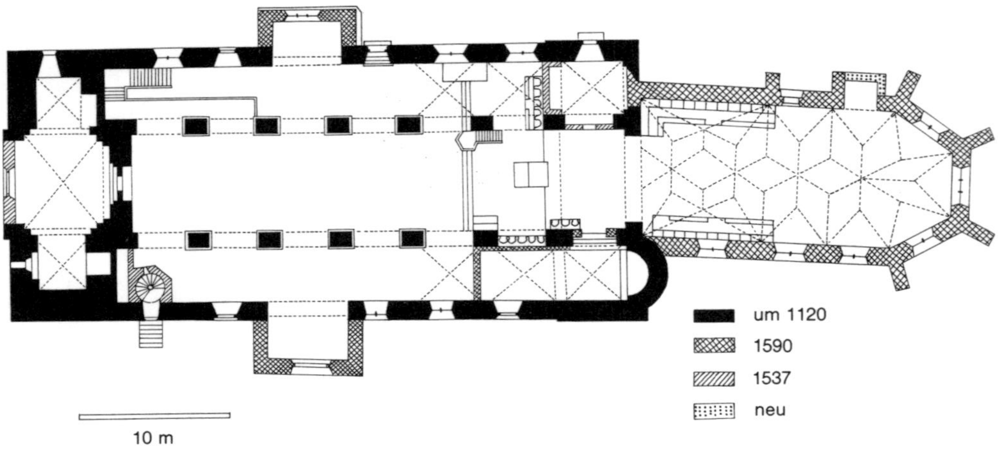

Auhausen
St. Maria

Besichtigung

Aus den Umbauten des 16. Jahrhunderts ist der Kernbestand des romanischen Baus klar abzulesen. Die ehemalige Klosterkirche war eine dreischiffige, im Langhaus flachgedeckte Pfeilerbasilika mit drei parallelen Apsiden im Osten und westlicher Doppelturmfassade mit ursprünglich offener Vorhalle zwischen den Türmen (Bild 74). Die Chorpartie weist eine eigentümliche Einwölbung auf, die an Kastl erinnert. Das tonnengewölbte Sanktuarium wird jeweils von drei Seitenschiffsjochen mit Kreuzgratgewölben flankiert, das östlichste ist durch Gurte »ausgeschieden«. Das geringfügige Vorspringen der Außenmauern ist möglicherweise als ein Anzeichen für die Planung von Chorflankentürmen zu deuten.

Der Außenbau zeigt insbesondere an den drei Geschossen des Nordturms die entwickelte Formensprache des 13. Jahrhunderts. Ecklisenen, Rundbogenfriese und ein System von flachen Blendnischen gliedern die Turmgeschosse. Stilisierte Lilien füllen die Felder des Bogenfrieses, und unter den Gesimsen verläuft ein Deutsches Band (vgl. Dinkelsbühl, St. Georg). In den beiden Obergeschossen des Nordtums sind zwei geöffnete Klangarkaden in vier Blenden eingelassen, deren mittlere Stützen als Säulchen mit Schild- bzw. Knospenkapitellen gebildet sind.

Die ehemals nach Westen offene Vorhalle wurde in gotischer Zeit vermauert. Der kreuzgratgewölbte Raum wird von den mit Altarnischen erweiterten Anräumen in den Untergeschossen der Türme flankiert. Ein schlichtes rundbogiges Stufenportal führt in das Mittelschiff der Kirche (Bild 73). Die Malereifragmente im Tympanon zeigen Christus in der Mandorla zwischen Engeln.

In seinen wiederhergestellten, ursprünglichen Proportionen vermittelt das Innere der ehemaligen Klosterkirche eine ernste Raumwirkung, die vom Gegensatz zwischen dem schlichten Kastenraum des Langhauses und dem eingewölbten Chor geprägt wird. Die Chorlösung von Auhausen steht in der Nachfolge des Pionierbaus von Kastl.

Literatur

KDB Schwaben, I, S. 47–77; Haas, S. 258 f.

Heidenheim am Hahnenkamm. Die ehemalige Klosterkirche St. Wunibald

Geschichte

Die Geschichte des Klosters Heidenheim steht im Zusammenhang mit der angelsächsischen Missionstätigkeit des 8. Jahrhunderts. 752 stiftete Wunibald, der Bruder des Eichstätter Bischofs Willibald, ein Eigenkloster, das er selbst als erster Abt bis zu seinem Tod 761 leitete.

Die Schwester der beiden Gründer von Heidenheim und Eichstätt, die nachmalige heilige Walburga, wandelte nach dem Tod des Wunibald die Abtei in ein Doppelkloster um und ließ die Gebeine ihres Bruders im Jahr 777 erheben und in eine neuerbaute Krypta überführen. Heidenheim war neben Eichstätt das religiöse Zentrum des kleinen Bistums. Im 9. Jahrhundert bestand das Kloster als Kollegiatstift fort. Beim Bau einer neuen Stiftskirche um 870 wurden die Gebeine der hl. Walburga geborgen und die mittlerweile hochverehrten Reliquien nach Eichstätt transloziert.

In staufischer Zeit erfolgte im Zuge einer Renovatio des klösterlichen Lebens durch benediktinische Reformmönche aus St. Michael in Bamberg, aus Kastl und Banz ein Kirchenneubau.

Weihedaten für die Klosterkirche sind aus den Jahren 778, 870 und zwischen 1183 und 1188 überliefert. Während von den frühen Bauten allenfalls Spuren der Fundamente unter der jetzigen Klosterkirche und mit dieser in der Ausrichtung übereinstimmend nachweisbar sind, stehen von dem in der zweiten Hälfte des 12. Jahrhunderts errichteten romanischen Kirchenbau noch das gesamte Langhaus und

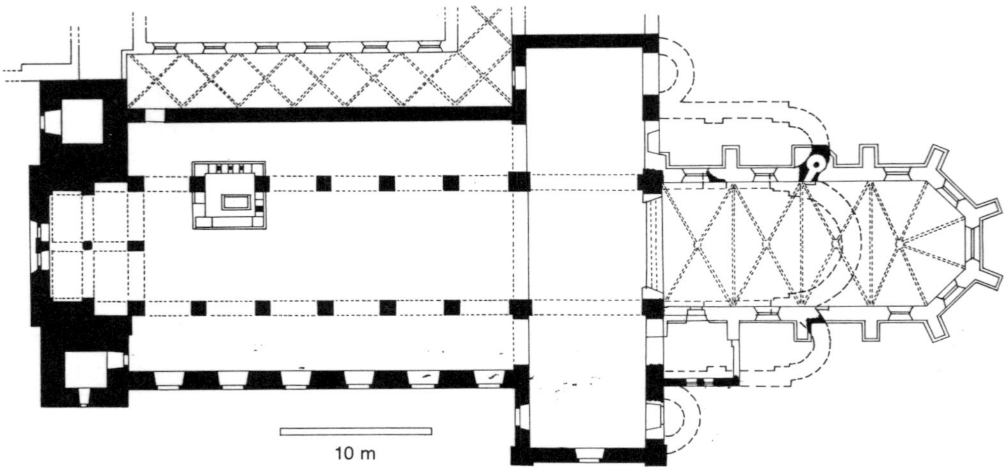

Heidenheim
St. Wunibald

große Teile des Querhauses aufrecht. Seit der Reformation dient die ehemalige Klosterkirche anstelle der 1531 abgebrannten alten Pfarrkirche der evangelischen Kirchengemeinde als Kultraum. Die unmittelbar im Norden angrenzenden, um das Geviert des Kreuzgangs gruppierten Klostergebäude des Spätmittelalters sind größtenteils, wenn auch barock umgebaut, erhalten.

Außer dem gotischen Chor wurden bei späteren Restaurierungen noch das südliche Querhaus und die Außenmauern des südlichen Seitenschiffs (im 18. Jahrhundert) und die gesamten Westtürme (1866/67) ersetzt. Umfassende Restaurierungen erfolgten 1868 bis 1871 und 1967/68.

Besichtigung

Die ehemalige Klosterkirche St. Wunibald in Heidenheim ist eine dreischiffige Pfeilerbasilika Hirsauer Prägung mit östlichem, ausladendem Querhaus und westlicher Doppelturmfassade mit dazwischen gelagerter Vorhalle (Bild 76).

Den Außenbau dominieren die mächtigen Westtürme, die das Langhaus flankieren und mit ihrem quadratischen Grundriß weit über die Flucht der Seitenschiffe hervortreten. Der Oberbau der Türme und wesentliche Teile der Fassade sind jedoch das Ergebnis einer sorgfältigen Wiederherstellung von 1866/67, nachdem aus statischen Gründen die romanischen Türme abgetragen werden mußten. Die ungewöhnliche zweischiffige Vorhalle ist jedoch im romanischen Bestand erhalten, lediglich die Westfassade wurde ihr bei der Restaurierung im 19. Jahrhundert vorgeblendet.

Das Innere der Klosterkirche beherrschen klare Proportionen und einfache architektonische Formen. Die jeweils sechs Langhausarkaden ruhen auf quadratischen Pfeilern mit einfach profilierten Kämpfern aus Kehle und Platte. Die Basen, die erst bei der Tieferlegung des zuvor aufgeschütteten Bodens 1967 wieder zum Vorschein kamen, sind attisch profiliert. Die Obergadenzone trennt ein einfaches Gesims von den Mittelschiffarkaden. Das flachgedeckte Mittelschiff ist doppelt so hoch wie weit, und die Seitenschiffe sind in den Maßverhältnissen entsprechend ausgebildet, doch jeweils nur halb so groß wie das Mittelschiff.

Trotz der späteren Veränderungen und der nur einseitigen Belichtung – die Obergadenfenster der Nordseite sind wegen der angrenzenden Klosterbauten blind – wirkt der Innenraum durch seine großartige Schlichtheit. Anstelle des jetzigen lichtdurchfluteten gotischen Chors, der auch am Außenbau deutlich das romanische Querhaus überragt, muß man sich einen reich gegliederten, mehrfach gestaffelten dreischiffigen romanischen Chor vorstellen. Den an der Nordseite im Sommer 1967 aufgedeckten Fundamentresten zufolge setzten sich die Seitenschiffe über das Querhaus hinaus fort und schlossen mit einer halbrunden Apsis. Die Nebenchöre wurden außerdem von einer halbrunden Apsis im Querhaus flankiert. Der Hauptchor besaß ein annähernd quadratisches Vorjoch mit halbrunder Apsis und war vermutlich durch Arkaden mit den seitlichen Chören verbunden.

Die Chorlösung leitet sich von St. Michael in Bamberg und Prüfening ab. Unklar ist, ob aus der nach Osten zunehmenden Stärke der Fundamente auf Osttürme oder auf eine Wölbung geschlossen werden kann.

Eine Besonderheit Heidenheims ist die als selbständige Kleinarchitektur in den Kirchenraum eingestellte Grabkapelle der hl. Walburga. Es handelt sich um einen Kenotaph, der, nachdem die Reliquien 870 nach Eichstätt überführt worden waren, zu Anfang des 13. Jahrhunderts errichtet wurde. Die Kapelle wurde zwischen den zweiten und dritten Pfeiler unter die Arkade des nördlichen Mittelschiffs eingestellt und springt deutlich in den Kirchenraum vor. Der Grabbau behauptet sich als kubischer, rechteckiger Block, dessen Kanten durch vortretende Ecklisenen, die Bogenfriese miteinander verbinden, verstärkt sind. Der weite, korbbogige Zugang an der Südseite ist wie der Zinnenaufsatz Teil späterer (barocker?) Veränderungen.

An der Nordseite und im Osten sind die ursprünglichen Maueröffnungen mit kleinen säulengestützten Arkaden erhalten (Bild 75). Die drei Säulen der Nordseite tragen teilweise reich mit Palmetten verzierte Kapitelle in stark plastischer Ausarbeitung und weitausladende, wulstbesetzte Kämpferblöcke. Die hochentwickelte Formensprache der Kapitelle mit der feinen Ausarbeitung der Palmettenblätter und Knospen spricht für eine Datierung um 1220/30.

Die gewölbte Kammer der Kapelle birgt im Innern die spätgotische Grabtumba der im ausgehenden Mittelalter weithin verehrten heiligen Walburga. Möglicherweise bezeichnet die Grabkapelle den ursprünglichen Begräbnisort – ihre Situierung zeigt jedenfalls eine überraschende Parallele zur Lage der sogenannten Tumba des hl. Sola im nördlichen Seitenschiff der ehemaligen Klosterkirche in Solnhofen.

Fraglich ist auch, ob das merkwürdige sechseckige Sternornament aus Ziegelplatten im Fußboden des Mittelschiffs im Zusammenhang mit der ursprünglichen Grablege der Stifter (Grabstätte des hl. Wunibald?) steht, oder sollte es sich hier gar um eine süddeutsche Variante der Labyrinthe gotischer Kathedralen handeln?

Heidenheim am Hahnenkamm ist einer jener Vertreter der bayerisch-benediktinischen Reformbauten, mit ausgeprägten lokaltypischen Eigenheiten (Pfeiler statt Säulen, Dreiapsidenchor). Wenn die Vermutung einer partiellen Wölbung der Chorpartie zuträfe, wäre dies als ein weiterer Hinweis auf die bayerischen Geschwisterbauten Kastl und Prüfening und als Parallele zu St. Michael in Bamberg zu bewerten.

Literatur

KDB Mittelfranken, Bd.VI, S. 124–164; Martin Winter, *Münster Heidenheim,* Kleine Kunstführer, München und Zürich 1985; Karl Friedrich Zink, *Die romanische Choranlage der Klosterkirche in Heidenheim am Hahnenkamm,* in: Frankenland, 22 ,1970, S. 208–214; Walter Haas, *Stiftergrab und Heiligengrab,* in: Jahrbuch der Bayerischen Denkmalpflege, 28, 1970/71, S. 115–151; Haas, S. 287.

Diözese Augsburg

Augsburg

Die alte Römerstadt Augsburg an der Via Claudia gehört wie Regensburg zu den Einfallstoren des Christentums in Bayern. Über den Ruinen des römischen Augusta Vindelicorum, der Hauptstadt der Provinz Rätien, entwickelte sich am Hochufer des Lechs die frühmittelalterliche Siedlung. Schon in spätrömischer Zeit kam das Christentum hierher. Die Urpatronin des Bistums, die heilige Afra, erlitt im Jahr 304 den Märtyrertod und wurde südlich der Römerstadt, in unmittelbarer Nähe der heutigen Kirche St. Ulrich und Afra beigesetzt. Es ist anzunehmen, daß Augsburg schon in spätrömischer Zeit Bischofssitz war. In das Licht der geschichtlichen Überlieferung tritt das Bistum erst in der Karolingerzeit. Bischof Simpert erneuerte die Kirche über dem Grab der heiligen Afra und weihte wahrscheinlich im Jahr 807 einen von ihm neuerrichteten Dom. Zwischen den Polen der Domimmunität im Norden und St. Afra im Süden bildete sich allmählich die mittelalterliche Stadt. Seit dem 10. Jahrhundert ist der Prozessionsweg überliefert, der beide Kirchen miteinander verband. Mit dem zwanzig Jahre nach seinem Tod heiliggesprochenen Bischof Ulrich (923–973), der 955 die Ungarngefahr in der Schlacht auf dem Lechfeld gebannt hatte, begann die Blütezeit Augsburgs im Hochmittelalter. Unter den sächsischen und salischen Kaisern spielte Augsburg eine vorzügliche Rolle im Deutschen Reich.

Das aus St. Afra um das Jahr 1000 hervorgegangene Benediktinerkloster St. Ulrich und Afra bestand bis zur Säkularisation. Die große spätgotische Kirche birgt die Gräber der Bistumsheiligen Ulrich und Afra. Während sich im ehemaligen Klosterbezirk – bis auf die südöstlich angrenzenden Ruinenreste der karolingischen Godehardskapelle – keine baulichen Zeugnisse der Frühzeit erhalten haben, wird in der komplexen Baugeschichte des Domes die Kontinuität der Kathedralkirche seit dem 10. Jahrhundert deutlich.

Augsburg. Der Dom Mariä Heimsuchung

Einen Überblick über den Baubestand des Domes Mariä Heimsuchung gewinnt man am besten von dem 1808 von Bebauung freigelegten südlichen Vorplatz am sogenannten Paradeplatz am Fronhof. Der Dom liegt auf einer sanften Anhöhe im Zentrum der auf römischen Fundamenten errichteten Bischofsstadt. Im Osten dominieren die Baumasse und das überhöhte Dach des basilikalen gotischen Umgangschores. Doch westlich der aufragenden mächtigen romanischen Domtürme schließen sich das in seiner ursprünglichen Kubatur hinter gotischen Seitenschiffanbauten deutlich abzulesende romanische Langhaus und das westliche Querhaus an. Der in salischer Zeit vollendete Dom, dessen Bauteile im heutigen Bestand enthalten sind, war eine doppelchörige Basilika mit Querhaus und älterer Krypta im Westen und einem dreischiffigen, flachgedeckten Langhaus von neun rundbogigen Pfeilerarkaden.

Geschichte

Die Baugeschichte des Domes ist vielschichtig und trotz guter Quellenüberlieferung, eingehender Bauuntersuchungen und zahlreicher Forschungen in vielen Punkten ungeklärt. Die erste gesicherte Erwähnung des Doms stammt aus dem Jahr 823. Sehr wahrscheinlich ist die erst 1980 im Ostteil der Westkrypta aufgefundene Chorschrankenplatte mit Flechtwerkornamentik ein Relikt des unter Bischof Simpert (778–807) errichteten karolingischen Domes. In der Vita das Bischofs Ulrich wer-

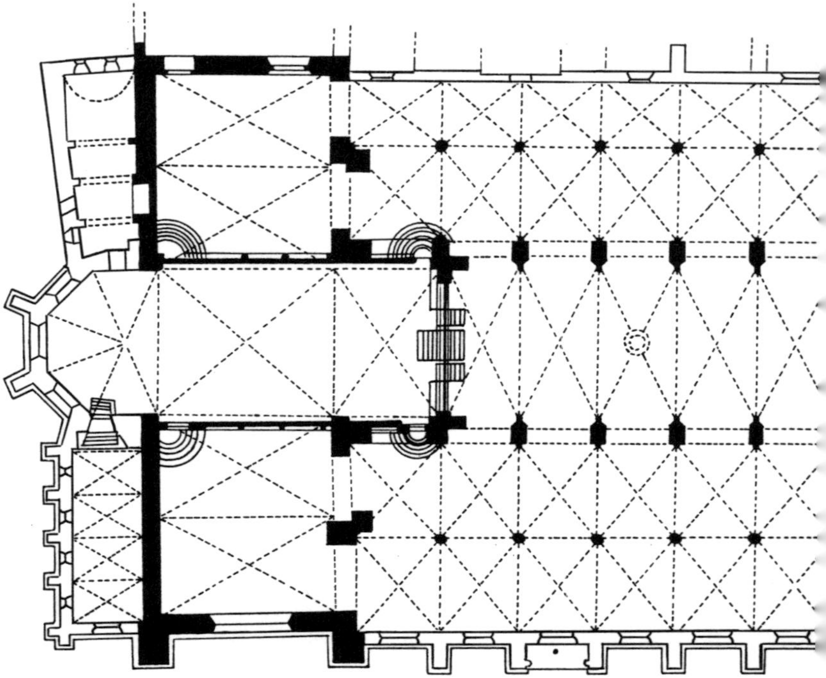

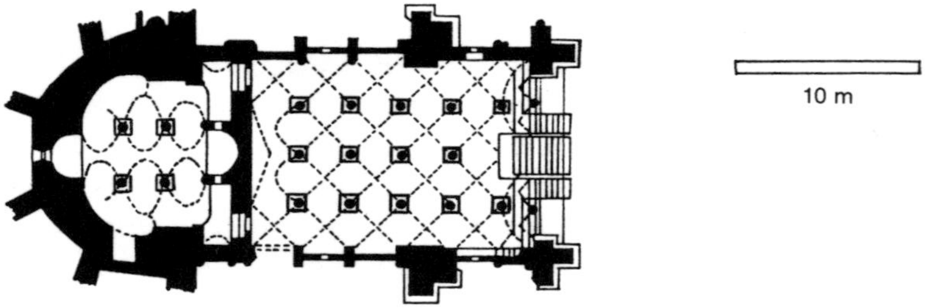

Krypta
unter dem Westchor

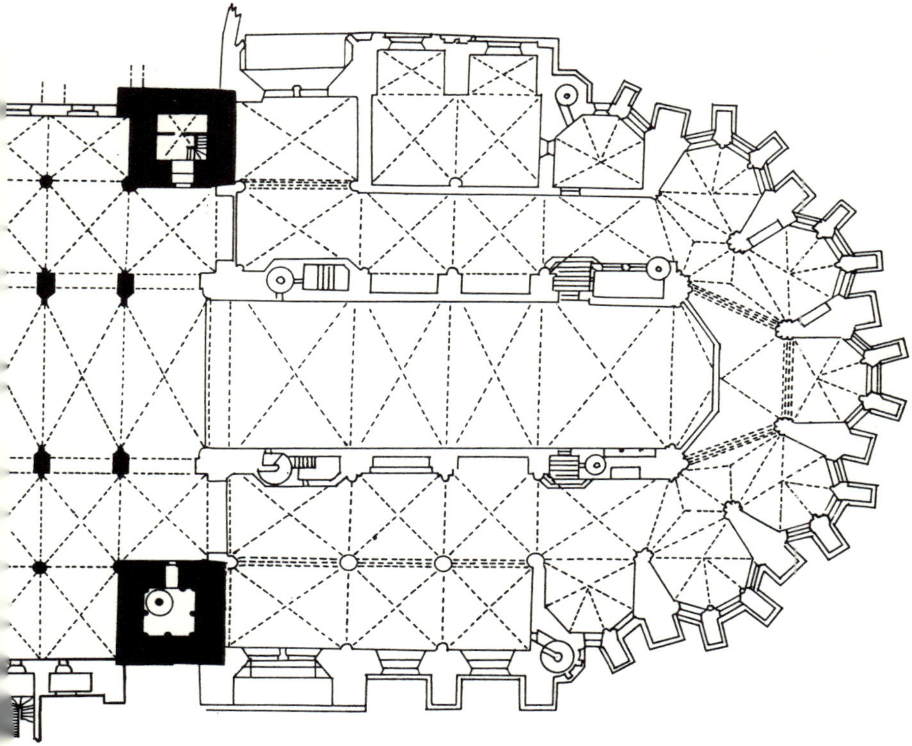

Augsburg
Dom

den Baumaßnahmen an der Krypta überliefert. Nach einem Einsturz oder Teileinsturz 994, den die Witwe Kaiser Ottos I., Adelheid, in einer Vision vorhergesehen hatte, begann unter Bischof Luitold mit Unterstützung der Kaiserin der Neubau, der von den Bischöfen Bruno (1007–1029), dem Bruder Kaiser Heinrichs II. und Berater Konrads II. beim Bau von Speyer und Limburg, von Eberhard (1029–1047) und Heinrich II. (1047–1063) fortgesetzt wurde. 1065 ist unter Bischof Embriko die Weihe des Domes überliefert. Vom Baubestand der doppelchörigen ottonischen Anlage sind heute noch erhalten: die Westkrypta in ihrem älterem Teil, der darüber befindliche Westchor mit dem anschließenden westlichen Querhaus, die Mauersubstanz der Mittelschiffarkaden und die beiden mächtigen Osttürme in der Flucht der Seitenschiffe. Nachdem schon 1229 die Westapsis gotisch erneuert wurde, erfolgte von 1331 bis 1343 zunächst der Ausbau des Westchors, dann wurden das

Langhaus gewölbt und die äußeren Seitenschiffe angefügt und schließlich seit der Mitte des 14. Jahrhunderts der gotische Ostchor anstelle des romanischen Vorgängers, dessen Gestalt nicht gesichert ist, errichtet. Der Bau wurde nach mehreren neuzeitlichen Veränderungen 1852 bis 1863, 1924, 1934 und zuletzt 1983/84 restauriert. Archäologische Ausgrabungen im Bereich der Westkrypta erbrachten 1979/80 interessante, aber schwer zu deutende Befunde.

Besichtigung

Wir beginnen im Inneren mit der Besichtigung des ältesten Bauteils, der zweiteiligen Krypta unter dem Westchor. Vom Langhaus aus steigt man einige Stufen hinab, durchschreitet zunächst die über das Querhaus nach Osten ausgreifende, äußere Krypta und gelangt in den ältesten Kern unmittelbar unter der Westapsis. Die *cripta interior* ist ein Vierstützenraum von drei Schiffen mit einer ungewöhnlichen Bildung der Raumgrenzen (Bild 82). Nach der Beseitigung barocker Grabeinbauten tritt der ursprüngliche Raum wieder klar in Erscheinung. Die Westapsis der Krypta entspricht der westlichen Chorapsis, und die östliche ist zwischen zwei Wandzungen eingetieft. Beide Apsiden sind durch eine Tonne mit stichkappenartigen Quertonneneinschnitten miteinander verbunden. Die seitlichen Gewölbekompartimente laufen nach Westen halbkreisförmig auf die Mittelapsis zu. Der Zugang zur inneren Krypta erfolgte ursprünglich nicht wie jetzt gerade von Osten aus, sondern vermutlich seitlich durch Schachttreppen, die jeweils aus den Querhäusern von Norden bzw. Süden in die Krypta hinabführten.

Den merkwürdigsten Befund stellen heute nicht mehr vorhandene Apsidiolen dar, die am Ansatz der westlichen Rundung in den Raum einsprangen und jeweils nach Osten gerichtete Nischen ausbildeten. Ihre Form zeichnet sich im Grundriß durch Aussparungen im modernen Estrich und durch Abarbeitungsspuren an den Außenwänden und im Gewölbebereich ab. Durch diese eigentümliche Anlage ergab sich in dem kleinen Kryptenraum eine Staffelung von drei östlich orientierten Konchen, die zur Aufstellung von Altären geeignet waren. Der Altar in der Westnische ist modern und mit einem Fragment einer im Fußboden der Krypta gefundenen, flechtbandverzierten ehemaligen Chorschrankenplatte als Antependium verziert. Die Säulen der inneren Krypta haben kurze, stämmige Schäfte mit kaum merklicher Schwellung. Die Basen sind ausgeprägt undübersteil profiliert. Die Kapitelle bestehen aus trapezförmig verjüngten Blöcken, an denen sich feine Grate des Übergangs von der Rundform zum Quadrat abzeichnen.

Mit der archaischen Bildung der Einzelformen und der schriftlichen Überlieferung wurde eine Datierung in die Zeit des heiligen Ulrichs begründet. Doch steht die innere Krypta im Verbund mit dem Bau der Westapsis und ist deshalb im Zusammenhang mit dem gesicherten Baubeginn von 995 zu sehen. Auch aus stilistischen Gründen kann die mit Füssen vergleichbare Stützen- und Gewölbeform nahe an das Jahr 1000 gerückt werden.

Die *cripta anterior* wurde später angefügt (Bild 81). Sie ist bei sehr gedrückt erscheinenden Proportionen vierschiffig und mit tief ansetzenden Gewölben versehen, eine Anlage, die offensichtlich auf die vorgegebene Höhe der Niveaus des Westchors einerseits und des Bodens der älteren, inneren Krypta andererseits zurückzuführen ist. Auffällig ist die Verwendung unterschiedlichster Werkstücke für Säulen, Kapitelle und Basen. Neben Spolien, teilweise aus antiken, teilweise wohl auch aus frühmittelalterlichen Vorgängerbauten, treten als jüngste, datierende Leitform Schildkapitelle und attisch profilierte Basen mit hohen Eckzehen auf, die frühestens in der ersten Hälfte, eher jedoch um die Mitte des 12. Jahrhunderts anzusetzten sind.

Das Langhaus des Domes kann trotz seiner gotischen Einwölbung noch am meisten vom Raumeindruck des Kastenraumes des 11. Jahrhunderts vermitteln. Jeweils acht rundbogige Pfeilerarkaden trennen das Mittelschiff von den Seitenschiffen. Nur die Kämpfer der Arkadenpfeiler, vor die jetzt an den Stirnseiten die jüngeren Gewölbedienste treten, sind mit Platte und Schmiege einfachst profiliert. Den ganzen Innenraum überzieht das Quadernetz einer jüngeren Raumfassung. Der Westchor mit dem eigentlich durchgesteckten Querhaus, das erst durch die Wölbungsvorlagen den Eindruck einer ausgeschiedenen Vierung erweckt, war ursprünglich der Hauptchor. Die wichtige Frage, ob dem Querhaus oder dem Langhaus in der Bauchronologie die Priorität einzuräumen sei, ist aus dem architektonischen Befund zugunsten des Querhauses zu entscheiden, so daß ein Fortschreiten des um 995 begonnenen Bauwerks von West nach Ost anzunehmen ist. Im Osten ist ein apsidialer Schluß zumindest für das Mittelschiff anzunehmen. Die mächtigen Türme flankierten, das sich hier verbreiternde Maß der Arkadenweite bestimmend, die östlichen Partien der Seitenschiffe und stehen mithin sehr weit auseinander, eine Disposition, die auf ein östliches Atrium schließen läßt (Bild 77).

Von herausragender Bedeutung ist der ungewöhnlich reiche Bestand an erhaltener Ausstattung des romanischen Domes. Wenden wir uns zunächst den beim gotischen Umbau erneuerten Obergadenfenstern der südlichen Langhausseite zu, die sich durch einen einzigartigen Zyklus romanischer Glasfenster auszeichnen. Ursprünglich hatte das Langhaus elf von der Arkadenreihe unabhängige Fenster. In fünf in gotischer Zeit bemerkenswerterweise der rundbogigen Form den Glasmalereien angepaßten Fenstern sind ganzfigurige, streng frontal dastehende Prophetengestalten – Jonas, Daniel, Hosea, David (s. Farbtafel) und Moses – in kräftigen linearen Umrissen und flächiger Farbigkeit wiedergegeben. Die monumentalen Figuren gehören zu den ältesten erhaltenen Glasmalereien und sind das bedeutendste Zeugnis dieser Gattung in romanischer Zeit überhaupt. Man muß sich vorstellen, daß die Glasfenster nicht wie jetzt isoliert in die Wandflächen eingelassen waren, sondern durch eine Farbfassung, deren Reste bei Untersuchungen nachgewiesen werden konnten, in ein umfassendes System der Wanddekoration eingebunden waren. Von Albert Boeckler und Hans Wentzel wurde auf die stilistische Nähe zur Buchmalerei aus dem Umkreis des Klosters Hirsau verwiesen, die jedoch erst aus dem zweiten Drittel des 12. Jahrhunderts stammt. Die allgemein akzeptierte frühere Ansetzung der Augsburger Glasfenster in die Zeit um 1100, die auch aus der Bauchronologie erschlossen wird, läßt es jedoch zwingend erscheinen, die Entstehung der Monumentalmalerei vor den Miniaturen anzunehmen.

Einzigartig ist auch der sogenannte Bischofsthron im Westchor, ein aus Stein gearbeiteter Sitz mit halbrunder Rückenlehne, der von zwei Löwen getragen wird. Die plastische Durchbildung der Löwen und die Profilierung der Sockelplatte lassen an eine Datierung noch ins 11. Jahrhundert denken.

Schließlich betrachten wir die berühmte Bronzetür des Domes, die in das neugotische Brautportal der Südseite eingelassen ist (Bild 80). Auf zwei unterschiedlich breiten Türflügeln sind insgesamt 35 als selbständige Teile größtenteils in »verlorener Form« gegossene Reliefplatten montiert und durch Bronzebänder gerahmt. Bei der Abnahme der Bronzeplatten im Zuge der Restaurierung von 1975/76 stellte man fest, daß die schmaleren Tafeln zur Erweiterung der Tür nachträglich in einem anderen Gußverfahren (Hohlguß) hergestellt und in den linken Flügel eingefügt worden waren. Als ursprünglicher Aufstellungsort der verbreiterten Tür kommt ein zu rekonstruierendes Portal südlich der Ostapsis in Frage, das bei der Errichtung des spätgotischen Chors aufgegeben wurde. Bei der Restaurierung im Jahre 1593 wurden verschiedene Bronzeteile und der Holzträger erneuert. Stilistisch sind im wesentlichen zu-

Augsburg, Dom, Glasfenster im südlichen Obergaden des Langhauses: König David. ▷

mindest zwei Künstler zu unterscheiden, die nach ihren prägnantesten Darstellungen Samson- bzw. Mosesmeister genannt werden, wobei letzterem neben dem Mosesrelief auch die schmalen Platten des linken Flügels zuzuschreiben sind (Bild 78 und 79). Die Reliefs des Samsonmeisters sind in weichen, fließenden Formen modelliert, die des Mosesmeisters, die wie aus der Fläche getrieben wirken, zeigen dagegen eine straffere Linienführung sowie eine Verfestigung der Formen in den Gewändern, die durch tiefere Faltenzüge Plastizität gewinnen. Während die malerischer wirkenden Platten des Samsonmeisters Figuren zeigen, die in einem illusionistischen Freiraum zu schweben scheinen, stellt der Mosesmeister sie auf den Boden, der zunächst als Wellenlinie, dann in Form von Erdschollen angedeutet wird. Im einzelnen sind bis heute nicht alle Bildszenen ikonographisch gedeutet. Gleichwohl läßt sich im Programm der Türreliefs der heilsgeschichtliche Grundgedanke erkennen, der in verschiedenen Variationen des Kampfes von Gut und Böse zum Ausdruck kommt und die Erlösung durch Christus im typologischen Sinne verbildlicht. Der Rekonstruktion der ursprünglichen Anordnung der Bronzetafeln nach Adolph Goldschmidt liegt die Annahme zugrunde, daß der rechte Türflügel die originale Bildfolge zeigt. Die Tür besaß in ihrem Urzustand wohl zwei identische Flügel; die Anordnung der eingefügten schmalen Platten ist thematisch nicht sicher zu klären.

Zur Datierung der Bronzetür ergeben sich, neben dem Weihedatum von 1065 als Richtschnur, Anhaltspunkte aus der stilistischen Einordnung der Reliefs, die durchaus in der Mitte des 11. Jahrhunderts denkbar sind. Inwieweit der durch Schriftquellen bekannte und als kunstfertig gerühmte Geistliche Adalrich vom Kloster Tegernsee, das mit Augsburg enge Beziehungen unterhielt, im Zusammenhang mit der Bronzetür steht, ist nicht zu klären. Seine Tätigkeit wäre möglicherweise als ein Hinweis auf eine Herstellung vor Ort selbst zu bewerten. Die Augsburger Domtüren gehören zu einer Gruppe von im 11. Jahrhundert entstandenen monumentalen Bronzetüren; doch unterscheiden sie sich von den im Ganzen gegossenen Türen, wie etwa den massiven, aber schmucklosen Türen des Mainzer Willigisdoms oder der figürlich verzierten Bernwardstür in Hildesheim. Die Technik, einzelne Platten auf einem hölzernen Träger zu befestigen, leitet sich wohl aus Italien von antiken und byzantinischen Vorbildern her; das bekannte Parallelbeispiel von S. Zeno in Verona ist allerdings jünger.

Für den gesamten Süden Bayerns stellt der Augsburger Dom, nicht zuletzt wegen seiner hochbedeutenden bauzeitlichen Ausstattung, das herausragende Hauptwerk der Frühromanik dar. Unter den ottonischen Großbauten greift die Doppelchoranlage mit Westquerhaus wie der Willigisdom von Mainz in seiner Anlage auf das Schema von Alt-St. Peter in Rom zurück.

16710 Altbayern Prod. 26 = 287–294 = 8 Seiten

Literatur

Ulrich Rosner, *Die ottonische Krypta* (40. Veröffentlichung der Abteilung Architektur des kunsthistorischen Instituts der Universität Köln), Köln 1991, S. 280–284; Thorsten Droste, *Die Bronzetüre des Augsburger Domes – Kunstgeschichte und Technologie,* in: Jahrbuch des Vereins für Augsburger Bistumsgeschichte, 14, 1980, S. 7 – 76 und 15, 1981, S. 169–213; Walter Sage, *Die Ausgrabungen in der Krypta des Augsburger Domes,* in: Jahrbuch des Vereins für Augsburger Bistumsgeschichte, 15, 1981, S. 115–139; *Vorromanische Kirchenbauten,* Katalog der Denkmäler bis zum Ausgang der Ottonen, bearb. von Friedrich Oswald, Leo Schäfer, Hans Rudolf Sennhauser, München 1966, S. 28f.; Norbert Lieb, *Der Augsburger Dom als bauliche Gestalt,* in: Schwabenland 1, 1934, S. 321–352; F. Schildhauer, *Die Baugeschichte des Augsburger Domes,* in: Zeitschrift des historischen Vereins für Schwaben und Neuburg 26, 1899, S. 1–78; Gustav von Bezold, *Zur Geschichte der romanischen Baukunst in der Erzdiözese Mainz,* in: Marburger Jahrbuch 8/9, 1936, S. 31–37 (zu Augsburg); Suevia Sacra, Ausstellungskatalog, Augsburg 1973, S. 111–115 (Bronzetür) und S. 220–224 (Glasmalereien).

Augsburg. St. Peter am Perlach

Geschichte

Auf halber Strecke des Prozessionswegs zwischen Dom und St. Ulrich und Afra entstand im Kernbereich der mittelalterlichen Stadt die 1087 gestiftete Kirche St. Peter (Bild 83). Den unter dem Namen Perlach bekannten Westturm der Kirche, 1526 erhöht und 1614 bis 1616 vom berühmten Augsburger Baumeister Elias Holl ausgebaut, nutzte man schon in mittelalterlicher Zeit als Stadtturm. Der bestehende Kirchenbau wurde nach einem Einsturz 1182 als dreischiffige Halle mit einem in Emporengeschossen zum Kirchenschiff hin geöffneten Westbau errichtet. Der zurückhaltend barockisierte romanische Bau wurde nach Kriegsbeschädigung 1954 wiederhergestellt und zuletzt 1982 restauriert.

Besichtigung

St. Peter am Perlach ist das am südlichsten gelegene Beispiel aus der Gruppe der romanischen Hallenkirchen in Bayern. Das Langhaus besitzt vier durch Gurt- und Scheidbogen gegliederte Joche und schloß ursprünglich wohl mit drei Apsiden, von denen jedoch nur die nördliche erhalten ist. Das Mittelschiff ist gegenüber den Seitenschiffen, durch die größere Jochweite bedingt, leicht erhöht. Über die Flucht des Kirchenschiffs tritt der Turmunterbau hervor, der wie ein Westriegel ausgebildet

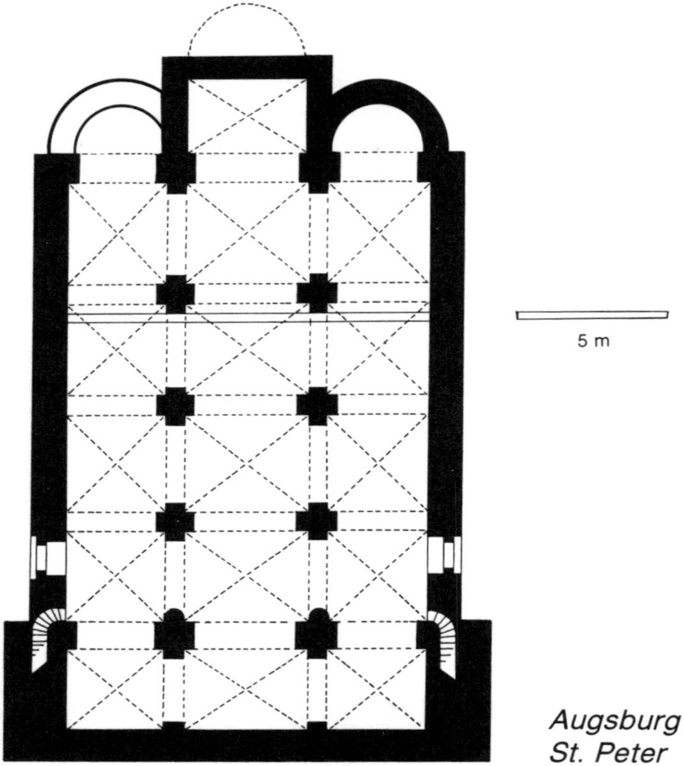

Augsburg
St. Peter

ist. Durch alle drei, auf die Dreischiffigkeit des Langhauses bezogenen Joche verläuft eine Empore. In den verstärkten Außenmauern befinden sich die Turmaufgänge. Am Äußeren des gänzlich in Backstein ausgeführten Baus sind sparsam Gliederungselemente, Lisenen und Rundbogenfriese, eingesetzt. Im Inneren besticht die Klarheit des Raumes, die die wenigen barocken Zutaten kaum beeinträchtigen können. In der bei der Erhöhung des Perlach aus statischen Gründen vermauerten Westempore wurden nunmehr wieder im Obergeschoß Biforien mit reich verzierten Teilungssäulchen freigelegt, die eine für die Spätzeit der bayerischen Romanik kennzeichnende Formenvielfalt auszeichnet.

Literatur

Leo J. Weber, *St. Peter am Perlach*, Augsburg, München und Zürich 1985; L. Stoltze, *Die romanischen Hallenkirchen in Altbayern*, Borna-Leipzig 1929.

Altenstadt. Pfarrkirche, Päpstliche Basilika St. Michael

Geschichte

Über dem kleinen Ort Altenstadt vor den Toren der Stadt Schongau erhebt sich die mächtige Basilika St. Michael. Die stattliche Kirche ist weder eine Klosterkirche noch eine Propsteikirche und gehört auch nicht zu einem Stift. Sie ist die Pfarrkirche der sie umgebenden Ortschaft. Altenstadt war allerdings zu Zeiten ihrer Erbauung um 1200 noch ein Ort von größerer Bedeutung, der in welfischem Besitz stand und den Namen Schongau (*Scongoe*) trug. Bald nach der Errichtung der Pfarrkirche wurde jedoch die neue Stadt Schongau in der Nachbarschaft gegründet. Sie zog nicht nur den Großteil der Bewohner des ehemaligen Alt-Schongau an, sondern übernahm auch den Namen der älteren Siedlung, die ihrerseits seit dem Spätmittelalter Altenstadt genannt wird. Die über dem Nordportal angebrachte Jahreszahl 1220 bietet keinen gesicherten Hinweis auf die Datierung. Aufgrund der stilistischen Einordnung der Bauplastik ist eine Entstehung noch im späten 12. Jahrhundert wahrscheinlich.

In dem heute beinahe zur Bedeutungslosigkeit herabgesunkenen Ort hat sich die romanische Pfarrkirche weitgehend unverändert, vor allem ohne größere barocke Umgestaltung erhalten. Erst 1818 wurde Altenstadt eine selbständige Landgemeinde. Eine umfassende Restaurierung und behutsame Reromanisierung erfolgte 1826 im Auftrag König Ludwigs I. von Bayern durch den Münchner Architekten Friedrich von Gärtner. Der heutige Zustand der Kirche geht auf die jüngste große Restau-

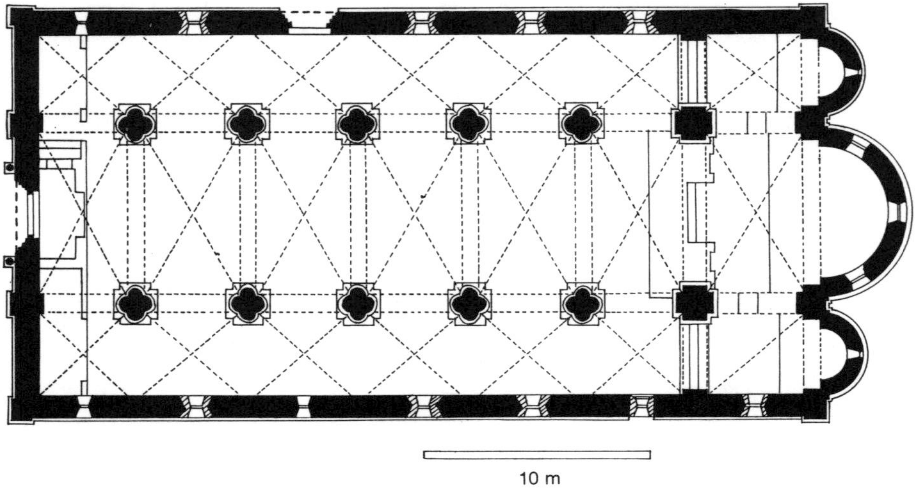

Altenstadt
St. Michael

rierungsmaßnahme 1961/63 zurück. Dabei wurden sämtliche Teile der neuromanischen Ausstattung des 19. Jahrhunderts wieder beseitigt, der Kirchenboden durchgehend tiefergelegt und dem ursprünglichen Niveau angeglichen.

Seit 1992 werden im Zuge einer gegenwärtig noch nicht abgeschlossenen Restaurierung umfassende Befunduntersuchungen durchgeführt, mit dem Ziel, frühere farbige Raumfassungen festzustellen und zu dokumentieren.

Besichtigung

Die Pfarrkirche von Altenstadt ist eine dreischiffige, in allen Teilen gewölbte, querschifflose Pfeilerbasilika. Der Außenbau wird geprägt von den aufragenden Doppeltürmen über den östlichen Jochen der Seitenschiffe (Bild 84). Das Langhaus weist sechs regelmäßige, im Mittelschiff ungewöhnlich stark querrechteckige Joche auf.

Die Schaufassade mit ihren Doppeltürmen befindet sich im Osten. Die 32 Meter hohen Türme erheben sich über den östlichen Chorjochen der Seitenschiffe. Nur die drei den Schiffen der Basilika zugeordneten parallelen Apsiden treten aus der östlichen Fassadenflucht. Wesentlich für den blockhaften Eindruck der Ostfront ist der völlige Verzicht auf horizontale und vertikale Gliederungselemente in den unteren Geschossen, so daß Türme und Mittelteil zu einer Einheit zusammengewachsen erscheinen. Das Dach über dem Chorjoch des Mittelschiffs ist nach Osten abgewalmt; der Giebel des Mittelschiffs tritt in der Außenansicht von Osten nicht in Erscheinung. Mit dem Traufpunkt des Walmdaches über dem Chor setzt eine Gliederung der Türme der jeweils drei nach außen frei sichtbaren Seiten ein. Die drei Freigeschosse der Türme besitzen an den Kanten Ecklisenen und sind jeweils durch Rundbogenfriese und ein Deutsches Band voneinander getrennt. Die Lisenengliederung beginnt an der Nord- und Südseite bereits über der Höhe des vom Seitenschiff übernommenen Kranzgesimses in Form eines Rundbogenfrieses. Das oberste, allseitig durch dreifache Klangarkaden geöffnete Turmgeschoß besitzt als einziges eine allseitig umlaufende Gliederung. Der Formenreichtum erfährt eine Steigerung nach oben.

Das zweifach gestufte Rundbogenportal der Westfassade (Bild 85) wird gerahmt von zwei ehemals auf Löwen ruhenden, vorgestellten Freisäulen, die sich in einer profilierten Archivolte fortsetzen (vgl. St. Zeno in Reichenhall). Die ursprünglich vorhandenen Löwen wurden bei der Restaurierung 1828 beseitigt. Vier schlanke, spiralförmig kannelierte Säulen in den Ecken des Portals laufen als entsprechende Wülste oberhalb der reich skulptierten Kapitelle und dem durchlaufenden Palmettenband auf Kämpfer und Sturz fort. Das halbkreisförmige Tympanonrelief zeigt die Darstellung eines Drachenkampfes: Ein mit Schwert, Schild und Helm bewehrter Ritter kämpft gegen den das Bogenfeld beherschenden Drachen und versucht, einen wehrlosen Mann, dem das Schwert entfallen ist, aus dem Rachen des Untieres zu befreien. Vergleichbare Darstellungen aus dieser Zeit finden sich z. B. am Westportal von St. Peter in Straubing, dem Nordportal von St. Maria in Windberg und an der Bestiensäule in der Krypta des Freisinger Doms. Zur Ikonographie der dargestellten Szene bestehen unterschiedliche Deutungen. Wahrscheinlicher als der Hinweis auf den Lindwurmkampf Dietrich von Berns ist wohl die Versinnbildlichung des Kampfes des Guten (Christus als Ritter) gegen das Böse (Teufel als Drachen).

Das schlichtere Portal auf der Nordseite zeigt die gleichen, scharfkantig gezeichneten Blattornamente, hier als Wellenband mit Palmetten und Trauben im Wechsel, die sich in ihrem kerbschnittartigen Relief auch an den Pfeilerkapitellen des Langhauses wiederfinden.

Das Tragsystem der Wölbung bestimmt den Raumeindruck im Innern (Bild 86). Die sechs regelmäßigen, querrechteckigen Mittelschiffjoche werden von Kreuzgratgewölben überspannt und von mächtigen rechteckigen Gurten voneinander geschieden. Die Arkaden des Mittel-

weiter Seite 311

Die Bildseiten

Auhausen. St. Maria

73 *Vorhalle und Westportal.*
74 *Südliches Seitenschiff.*

Heidenheim. St. Wunibald

75 *Arkaden der Walburgiskapelle.*
76 *Vorhalle.*

Augsburg. Der Dom Mariä Heimsuchung

77 *Turm von Südwesten.*
78 *Detail der Bronzetür: die Erschaffung Adams.*
79 *Detail der Bronzetür: die Erschaffung Evas.*
80 *Die Bronzetür des Südportals.*
81 *Westquerhauskrypta.*
82 *Westchorkrypta.*

Augsburg. St. Peter am Perlach

83 *Die Kirche von Südwesten.*

Altenstadt. St. Michael

84 *Die Kirche von Südosten.*
85 *Westportal.*
86 *Langhaus und Chor.*
87 *Das Taufbecken.*
88 *Detail des Taufbeckens: Johannes der Täufer weist auf das Agnus Dei.*
89 *Christus am Kreuz, ehem. Triumphbogen.*

73

HEIDENHEIM

AUGSBURG ▶

78

79

80

82

83

ALTENSTADT ▶

85

86

87

88

89

schiffs sind leicht spitzbogig. Im Gegensatz zum Hauptschiff sind in den Seitenschiffen die einzelnen Joche im Gewölbe nicht durch Gurte getrennt, sondern zu einer durchlaufenden Aneinanderreihung gleichartiger Kreuzgratgewölbe miteinander verbunden.

Wegen der in jüngerer Zeit erhöhten Seitenschiffdächer wird das Mittelschiff nur von einer Teilfläche der ohnehin schon hoch in der Wölbung ansetzenden Fenster des Obergadens belichtet. Die hohe Sargwand, der leicht korbbogige Verlauf der Gurte und die geringe, hoch ansetzende Belichtung verleihen dem Mittelschiff eine eigentümliche Raumwirkung. Man muß sich die ursprüngliche Wirkung des Raumes anders als heute vorstellen, da er jetzt durch die modern veränderten Seitenschiffenster in der unteren Zone sehr viel mehr Licht erhält. Außerdem hat sicherlich eine ehedem differenzierte Farbigkeit das Innere mitbestimmt. Von der mittelalterlichen Farbfassung haben sich trotz mehrerer eingreifender Restaurierungen bemerkenswerte Spuren erhalten; so wurde erst jüngst (1994) an der inneren Westwand eine monumentale Darstellung eines hl. Christophorus entdeckt und teilweise freigelegt, die wohl zumindest aus dem frühen 13. Jahrhundert stammt und – wie die Bauplastik – stilistisch nach Italien verweist.

In ihrer bloßen architektonischen Gestalt tritt der Gegensatz zwischen dem breiten, jochweise gegliederten Mittelschiff und den harmonischen, mehr von der Form der Stützen als vom Gewölbe geprägten Seitenschiffen noch deutlicher in Erscheinung.

Nur im erhöhten, einjochigen Chor sind die Pfeiler, die hier die darüberstehenden Osttürme zu tragen haben, kreuzförmig gebildet, so daß der Chorraum auch optisch im Innern vom Langhaus abgesetzt ist.

Alle übrigen Pfeiler besitzen einen vierpaßförmigen Querschnitt. Sie bestehen aus einem an sich quadratischen Kern, dem an allen vier Seiten halbrunde Vorlagen vorgelegt sind, so daß der Pfeilerkern zwischen den Vorlagen nicht mehr sichtbar ist. Die halbkreisförmigen Vorlagen sind den Wölbungen zugeordnet. Während die seitlichen Vorlagen die ungestuften, blockhaft wirkenden Arkaden tragen, steigen die inneren Halbrundvorlagen über die Kämpferzone der Arkaden hinaus an der ungegliederten hohen Sargwand auf, um die kräftig dimensionierten, unprofilierten Gurte der Mittelschiffgewölbe zu tragen.

Die Pfeiler sind aus sauber bearbeiteten Tuffsteinquadern mit durchlaufenden Lagerfugen gefügt. Die attischen Basen sind kräftig profiliert und besitzen durchgängig Eckzehen. Durch das später angehobene, bei der jüngsten Restaurierung zwar wieder abgesenkte, aber noch immer nicht die ursprüngliche Höhe erreichende Fußbodenniveau fehlt den Stützen weitgehend die Plinthe. Sie scheinen deshalb unvermittelt aus dem Boden herauszuwachsen.

Alle Kapitelle sind kerbschnittartig mit unterschiedlichen Palmettenmotiven und Tierdarstellungen verziert, wobei sich je zwei gegenüberliegende entsprechen. Die Kelchblockkapitelle bestehen aus einer einfachen kubischen Grundform. Der kantige, relativ flache Kapitellblock ist in seiner Struktur deutlich hinter dem ornamentalen Geflecht erkennbar. Der Motivschatz der Ornamentik zeigt eine große Variationsbreite. Jedes Kapitell besitzt eine andere Detailausformung aus stilisiertem Blattwerk, Palmetten- und Sternmotiven. Die Verzierungen sind sehr sorgfältig ausgearbeitet und von hoher technischer Qualität.

In der Taufkapelle, der südlichen Chorapsis, befindet sich der um 1200 entstandene Taufstein (Bild 87). In Form eines weit ausladenden vierpaßförmigen Beckens aus Sandstein zeigt er in vier Reliefs Szenen, die auf die Spende des Taufsakraments bezogen sind (Bild 88 und 89). Ornamentierte Randstreifen verschiedenster Motive von Ranken- und Flechtwerk umschließen den Taufstein als oberen und unteren Abschluß. Breite, halbkreisförmige Bänder rahmen die oberen Darstellungen. In den dazwischenliegenden Zwickelfeldern finden sich die vier Evangelistensymbole als Halbfiguren von Menschenkörpern mit Tierköpfen. Die Umrahmungen der Reliefs bilden ein fortlaufendes, verschlungenes Band. In den unteren vier Zwickeln symbolisieren bärtige Männermasken die vier Paradiesflüsse als Hinweis auf das Taufwasser. Als Hauptszenen sind dargestellt: der Erzengel Michael im Drachenkampf – Johannes der Täufer, der auf das im Medaillon dargestellte Lamm Gottes und die Taube des Heiligen Geistes weist – die Taufe Jesu im Jordan, von Engeln umgeben – die thronende Muttergottes mit Jesuskind auf dem Schoß, kreuzförmige Szepterlilien – Sinnbilder für Kreuz und Lebensbaum – in den Händen haltend.

Den östlichen Abschluß des Mittelschiffs bildet die Hauptapsis des Chores, die von einer hoch aufragenden Kreuzigungsgruppe beherrscht wird. Das monumentale Kruzifix aus dem frühen 13. Jahrhundert (Höhe 3,23 Meter, Spannweite 3,18 Meter) wurde nach einer umfassenden Restaurierung 1939/40, bei der die ursprüngliche Fassung wieder freigelegt werden konnte, an ein erneuertes Eichenkreuz gehängt. Die Assistenzfiguren Maria und Johannes – in Altenstadt befinden sich heute Kopien der Originale, die 1868 an den Bayerischen Staat verkauft wurden und seither im Bayerischen Nationalmuseum in München aufbewahrt werden – sind wohl geringfügig später als das Kruzifix anzusetzen. Kreuzesdarstellungen wie die von Altenstadt befanden sich häufig als Triumphkreuze am Chorbogen romanischer Kirchen Süddeutschlands. Mit weit ausgebreiteten Armen, die fast im rechten Winkel von dem schmalen Körper ausgestreckt sind, hängt die hoch aufgerichtete blockhafte Gestalt am Kreuz. Der Altenstadter Kruzifix gehört dem romanischen Viernageltypus an. Sein gefälteltes Lendentuch reicht bis zu den wenig nach vorn abgeknickten Knien. Das überlebensgroße Kruzifix, dessen Verehrung sich in der alten Bezeichnung »der große Gott von Altenstadt« ausdrückt, ist eine Darstellung des siegreichen, majestätischen Christkönigs, der Tod und Hölle überwunden hat. Christus trägt als Zeichen der königlichen Würde einen Goldreif statt der Dornenkrone. Das ernste Antlitz, gerahmt von einem Vollbart und langem, zu zwei Strähnen geformten Haar, neigt sich leicht nach vorn, die offenen Augen sind eindringlich auf den Betenden gerichtet.

Die verschiedentlich für bayerische Kirchenbauten der Romanik postulierten Zusammenhänge mit Oberitalien sind in Altenstadt konkreter als andernorts greifbar. Lombardische Einflüsse werden vor allem in der Ornamentik der Bauzier sichtbar. Am deutlichsten weist die Technik des Kerbschnitts nach Italien.

Vorbilder für die in Altenstadt tätigen Steinmetzen waren oberitalienische Bauten wie S. Ambrogio in Mailand (Motiv der Rankenverschlingung), S. Pietro in Ciel d'Oro, Pavia (Motiv der Laubbänder an Kämpfer und Sturz der Portale), S. Michele in Pavia (Palmettenmotive und Palmblattfächer an den Kapitellen) und S. Zeno in Verona (Freisäulenportal mit Löwen, dort freilich mit Baldachinvorbau).

In der Raumbildung steht Altenstadt in Bayern isoliert. Es ist der erste (und einzige?!) konsequente Wölbungsbau im schwäbisch-altbaierischen Bereich. Ungewöhnlich ist hierbei der Verzicht auf das gebundene System zugunsten durchgehender Traveen, der in Deutschland an Großbauten der Zeit nur noch in der Klosterkirche Maria Laach am Mittelrhein begegnet. Eine Herleitung der Raumform von oberitalienischen Vorbildern, wie etwa S. Savino in Piacenza (Kluckhohn) scheint wegen der gänzlich anderen Strukturierung des Innenraums nicht gerechtfertigt. Die dreischiffige querschifflose Basilika mit drei parallelen Chorapsiden ist ein Kennzeichen bayerisch-alpenländischer Romanik, das in zahlreichen Bauten der Region auftritt (vgl. etwa Straubing, Petersberg, Reichenhall). Diese oberitalienischen Vorbilder werden in erster Linie im Motivischen und weniger im Stilistischen wirksam. Die Bildung des Ornaments ist in Altenstadt härter und weniger plastisch als in Oberitalien. Deshalb ist mit gutem Grund anzunehmen, daß in Altenstadt einheimische Meister in Kenntnis der oberitalienischen Vorbilder tätig waren und nicht italienische Wanderkünstler für den Export der Formen über die Alpen verantwortlich zu machen sind. Die stilistischen Beziehungen weisen auf eine Tätigkeit der gleichen Bauleute wie in Straubing, Steingaden und beim Niedermünster in Regensburg hin.

Literatur

KDB Oberbayern, I, (Hager), S. 573–576; Haas, S. 45, 250; Weber, S. 118–123; Ernst Förster, *Die St. Michaeliskirche in Altenstadt bei Schongau*, in: Deutsche Kunstblätter 1 (1850), Nr. 16; Ottmar Schuberth, *Romanische Basilika »St. Michael« in Altenstadt bei Schongau*, in: 22. Bericht des Bayerischen Landesamtes für Denkmalpflege 1963, 1964, S. 74–83; Erwin Kluckhohn, *Die Bedeutung Italiens für die romanische Baukunst und Bauornamentik in Deutschland*, in: Marburger Jahrbuch, 16, 1955, S. 1–120; Karlinger, S. 95–97; Ingeborg Wiegand-Uhl, *Figurale und ornamentale Bauskulptur der Romanik in Bayern und der Lombardei*, Diss. München 1975; Bertold Riehl, *Denkmale frühmittelalterlicher Baukunst in Bayern*, München 1888, S. 54–57; Georg Hager, *Die romanischen Kirchen Schwabens*, München 1887; Franz Dambeck, *Restaurierung des Kruzifixus von Altenstadt*, in: Jahresbericht des Bayerischen Landesamtes für Denkmalpflege 1918–1951, 1951, S. 28–31.

Steingaden. Das ehemalige Prämonstratenserkloster St. Johannes Baptist

Geschichte

Für die Bauzeit der Prämonstratenserklosterkirche Steingaden sind eindeutige Grenzen zu umreißen. Zwischen der Gründung durch Herzog Welf VI. 1147 und der Schlußweihe 1176 muß der Bau weitgehend ausgeführt worden sein. Die dreischiffige Basilika war ursprünglich flach gedeckt und folgt in ihrer Anlage dem altbaierisch-alpenländischen Schema. Die Klosterkirche wurde jeweils nach Zerstörungen im Bauernkrieg 1525 und im Dreißigjährigen Krieg 1646 verändert wiederhergestellt. Der Raumeindruck im Innern wird vor allem durch die prachtvolle spätbarocke Ausstattung geprägt.

Seit der Aufhebung des Stifts in der Säkularisation dient die ehemalige Stiftskirche als Pfarrkirche. Von den Klostergebäuden sind nur geringe Teile des Kreuzgangs sowie die romanische Johanneskapelle erhalten.

Besichtigung

Der ehemalige Klosterbezirk wird von den beiden Türmen an der Westfassade der Kirche überragt. Zwischen den in der Flucht der Seitenschiffe angeordneten Türmen liegt eine Vorhalle, die bis in Traufhöhe des Langhauses mit den Türmen verbunden ist. Der im unteren Teil blockhaften Westfassade, die durch ein Pultdach quer zum Langhaus gedeckt ist, wurde in der Spätgotik eine weitere Vorhalle angefügt.

Das Hauptportal der Kirche in der inneren Vorhalle mit modern erneuertem Tympanon ist zweifach gestuft und besitzt eingestellte Säulen und abgefaste äußere Gewändekanten.

Die interessantesten Teile der romanischen Bauskulptur bergen die Reste des in der Spätgotik überwölbten Kreuzgangs, den man vom südlichen Seitenschiff aus erreicht. Erhalten blieb nur die Arkadenreihe des westlichen Flügels mit dem angrenzenden, im 15. Jahrhundert veränderten romanischen Brunnenhaus. Doppelarkaden, bzw. dreifache Arkaden sind zu Gruppen zusammengefaßt, die an der Hoffassade von Blendbögen überfangen werden. Die Trennungssäulchen sind teilweise einfach, teilweise gekuppelt und sehr variantenreich in der Ausbildung der Schäfte. Nur wenige Säulen besitzen ausgesprochene Kapitelle; mehrfach sind Kapitell- und Kämpferblock zusammengefaßt und in der Oberfläche mit stark ausgewitterten, flachen Kerbschnittornamenten, teils in streng geometrischen, teils vegetabilen Formen überzogen. Der Formenreichtum scheint aber durch die einheitliche tektonische Struktur gleichsam gezügelt. Der enge Zusammenhang, vor allem in der vegetabilen Ornamentik mit dem Kreuzgang des Niedermünsters in Regensburg macht eine Datierung ins späte 12. Jahrhundert, bald nach der Weihe der Klosterkirche, 1176, wahrscheinlich.

Johanneskapelle

Der Stiftskirche vorgelagert, steht in dem sie umgebenden Friedhof ein romanischer Zentralbau: die außen kreisrunde, im Innern aus vier flachen Rundnischen gebildete Johanneskapelle (Bild 90). Sie wurde nach der lokalen Tradition als Grabkapelle für den Stifter Welf VI. nach dem Vorbild der Jerusalemer Grabeskirche errichtet, wodurch auch ihre ungewöhnliche Rundform überzeugend erklärt würde. Nach den Untersuchungen von Georg Hager soll der gesamte Bau 1511 abgetragen, an den jetzigen Standort versetzt und gleichzeitig eingewölbt worden sein; eine kühne These, die aber durch Spuren von Zangenlöchern an den Quadern bestätigt wird. Den Außenbau gliedern kräftig vortretende Halbsäulen auf Lisenen mit Rundbogenfries, dessen freie Bögen auf Konsolen aufruhen, und ein den ganzen Bau umlaufendes Gesims mit Zahnschnittfries. Die Halbsäulen mit den weit ausladenden Kapitellen lassen vermuten, daß eine weitere vorgelegte Wandschicht konzipiert war.

Von bester Qualität ist die spärliche Bauzier. Links und rechts des einfach gestuften Portals an der Nordseite sind in die Wandflächen der Rundkapelle Löwenreliefs eingelassen, von denen das rechte durch die angrenzende spätere Überbauung weitgehend zerstört wurde (Bild 91). Auch der Kopf des linken Portallöwen ist stark beschädigt, doch zeigt sich in der gelungenen Darstellung der katzenhaft gewandten Bewegung eine außerordentliche bildhauerische Qualität. Formal schwächer ist dagegen das von einem kordelartig gedrehten Bogen umrahmte Tympanonrelief mit dem Brustbild des segnenden Christus, flankiert von der betenden Maria und Johannes dem Evangelisten. Inwieweit das jüngere Patrozinium Johannes des Täufers einen Hinweis auf eine möglicherweise spätere Funktion der Totenkapelle als Baptisterium gibt, muß offenbleiben.

Die Bauskulptur in Steingaden ist fortschrittlicher als die in der nahegelegenen Welfenstiftung Altenstadt und sicher in allen Teilen jenseits der überlieferten Kirchenweihe von 1177, die der Johanneskapelle erst nach 1200 anzusetzen. Die flache Ornamentik des Kreuzgangs aus geometrischen Sternmustern, Ranken und Palmettenmotiven knüpft im Motivischen an tradierte Vorbilder aus den lombardisch beeinflußten Bauten an. Die Steingadener Bauplastik besitzt eine Feinheit in der Durchbildung, besonders an den spärlichen figuralen Elementen der Kreuzgangsäulen, die etwa der Stilstufe des Altenstädter Taufsteins vergleichbar ist.

Literatur

KDB Oberbayern, Bd. I, S. 598–604; Georg Hager, *Die Bau- und Kunstdenkmale Steingadens*, in: Oberbayerisches Archiv, 48, 1893, S. 124–177; Karlinger, S. 107; Strobel, S. 110; Weber, S.126–130.

Füssen, Wandmalerei der Krypta: St. Magnus und St. Gallus. ▷

Füssen. Die Krypta von St. Mang

Geschichte

In Füssen, am Austritt des Lechs aus den Alpen, gründete der von St. Gallen ins Allgäu gekommene heilige Magnus um 725 eine Zelle, unmittelbar am Steilufer des Flusses. Fraglich ist, ob die vom mittelalterlichen Baubestand einzig überkommene Krypta möglicherweise noch Reste einer 764 errichteten Salvatorkapelle enthält. Bereits nach dem Tod des heiligen Magnus im Jahre 772 sind durch Schriftquellen für die Zeit zwischen 816 und 830 Baunachrichten für eine Maria geweihte Kirche überliefert. Doch erst mit der Erhebung seiner Gebeine in der Mitte des 9. Jahrhunderts wird ein Kirchenneubau und die eigentliche Klostergründung in Verbindung gebracht. Die mehrfachen baulichen Veränderungen in der Folge lassen sich bis heute angesichts eines komplexen Befunds nicht im einzelnen nachvollziehen. Der Zeit um das Jahr 1000 sind die fragmentarisch erhaltenen Wandmalereien in der Südwand der Krypta zuzuordnen. In hochromanische Zeit fällt sicher auch die Erbauung einer nunmehr dem heiligen Magnus geweihten Klosterkirche als flachgedeckter Basilika mit Querhaus und rechteckigem Chor unter Einbeziehung der genannten Krypta im Osten. Dieser romanische Kirchenbau wich 1701 einem barockem Neubau durch Johann Jakob Herkommer, in den die mittelalterliche Krypta als Substruktion einbezogen wurde. Nach der Vermauerung des Zugangs ist die Krypta in Vergessenheit geraten und erst 1833 wiederentdeckt und in der Folge als St.-Mang-Krypta bezeichnet worden. Anläßlich der Restaurierung 1950

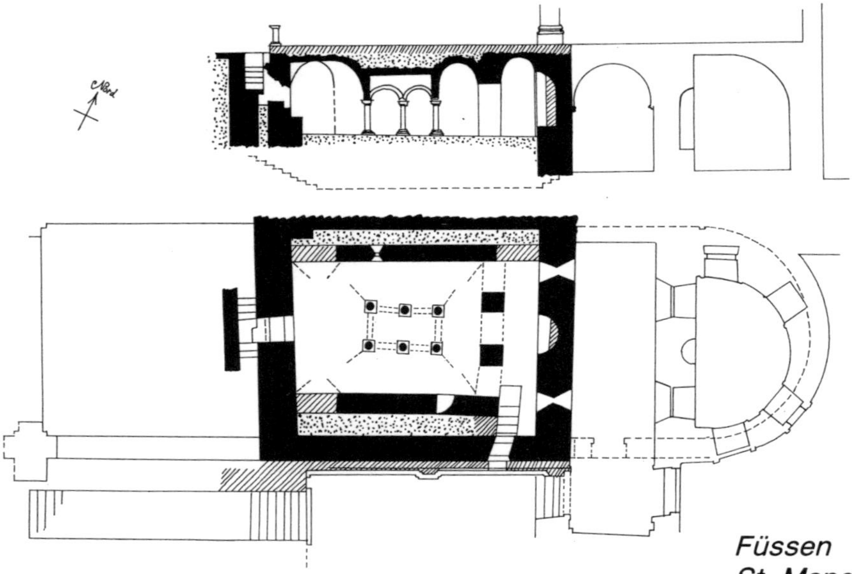

Füssen
St. Mang
Krypta

wurden Wandmalereien mit Darstellungen der Heiligen Magnus und Gallus aus der Zeit um 1000 aufgedeckt und baugeschichtliche Beobachtungen zur Krypta zusammengetragen. 1991/92 begannen eingehende Befunduntersuchungen zur Klärung vieler nach wie vor ungelöster Fragen hinsichtlich des bauhistorischen Zusammenhangs.

Besichtigung

Die Krypta von St. Mang in Füssen besteht aus mehreren einander umhüllenden rechteckigen Räumen. Den Kern bildet ein von sechs Stützen getragener kleiner baldachinartiger Raum (Bild 93). Dieser wird an allen vier Seiten von tonnengewölbten Anräumen umschlossen. Nach Osten öffnet sich unter zwei Arkaden ein weiterer schmaler, mit einer engen Quertonne überwölbter Raum, der eine zentrale östliche Nische aufweist. An der Nord- und Südseite wird das Kryptengeviert nochmals von engen schachtartigen Nebenräumen umschlossen. Die sechs Baldachinstützen mit an den Ecken jeweils quadratischen Pfeilern und Säulen in der Mitte sind untereinander durch rundbogige Arkaden verbunden. Diese Arkadenreihe trennt den Kernraum von den Flankenräumen. An den Schmalseiten im Westen bzw. Osten verbindet ein Schildbogen die Eckpfeiler des mittleren Kleinraums und grenzt diesen damit aus dem Raumgefüge ab. Der innere Raum ist mit einer selbständigen, deutlich tiefer als die Gewölbe der Annexe liegenden Tonne in Ost-West-Richtung überwölbt. Die Tonnen in den umgebenden Räumen verlaufen jeweils in Längsrichtung der vier Teilräume, so daß sich an der Durchdringung der Tonnen gratige Schnittlinien ergeben. In einer äußeren Schale umhüllen die Krypta nochmals sehr schmale Nebenräume an der Nord-, Süd- und Ostseite. Die Disposition der Kryptenanlage ist an sich zentralisierend, wenn auch gleichzeitig durch die Tonnenwölbung des Baldachinraums eine Ausrichtung nach Osten ausgeprägt ist. Die Anlage unterscheidet sich deutlich von einer gewöhnlichen Hallenkrypta. Die Selbständigkeit des Mittelteils mit seinem tiefsitzenden, von Baldachinstützen getragenen Gewölbe verbietet es, von einer Dreischiffigkeit im herkömmlichen Sinn auszugehen. Die zweifache Umhüllung des Kernraums resultiert aus der bis jetzt noch nicht zweifelsfrei geklärten, komplizierten Baugeschichte der Anlage. Die äußeren, stollenartigen Umgänge, zumindest aber die Schmalräume an der Nord- bzw. Südseite sind entstanden, als die bereits vorhandene Kryptenanlage bei dem Neubau einer offensichtlich größeren Kirche gewissermaßen ummantelt wurde. Aus der Befundsituation läßt sich schließen, daß die Umfassungsmauern des Kryptenhauptraums die ältesten Bestandteile der Anlage darstellen. Unter Verwendung von älteren, wahrscheinlich in karolingische Zeit zurückreichenden Mauerteilen wurde dann wohl in einem Zug die Krypta mit dem tieferliegenden mittleren Baldachin errichtet. Möglicherweise lag der Ostabschluß dieser Anlage an der Stelle der trennenden, mit zwei Arkaden geöffneten Ostwand des Hauptraums und nicht erst in der Ostaußenwand mit ihrer Mittelnische. Dies würde bedeuten, daß die heute wie als Trennwand in den Raum eingeschobene östliche Arkadenwand das Ergebnis eines Umbaus bei der Errichtung der vergrößerten Kirche ist. Gleichzeitig mit diesem Umbau dürfte die Erweiterung mit den zusätzlichen engen Anräumen erfolgt sein.

Die architektonischen Details der Krypta wirken altertümlich. Alle Basen sind in stark ausgeprägtem attischem Profil gebildet. Die Kapitelle der Mittelsäulen bestehen aus einfachen Trapezblöcken, die nach einem feinen Profilstab in geometrisch klarer Form den Übergang vom Rund der Säule zum quadratischen Kämpfer bilden. Die Pfeilerkapitelle mit weit ausladendem Kämpfer sind in analoger Form lediglich als mehr oder weniger stark profilierte Schmiege ausgeformt. Sowohl die Säulenschäfte als auch die Eckpfeiler bestehen aus Monolithen. Die primitiv urtümlichen Basen sind ungewöhnlich steil proportioniert; der obere Wulst ist fast so stark wie der untere. Die Basen wirken insgesamt im Verhältnis zu den Säulen überdimensioniert. Sorgfältiger ausgearbeitet als die beinahe unfertig und roh in der Bosse erscheinenden Säulenkapitelle sind die Kapitelle der Eckpfeiler.

In der nördlichen Wand des Hauptraums der Krypta befindet sich ein 1950 aufgedecktes kleines Rundfensterchen von ca. 55 Zentimetern Durchmesser, das als Laibung beiderseits eine merkwürdig konkav ausgebildete muldenartige Vertiefung besitzt, in die ein Okulus mit nur 15 cm Durchmesser eingelassen ist.

Die Einzelformen lassen trotz der Derbheit ihrer Ausführung am ehesten an eine Datierung um das Jahr 1000 oder ins erste Drittel des 11. Jahrhunderts denken. Nächste Vergleichsbeispiele zu den Füssener Kapitellen sind die in der nach 994 erbauten Westkrypta des Augsburger Domes.

Bautypologische Parallelen können ansatzweise in der Ostkrypta des Konstanzer Münsters, der Wipertikrypta in Quedlinburg oder der Erhardskapelle in Regensburg festgestellt werden. Die Sonderform der Füssener Krypta läßt sich möglicherweise aus ihrer Funktion im Zusammenhang mit der Verehrung des Märtyrergrabes erklären. Ob sich das Grabmal des heiligen Magnus unter dem Baldachinraum in der Krypta befunden hat, wie häufig behauptet wurde und wie der moderne Kenotaph an jener Stelle glauben machen möchte, konnte bei jüngsten Untersuchungen nicht eindeutig geklärt werden. Jedenfalls wurden 1994 unter dem Estrich Teile eines Sepulcrums aufgedeckt. Eine archäologische Auswertung des Befunds steht aber noch aus. Vielleicht war das Grab, oder zumindest ein beim Bau der Krypta geschaffenes Reliquiengrab, aber auch im Zwischenraum unmittelbar über dem Gewölbe des Baldachins und dem im Chor errichteten Altar zu Ehren des Heiligen situiert (P. Mertin). Diese These wird auch durch den Bericht über die Bergung des Inhaltes eines Sepulchrums, in dem sich ein hölzerner Stock und Hadern befanden, anläßlich einer Öffnung unter dem Hochaltar im Jahr 1469 gestützt.

Der bedeutendste Befund in der Krypta ist das 1950 freigelegte Fresko an der östlichen Stirnseite einer neu geschaffenen Nische in der Südwand des Hauptraumes der Krypta. Das Wandbild zeigt die Darstellung von zwei mit Beischriften gekennzeichneten, von einer stilisierten Torarchitektur aus schreitenden Ganzfiguren (Farbtafel S. 319). Eine dritte Figur ist an der Abbruchkante der Wand nur noch im Ansatz zu erkennen. Die beiden Gestalten sind als heiliger Magnus und heiliger Gallus bezeichnet. Unklar ist die Identifikation der dritten Figur als heiliger Benedikt oder heiliger Theodor, wohl Teil einer Szene aus dem Leben des heiligen Magnus. Die beiden vollständig sichtbaren Heiligen sind mit einem lebhaften Gestus auf die dritte Figur bezogen. Sie sind ganz »Gebärdefiguren« in Sinne Hans Jantzens. Ihre Entstehung in ottonischer Zeit ist unstrittig.

Stilistisch sind die Malereien übereinstimmend der Reichenauer Malerei der Zeit um 1000 zugeordnet worden. Vergleiche mit der zeitgenössischen Buchmalerei bestätigen diese Einordnung, die nach den bisherigen Erkenntnissen auch mit der Datierung des Baubestands vereinbar ist.

Literatur

KDB (Kurzinventar, Lkr. Füssen, Michael Petzet), S. 22f.; Bernhard Hermann Röttger, *Zur Baugeschichte der Krypta der ehemaligen Klosterkirche St. Mang,* in: Festschrift zum zwölfhundertjährigen Jubiläum des heiligen Magnus, hrsg. von der Stadt Füssen, Füssen 1950, S. 30–34; Walter Bertram, *Die Instandsetzung der St. Magnus-Krypta in Füssen,* in: Festschrift zum zwölfhundertjährigen Jubiläum des heiligen Magnus, hrsg. von der Stadt Füssen, Füssen 1950, S. 34–40; Walter Bertram, *Ein ottonisches Wandbild in der St. Magnus-Krypta in Füssen,* in: Münchner Jahrbuch der Bildenden Kunst, 3, 1, 1950, S. 23–25; Paul Mertin, *Das vormalige Benediktinerstift St. Mang zu Füssen im ersten Jahrtausend seines Bestehens,* Füssen 1965; Vorromanische Kirchenbauten, Katalog der Denkmäler bis zum Ausgang der Ottonen, bearb. von Friedrich Oswald, Leo Schäfer, Hans Rudolf Sennhauser, München 1966–1970, S. 83f.; Ulrich Rosner, *Die ottonische Krypta,* Köln 1991, S. 58–61, 295–300.

Diözese Freising und einstmals zum Bistum Salzburg gehörige Orte

Freising. Der Dom Mariä Geburt und St. Korbinian

Geschichte

Der Freisinger Domberg hat am Rande der weiten Isarauen eine exponierte Lage inne, die ihn schon frühzeitig zur Aufnahme eines »castrums« der Agilolfinger, also eines Herzoghofes, geeignet erscheinen ließ. Zu ihm kam um 720 Bischof Korbinian. Bald nach dessen Tod und Begräbnis in Mais/Südtirol wurde Freising durch Bonifatius endgültig zum Bischofssitz bestimmt. Nach der Rückkehr der Gebeine Korbinians wurde er Bistums- und neben Maria Kirchenpatron. Sein Sarkophag ist bereits um 1170 in der Krypta nachweisbar, wie einem Wunderbericht zu entnehmen ist.

Die Gestalt der frühen Dombauten ist unbekannt. Die Kirche des 9. Jahrhunderts, sicher nicht die erste an dieser Stelle, erlitt 903 einen Feuerschaden und wurde wiederinstandgesetzt. Ihr wurde unter Bischof Abraham (975–994) eine »turris« vorgesetzt, worunter ein Westwerk zu verstehen ist. Vermutlich haben sich Teile von ihm in der heutigen Vorhalle erhalten.

Für die Errichtung des bestehenden Baus mit seiner Krypta war der große Brand vom 5. April 1159 auslösend. Dom, Bischofspfalz, die Kurien der Kanoniker und die Häuser der Ritter fielen ihm zum Opfer. Der Geschichtsschreiber Rahewin sah das Katastrophenjahr durch Zeichen angekündigt, die mit der Vorstellungswelt der Figuren an der Bestiensäule in der Krypta korrespondieren: »Zur selben Zeit sahen auch wahrheitsliebende Kleriker wie Laien bei Nacht gewisse

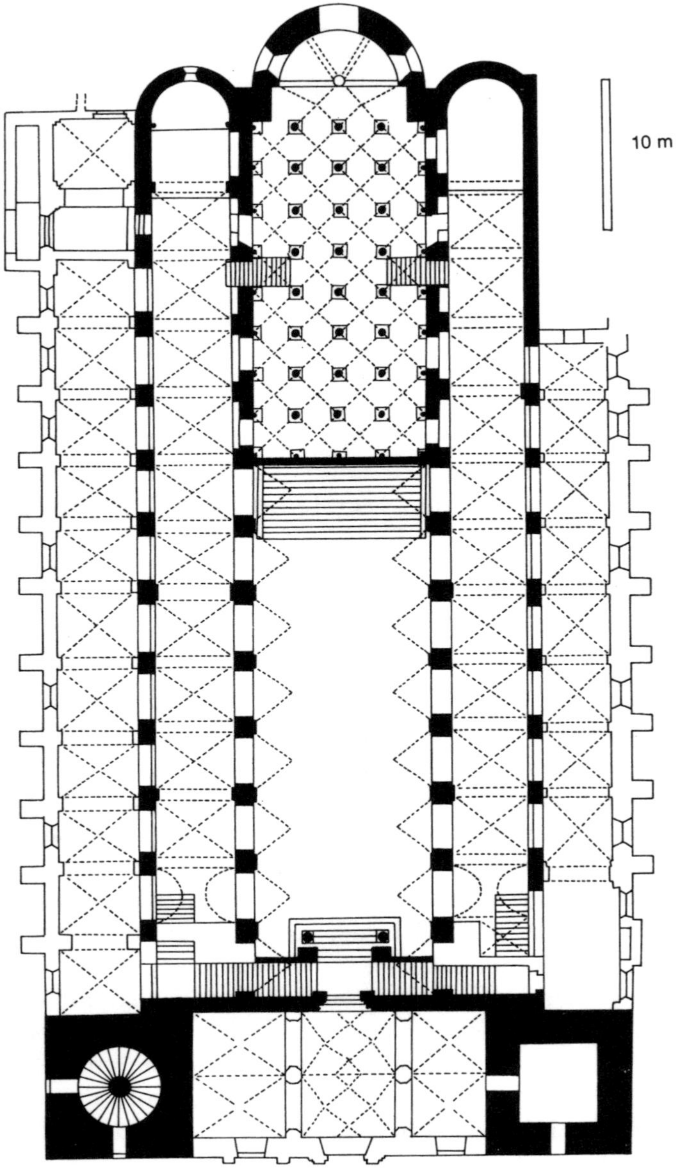

Freising
Dom

vierfüßige Ungeheuer und andere Gespenster hin- und herfliegen.« Damit nicht genug. Vorausgegangen war dem Katastrophenjahr der Verlust der Zollbrücke über die Isar, von Markt und Münze zu Föhring an Herzog Heinrich den Löwen, der damit sein München begründete. Im selben Jahr starb der große Erneuerer der Diözese und Gelehrte Bischof Otto von Freising.

Nach dem Brand muß mit dem Wiederaufbau sogleich begonnen worden sein. Eine (verschollene) Bleitafel aus dem Nonnosus-Sarkophag berichtete von einer Translation zum Jahr 1161. Damals war zumindest die Krypta bereits im Bau, da eine Brandruine kaum für eine Heiligenübertragung in Frage gekommen wäre. Für 1171 gibt es eine Notiz zur Bautätigkeit, worin die Niederlegung einer Mauer geschildert wird. Es ist die Regierungszeit Bischof Adalberts von Hartshausen (1158–84). Auch andere Namen sind überliefert. An einer Kryptasäule steht *LIVTPREHT*; so mag der maßgebliche Bildhauer geheißen haben. Dem Domwerk stand der Konverse Reinmar vor, d.h., der Laienbruder war Bauleiter und Organisator, kaum zugleich der entwerfende Architekt. Am Portal sind Friedrich Barbarossa und Beatrix von Burgund namentlich genannt, wohl zum Dank für Stiftungen und Förderung des Bauwerks durch das Kaiserpaar. Für 1205 ist eine Weihe überliefert, sicher das Abschluß- und Endweihejahr für den Domneubau.

Das heutige Aussehen des Dominneren geht auf Umbauten der Gotik und von 1621–23, besonders aber auf die Barockisierung 1723/24 durch die Gebrüder Asam zurück. Dem nachträglich erweiterten romanischen Bau war ein neues dichtes Kleid übergezogen worden. Nur mit dem Westportal, mit Krypta und Ostabschluß blieben romanische Teile offen sichtbar.

Besichtigung

Dem Freisinger Dom nähert man sich im allgemeinen von der Stadtseite her den Berg hinaufsteigend, bis man in einem geräumigen Hof vor der Doppelturmfassade ankommt. Die auffallend weit auseinanderstehenden Türme tragen keine Gliederung. Der ältere Nordturm, wohl frühes 13. Jahrhundert, ist über einem 6 Meter hohen massiven Tuffsteinunterbau errichtet; erst darüber zugänglich führt eine gemauerte Wendeltreppe um eine Spindel 9 Meter hoch; der obere Teil ist aus Backstein gemauert, wie das auch die Kirche selbst größerenteils ist. Der Südturm kam zu unbekannter Zeit hinzu. Die Besonderheit des einen Westseitturms wurde für ähnliche Anlagen in Moosburg und Isen vorbildhaft. Der Abstand der Freisinger Türme erklärt sich wohl daraus, daß man das ältere Westwerk wegen Treppen-, Vorhallen- und Kapellenfunktion stehenließ.

Betritt man diese Vorhalle durch ein barockes Außenportal, steht man vor einem großen romanischen Säulenrücksprungportal, das seine Vorbilder in Oberitalien nicht verleugnen kann; am Dom von Modena findet sich eines der frühesten. Je drei unterschiedlich verzierte Säulen (mit Wulststäben belegt, glatt, hälftig kanneliert bzw. im Zickzack gedreht) tragen kleine Topfkapitelle, in der Reihung Köpfe dazwischen, darüber wieder unterschiedliche Archivoltenbögen (Bild 94). Das glatte, versenkte Tympanon weist nochmals auf italienische Vorbilder, ebenso der Türstock, beider Kehlen mit kleinen Knollen besetzt. Am auffallendsten aber sind die Figürchen an der äußeren Gewändekante oben, deren Beischriften das dargestellte Kaiserpaar nennen und damit Programmatisches verkünden (Bild 95 und 96).

Links die Sitzfigur ist als *FREDERIC ROM IMPR AUGUST* bezeichnet, also Friedrich Barbarossa. Daneben steht ein Bischof mit Stab und niedriger Mitra, der als Otto von Freising gedeutet wird, der Halbbruder Konrads III. und Onkel Barbarossas. Rechts heißt die Inschrift *CONIUNX BEATRIX COMITISSA BURGUNDIAE A° MCLXI*, die aber erst barock sein dürfte. Die Kaiserin trägt das Lilienszepter und ein Geschenk für den Dombau. Die unten am Gewände emporkriechende Kröte wird als Fruchtbarkeitssymbol und Thronfolgerwunsch der damals kinderlosen Frau interpretiert. Es klingt bekennerhaft (die zweite Ehe Barbarossas war viele Jahre von der Kirche nicht anerkannt) und entschieden gegen den Herzog gerichtet, wenn man hier am Portal so dezidiert an kaiserliche Huld und Macht erinnert.

Romanische Grundformen und Gliederung werden eigentlich nur noch an den Ostteilen sichtbar. Die Apsiden zeigen Rundbogenfriese auf Blattkonsölchen, der Giebel dahinter einen steigenden Rundbogenfries. Der übrige Bau aber verbirgt seine romanische Substanz völlig unter dem barocken Kleid. Dabei ist seit den Bauforschungen Walter Haas' klargeworden, daß der Freisinger Dom insgesamt als dreischiffige Basilika mit Emporen, zu 13 Jochen, flachgedeckt und in drei Apsiden schließend errichtet wurde. Die Emporen sind für Altbayern durchaus ungewöhnlich und mögen mit ihren Öffnungen zum Mittelschiff als bereicherndes Element empfunden worden sein. Das Baumaterial war Backstein. Nur die Gliederungsteile, wie die Halbsäulen an den Apsiden oder die Langhauslisenen bestehen aus Tuffstein, ebenso der älteste Bauteil nach dem Brand, nämlich die Krypta.

Von der einstigen Ausstattung des Doms mit Skulpturen und Denkmälern zeugt der Grabstein Otto Semosers, in der Umschrift als tugendsamer Mann bezeichnet (Bild 101). Der gegen 1200 entstandene Grabstein befindet sich im südlichen Seitenschiff.

Die Domkrypta erstreckt sich vierschiffig und neunjochig unter den fünf östlichen Mittelschiffjochen des Chores, und sie gibt am ehesten den romanischen Formen- und Ideenvorrat wieder, der den 1205 geweihten Neubau getragen hat (Bild 97 und 100). Die drei Säulenreihen haben als Mittelpunkt die Bestiensäule, deren Westseite auf die einstige Querachse ausgerichtet ist, die von den seitlichen Treppenabgängen (vor Anlage der heutigen) gebildet wurde. Die Wandgliederung mit Halbsäulen vor Rücklagen ist gleichmäßig auf einer Sockelbank höhergesetzt, während die Freisäulen mit wechselnden Sockel- und Basishöhen recht ungeregelt erscheinen. Das hat schon zur Annahme geführt, daß älteres Material wiederverwendet wurde, was sich schwerlich beweisen läßt. Die schlichten Würfel- und Kämpferkapitelle der Wandvorlagen alternieren und korrespondieren in etwa miteinander, wobei der Dekor der Südreihe insgesamt reicher ausgefallen ist. Dort gibt es zwei figürliche Kapitelle, so einen Kopf mit Schlange, die sich in den Schwanz beißt, und einen Bartraufer.

Bei den Freisäulen überwiegen die Würfelkapitelle. Eine gewollte Anordnung ist nur als eine sehr lockere spürbar. So entsprechen einander die flankierenden Stützen der Bestiensäule, achteckig mit Eckdiensten, die Kapitelle reicher mit Schlingen, Blattranken und figürlichen Motiven. Südwestlich davon zeigt ein Kapitell Tiere mit verschlungenen Hälsen, aus deren Münder Pfeile kommen. Die erste und letzte Stütze der Mittelreihe sind als Bündelsäulen mit Köpfen an den Basen bzw. Tragefiguren ausgezeichnet (Bild 102).

Formaler wie geistiger Mittelpunkt der Krypta ist aber die Bestiensäule (Bild 98 und 99). Sie hat in französischen Portalpfeilern wie Moissac entfernte Verwandte, aber keine direkten Vorbilder oder Parallelen. Die Freisinger Säule lebt vom Szenischen und der Darstellung heftig agierender Figuren. Eigentlich achteckig angelegt, werden bei allen wuchernden Details klare Anordnungen sichtbar. Wichtige Einzelfiguren sind auf die Diagonale ausgerichtet, die Szenen sind dagegen axial zu lesen. Auch die Berücksichtigung von Himmelsrichtungen mag eine Rolle gespielt haben.

Nach Westen blicken die beiden Adler des Kapitells. Von Westen her klammern sich die beiden großen Drachen an die Säule, der rechte von ihnen verschlingt einen Menschen. Die Südseite zeigt die Kampfszene eines Ritters mit dem Drachen, dem er das Schwert in den Hals stößt. Auf der Ostseite ist eine langbezopfte Halbfigur dargestellt, nach Norden wieder ein Ritter, behängt mit Schwert und Schild, der einen Drachen mit den Armen würgt, während von oben nochmals ein Kämpfender zu Hilfe eilt. In diesen heftig bewegten Szenen stehen sich verschlingende, aggressive Drachen als böses Prinzip und die sich wehrenden oder zu Hilfe eilenden Ritter als gutes Prinzip gegenüber, verknotet wie das Schlangengewürm unten, die Blattranken und blattähnlichen Tierschwänze.

Im Kontrast dazu steht als ruhender Pol, zeichenhaft mit dem Blattstengel vor der Brust, die weibliche Figur, die als Maria-Ecclesia gedeutet wird. Über ihr die Adler, die nach dem Physiologus als Erneuerungssymbol des sündigen Menschen gelten: der Adler verbrenne an der Sonne sein altes Gefieder und tauche dreimal in die reine Quelle, worauf er verjüngt wieder emporsteige. So soll der Gläubige zur Sonne der Gerechtigkeit emporfliegen und die Quelle, nämlich das Wort Gottes, aufsuchen, um wieder jung zu werden wie ein Adler (vgl. Psalm 103, 5).

Die Freisinger Domkrypta verkörpert auf besondere Weise Ordnung und Wucherung, romanische Bildwirksamkeit und Heilsverkündigung. Bei aller Klarheit des Grundrisses haften dem Raum Unüberschaubarkeit, Dämmern und Überraschungsmomente an. Bedrohliches und konkret Erfahrbares in der Figurenwelt verdichten sich so, daß mittelalterliche Denkvorstellungen unmittelbar anschaulich werden. Das macht Freising über Stil- und Qualitätsfragen hinaus zu einem Sonderfall der bayerischen Romanik und wegen seines Erhaltungszustands zu einem Glücksfall.

Literatur

Der Freisinger Dom. Beiträge zu seiner Geschichte, hrsg. von J. A. Fischer, 26. Sammelblatt des Historischen Vereins Freising, Freising 1967; W. Haas, *Der romanische Bau des Domes in Freising,* in: Jb. d. Bayer. Denkmalpflege, 29, 1972–1974, München 1975, S. 18–34; S. Benker, *Freising. Dom und Domberg,* Königstein i. T. 1975; W. Haas, *Der romanische Dom und seine Vorgänger,* in: Freising, 1250 Jahre Geistliche Stadt, 1989, S. 17–25.

Moosburg. St. Kastulus

Geschichte

Die Anfänge des Benediktinerklosters in Moosburg, in dem seit 807 die Verehrung der Gebeine des heiligen Märtyrers Kastulus nachweisbar ist, liegen wohl schon im 8. Jahrhundert. Im 10. Jahrhundert geriet die Abtei in Abhängigkeit der Freisinger Bischöfe, die zumeist in Personalunion gleichzeitig die Äbte von Moosburg stellten. Im frühen 11. Jahrhundert, vermutlich 1021, wurde das Kloster unter Kaiser Heinrich II. und dem Freisinger Bischof Egilbert, zugleich Kanzler des Reiches, in ein Kollegiatstift umgewandelt und die Benediktinerabtei gleichzeitig nach Weihenstephan bei Freising übertragen. Dem Kollegiatstift stand wie der Freisinger Propstei Isen regelmäßig ein Kapitular des Domkapitels vor.

Über den Bau der romanischen Stiftskirche sind nur wenige Daten bekannt. Nach einem Teileinsturz der alten Kirche 1120 sind für die siebziger Jahre des 12. Jahrhunderts Baunachrichten überliefert. Es ist wahrscheinlich, daß unter dem Erbauer des Freisinger Domes, dem Bischof Adalbert (1158–1184), der am Moosburger Westportal dargestellt und inschriftlich genannt ist, auch die Kollegiatstiftskirche von Moosburg vollendet wurde. Für das Jahr 1212 ist eine Weihe überliefert, nachdem die Kirche durch den Brand der südlich unmittelbar anschließenden Burg der Herren von Moosburg in Mitleidenschaft gezogen worden war.

weiter Seite 353

Die Bildseiten

Steingaden. St. Johannes Baptist

90 *Die Johanneskapelle.*
91 *Portal der Johanneskapelle.*
92 *Arkaden des Kreuzgangs.*

Füssen. Die Krypta von St. Mang

93 *Krypta.*

Freising. Der Dom St. Maria und Korbinian

94 *Westportal.*
95 und 96 *Reliefs am Westportal.*
97 *Die Krypta nach Westen.*
98 und 99 *Die sogenannte »Bestiensäule« in der Krypta.*
100 *Die Krypta nach Osten.*
101 *Grabstein im südlichen Seitenschiff.*
102 *Pfeilerbasis in der Krypta.*

Moosburg. St. Kastulus

103 *Tympanon des Westportals.*

Ilmmünster. St. Arsatius

104 *Krypta.*

Isen. St. Zeno

105 *Westportal.*
106 und 107 *Zwei Skulpturen des Westportals.*
108 *Tympanon des Westportals: Christus, auf Löwe und Basilisk thronend.*
109 *Krypta.*

90

91

93 *FÜSSEN*

FREISING ▶

94

96

98

99

100

101

102

MOOSBURG

104

ILLMÜNSTER

ISEN ▶

106

107

FLAGRANS · IN AMORE · FIDEI
HOC · OPVS · AVXISTI · PATEAT · TIBI · GRATIA · XPI

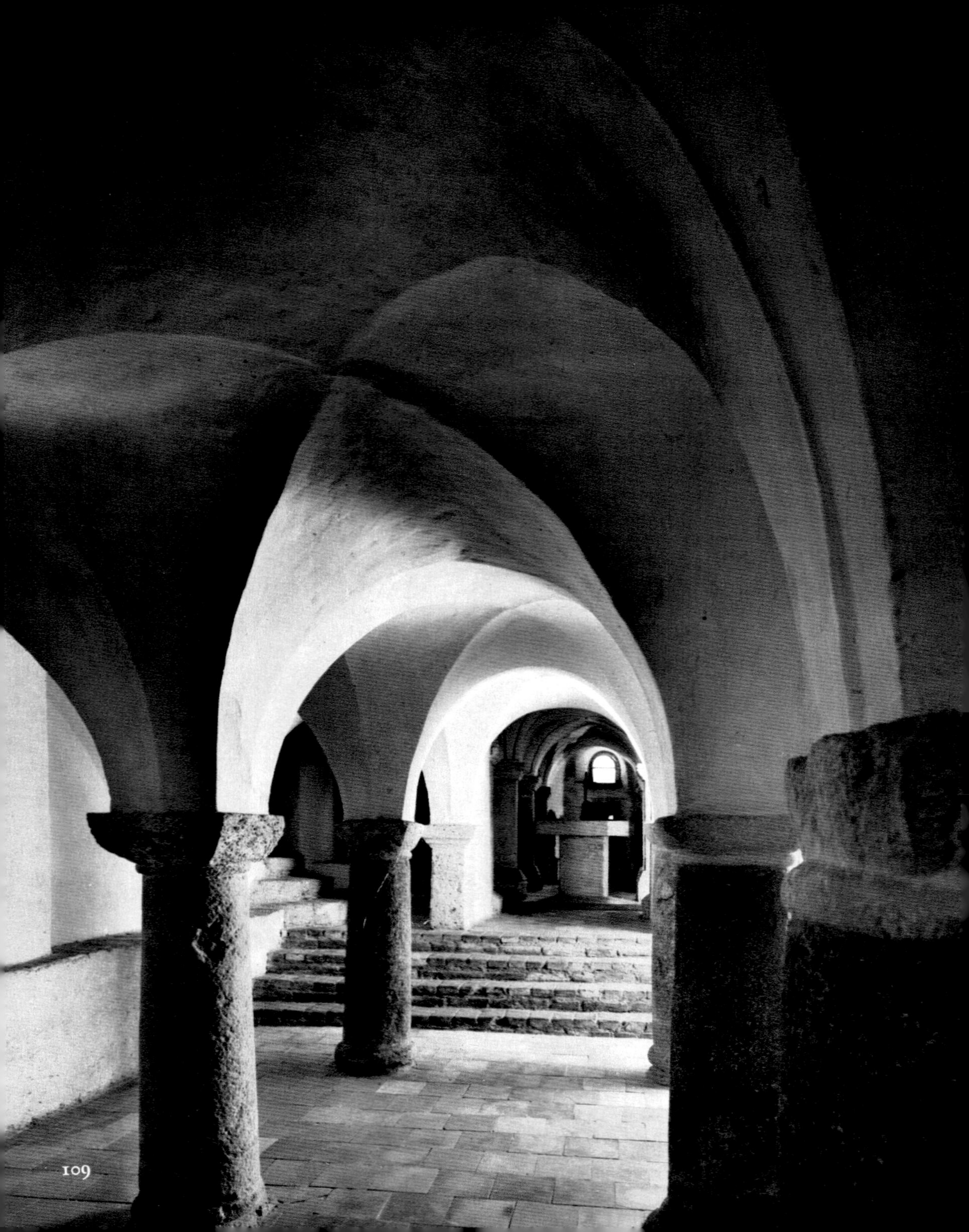

An Veränderungen späterer Zeit sind vor allem die Hinzufügung eines spätgotischen Chors, in dem später dann der großartige Altar von Hans Leinberger aufgestellt wurde und die Einwölbung der Seitenschiffe im 15. Jahrhundert zu erwähnen. Durch die Nachwirkungen der Reformation wurde das Stift Moosburg aufgelöst und nach Landshut verlegt; das zur Pfarrkirche herabgesunkene Kastulusmünster blieb dadurch von eingreifenden Veränderungen verschont. Die schlichte Barockisierung wurde im Zuge zweier Restaurierungen des 19. Jahrhunderts wieder beseitigt; die Folgen der Reromanisierung wurden wiederum 1937 bis 1939 weitgehend getilgt.

Besichtigung

Die ehemalige Stiftskirche liegt auf der höchsten Erhebung zwischen den Moosniederungen am Zusammenfluß von Isar und Amper. Das St. Kastulusmünster von Moosburg ist eine dreischiffige Pfeilerbasilika ohne Querhaus mit ursprünglich dreiapsidialem Chor und einem Westturm in der Flucht des südlichen Seitenschiffes, die Anlage folgt dem im alpenländischen Raum üblichen Schema. Eine Besonderheit ist die Rhythmisierung der zwölf Mittelschiffarkaden im Langhaus durch bis an die Flachdecke aufsteigende Rechteckvorlagen am vierten, bzw. achten Pfeiler, wodurch drei gleichartige Kompartimente entstehen.

Besondere Bedeutung verdient der Außenbau und der plastische Schmuck des Westportals. Die Kirche ist wie der Freisinger Dom ein Backsteinbau. Das romanische Langhaus gliedern außen Lisenen und ein Rundbogenfries unterhalb des Kranzgesimses. Am Westturm verfestigen sich die gleichen Gliederungselemente zu einem dem Baukörper vorgelegten tektonischen Gerüst, wobei an den Kanten der Türme eigentümliche Rückstufungen hinzutreten. Der obere Abschluß und die Bedachung des Turms sind Ergänzungen nach dem Vorbild der Freisinger Domtürme aus dem 19. Jahrhundert.

Das der Westfassade vorgelegte Stufenportal (Bild 103) ist im Gegensatz zum übrigen Ziegelmauerwerk aus grauen Kalksteinquadern ausgeführt. In die drei Rücksprünge sind stark ornamentierte Säulen eingestellt. Seitliche Rahmenpfeiler geben der Portalanlage Zusammenhalt. Die Gewändestufen und die schlanken eingestellten Säulen sind gleich dimensioniert, so daß sich am ganzen Portal im tektonischen Aufbau ein Gleichklang ergibt, der durch die einheitliche Zusammenfassung mit identischen Kapitellbildungen an den Säulen wie an den Gewändestufen verstärkt wird. In den Archivolten überzieht ein an textile Strukturen erinnerndes Geflecht von unterschiedlichen Kerbschnittornamenten gleichermaßen Wülste wie die profilierten Gewändestufen, so daß in der Oberfläche zwischen beiden kein Unterschied mehr festzustellen ist. Das skulptierte Tympanon zeigt in der Mitte den thronenden Christus, flankiert von den Kirchenpatronen Maria und Kastulus, und an den Rändern links kniend mit der aufgerollten Stiftungsurkunde (?) in der Hand Kaiser Heinrich II. und rechts die Stifterfigur des Freisinger Bischofs Adalbert, der das Kirchenmodell präsentiert. Die Figuren sind durch »Tituli« am Sturz bezeichnet: *Hoc tamen magnificum tibi defert Castule templum. Felix antistes, cui sis patrona potestas. Propitius sit rex qui restituit tibi lumen Lucem perpetuo substractum tempore longo* (»Dieses so großartige Gotteshaus bringt Dir, Kastulus, der glückliche Bischof dar, dem du ein mächtiger Schutz sein mögest. Ihm sei auch der König gnädig, der dir wieder den Glanz verlieh, welcher dir so lange Zeit hindurch entzogen war«).

Nicht zum ursprünglichen Bestand gehört die Ausfüllung zwischen dem tiefergelegten korbbogigen Portalabschluß und dem Türsturz, die erst im 19. Jahrhundert entstand und mit Rankengeflecht verziert wurde. An den rahmenden Pfeilern sind anstelle von Kapitellen figürliche Darstellungen, links eine Tänzerin und ein Flötenspieler, rechts die Büste einer bärtigen Gestalt, eingelassen. Auf der Kämpferplatte kauern frontal wiedergegebene Portallöwen. Thematisch und stilistisch folgen die Skulpturen Vorbildern aus dem Umkreis von St. Jakob in Regensburg. In der flächenhaften Auffassung des Ornaments zeigt Moosburg eine besonders reife Leistung der Spätzeit, die in ihrer Konsequenz in Bayern keine Parallele hat.

Literatur

KDB Oberbayern, I, S. 413–422; Karlinger, S. 32–34; Lothar Altmann, *Moosburg, St.-Kastulus-Münster,* Kleine Kunstführer Nr. 1075, München und Zürich 1976; Weber, S. 285–288; Haas, S. 303.

Ilmmünster. Die ehemalige Kollegiatstiftskirche St. Arsatius

Geschichte

Die Anfänge des Klosters Ilmmünster liegen im dunkeln. Ilmmünster ist eine der frühen benediktinischen Gründungen in Altbayern, deren Entstehung noch im 8. Jahrhundert angenommen wird. Als einziges historisches Faktum der Frühzeit ist die Translation der Reliquien des heiligen Arsatius von Rom nach Ilmmünster überliefert. Gesichert ist die enge Beziehung zum Kloster Tegernsee.

Die sogenannte Säkularisation des Herzogs Arnulf, eine Folge der drohenden Ungarngefahr, beendete im 10. Jahrhundert die Existenz des Klosters. 1068 jedoch erlebte Ilmmünster als Chorherrenstift eine Wiederbelebung. Mit der Übernahme der Herzogswürde durch die Wittelsbacher begann die Blütezeit des Chorherrenstifts. Im 13. Jahrhundert entstand der noch bestehende Kirchenbau. 1492 wurde das Stift an die seinerzeit neuerbaute Münchner Frauenkirche verlegt. Im Zuge einer ersten Barockisierung ersetzte man die Flachdecken der Kirche 1676 durch Gewölbe. Anläßlich des tausendjährigen Bestehens, das man aufgrund der legendarischen Überlieferung 1746 feierte, wurde die Kirche nochmals neu gestaltet. 1875 erfolgte die eingreifende Reromanisierung und neuromanische Ausstattung, die den Bau heute prägt.

Bei der letzten Restaurierung 1975 bis 1984 wurde die Raumwirkung in der neuromanischen Redaktion wiederhergestellt. Zugleich konnten bei archäologischen Untersuchungen bedeutende Fundstücke der Vorgängerbauten, darunter der bisher größte Bestand an karolingischen

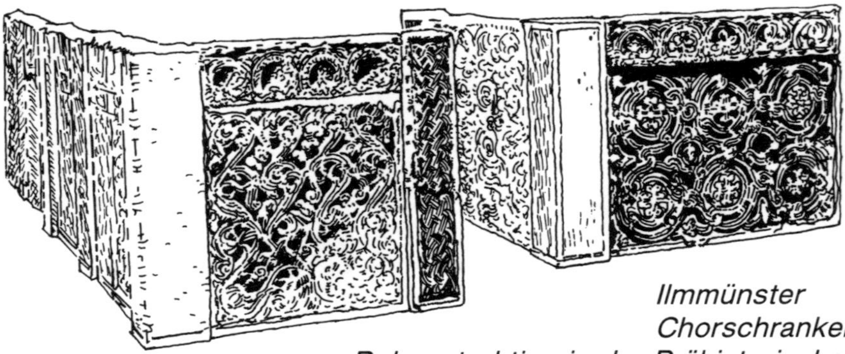

Ilmmünster Chorschranken Rekonstruktion in der Prähistorischen Staatssammlung in München

Chorschrankenplatten in einer Kirche nördlich der Alpen, geborgen werden.

Besichtigung

Die ehemalige Stiftskirche erhebt sich eindrucksvoll und von weither sichtbar mit ihrer Ostfassade über das Ilmtal. Der spätromanische Bau folgt dem in Bayern üblichen Muster der dreischiffigen querhauslosen Basilika. Alle drei Schiffe besitzen östliche Apsiden, deren mittlere die beiden seitlichen an Größe und Formenreichtum deutlich dominiert. Ein Kennzeichen der Hauptapsis ist die Zweischichtigkeit ihrer vorgelegten architektonischen Gliederung. Große Blendarkaden ruhen auf profilierten Vorlagen, die wie Dienste aufragen. Die Knospenkapitelle tragenden Vorlagen übergreifen eine nochmals mit Rundbogenfries gegliederte zurückliegende Wandschicht. Blendbögen umschließen die Fenster. Durch Vergrößerung des Mittelfensters ist der Rhythmus der übergreifenden Blendbogenabfolge in der Hauptachse gestört. Von den Seitenapsiden ist die südliche mit Lisenen und Rundbogenfries, die nördliche mit Lisenen und großen Blendbogen gegliedert. Am steigenden Rundbogenfries des Ostgiebels ist die ursprüngliche Dachschräge unter dem gotischen Steildach ablesbar.

Im Innern beherrscht die neuromanische Ausgestaltung den Raumeindruck der Pfeilerbasilika. Nur die Hallenkrypta unter dem Chor hat ihr romanisches Erscheinungsbild bewahrt (Bild 104). Die Proportionen des sehr breiten Langhauses sind durch die Ausmaße des Saalraumes des Vorgängerbaus bestimmt, der auch die Dimensionen der Krypta festlegte. Die dreischiffige fünfjochige Hallenkrypta weist quadratische Pfeiler, klar ausgebildete Gurt- und Scheidbögen sowie leicht gebuste, gratige Kreuzgewölbe auf. Die Pfeiler des mittleren Jochs haben einen diagonal gestellten Vierpaßgrundriß. Neben einfachen Kämpferplatten gibt es einzelne Knospenkapitelle. Die Krypta reicht bis zum dritten östlichen Langhausjoch, darüber befand sich der Chor der Kanoniker.

Funde aus der unmittelbaren Umgebung des heutigen Hauptchors tragen zur genaueren Datierung des Vorgängerbaus bei. Es handelt sich um flechtbandverzierte Sandsteinplatten, die zu einer Chorschrankenanlage gehörten und beim spätromanischen Neubau als Baumaterial Verwendung fanden. Diese größte und bedeutendste Anlage ihrer Art nördlich der Alpen wird heute – wenn auch nur in Fundstücken fragmentarisch erhalten – in der Prähistorischen Staatssammlung in München museal präsentiert. Die mit variationsreichem Flecht- und Spiralband verzierten Platten werden in Analogie mit anderen erhaltenen Chorschrankenplatten als karolingisch angesehen. Die schönsten Exemplare sogenannter langobardischer Chorschrankenplatten stammen aus Aquilea. Beispiele aus karolingischer Zeit sind vor allem im Alpenraum (Schänis, Chur) erhalten. Von den vereinzelt in Bayern zumeist bei Kirchengrabungen gefundenen Beispielen ist der Bestand aus Ilmmünster am umfangreichsten. Die ursprüngliche Chorschrankenanlage läßt sich aus den Fundstücken nur annähernd rekonstruieren. Sie könnte in der nachgewiesenen karolingischen Kirche im Zuge der aufblühenden Arsatius-Verehrung um 810 eingefügt worden sein. Für die Vermutung, die Chorschranken seien bereits mit einem karolingischen dreischiffigen Kirchenbau in Verbindung zu bringen (Dannheimer), gibt es aus dem Baubefund keinerlei Anhaltspunkte.

Literatur

KDB Oberbayern, I, S. 122–126; Jolanda Drexler-Herold und Angelika Wegener-Hüssen, *Landkreis Pfaffenhofen a. d. Ilm,* Denkmäler in Bayern I.19, München 1992, S. 100–105; Hermann Dannheimer, *Die Chorschranken von Ilmmünster,* München, Zürich 1989; Peter Pfister, *Das Kollegiatstift Ilmmünster,* Pfaffenhofen a. d. Ilm 1981; Haas, S. 290; Weber, S. 337–339; Walter Sage, *Ausgrabungen in der Pfarr- u. ehem. Stiftskirche Ilmmünster,* in: Beiträge zur altbayerischen Kirchengeschichte, 31, 1977, S. 165–174.

Isen. St. Zeno

Geschichte

Nach der legendarischen Überlieferung soll der Bischof Josef von Freising um 747 eine Benediktinerpropstei in Isen gegründet haben, die im 8. und 9. Jahrhundert als bischöfliches Eigenkloster Bestand hatte. Nach der Zerstörung während der Ungarneinfälle 955 wird Isen erstmals wieder 1025 als Witwengut der Kaiserin Kunigunde erwähnt. Am Anfang des 12. Jahrhunderts wurde Isen Kollegiatstift nach der Augustinerregel. Das Stift blieb von Freising abhängig, und die Isener Pröpste gehörten stets dem Domkapitel an.

Von dem wohl noch im späten 12. Jahrhundert errichteten Kirchenbau sind trotz mehrfacher Zerstörungen und Veränderungen beim Wiederaufbau große Teile des aufgehenden Mauerwerks erhalten. Gotische Hinzufügungen sind der Turm und die Westvorhalle. Nach einem Brand wurde die Kirche 1490 in allen Teilen eingewölbt und im 17. Jahrhundert barock ausgestaltet. Anläßlich des 1000jährigen Bestehens erfolgte in den 1750er Jahren die Neuausstattung in zeitgemäßen Rokokoformen. Eine im 19. Jahrhundert von Joachim Sighart, einem der Protagonisten der bayerischen Kunstgeschichtsforschung, betriebene Reromanisierung unterblieb. Restaurierungen erfolgten zuletzt 1896, 1932, 1962 und 1978 bis 1983.

Die im aufgehenden Mauerwerk weitgehend erhaltene romanische Kirche war ursprünglich eine dreischiffige, querhauslose Pfeilerbasilika mit drei parallelen Chorapsiden und östlicher Hallenkrypta. In der Ostansicht ist in der überhöhten Mittelapsis noch das mehrschichtige Gliederungssystem zweier sich überlagernder Rundbogenfriese zu erkennen, die von einer flachen Rechteckvorlage bzw. von Halbsäulenvorlagen mit Würfelkapitell getragen werden.

Aus der gotischen Vorhalle öffnet sich das zweifach gestufte, reich verzierte Hauptportal zum Mittelschiff (Bild 105). Um dem Portalgewände eine tiefe Staffelung geben zu können, treten einerseits die äußeren Säulen vor die Westfassade, andererseits springt das Gewände hinter die innere Flucht der Westwand ins Mittelschiff der Kirche zurück. In die Stufen des Gewändes sind Säulen eingestellt, die als Wülste in den Archivolten weitergeführt sind. Das attische Profil der Säulenbasen läuft ohne Unterbrechung über die Gewändekanten fort. Auffallend ist der gemeinsame, schräg verlaufende Sockel von Säulen und Gewändestufen. Die beiden äußeren Freisäulen zeigen von Freising abhängige Schildkapitelle, die mit stilisierten vegetabilen Ornamenten kerbschnittartig ausgefüllt sind. Dagegen weichen die Kapitelle der eingestellten Säulen vom üblichen Formenkanon ab: Die mittleren sind mit übereinander angeordneten Reihen von kleinen Blattspitzen besetzt, die inneren weisen jeweils übereck gestellte Menschenköpfe mit seitlichen Kerbschnitt- oder Zopfornamenten auf. Die vier Gewändekanten sind in der Kapitellzone jeweils mit figürlichen Darstellungen kleiner kniender Männchen mit abgespreizten Beinen und zum Teil mit erhobenen Armen, in der Art von Atlanten, dekoriert (Bild 106 und 107). Eine der Gestalten faßt mit beiden Händen seinen in zwei Strähnen gespaltenen Bartzopf, ein zweiter stemmt die Arme in die Hüfte, der dritte hält in seiner erhobenen Rechten ein Band, an dem seine ihm offensichtlich abgeschnittene Nase befestigt ist, und der vierte trägt in beiden Händen Blattzweige.

Von in das Portal vorspringenden Konsolen getragen wird der mit flacher Kerbschnittzier geschmückte Türsturz. Das in erhabenem Relief skulptierte Tympanon zeigt Christus auf Löwe und Basilisk thronend, mit dem Buch in seiner Linken und zum Segensgestus erhobener Rechten (Bild 108). Eine das Tympanon umschließende Inschrift in Majuskeln lautet: VODALRICE DEI FLAGRANS IN AMORE FIDEI HOC OPUS AUCXISTI PATEAT TIBI GRATIA XPI (»Ulrich, in Liebe zu Gott entbrannt, hast du dieses Glaubenswerk gefördert, dir sei die Gnade Christi«). Die lobpreisende Inschrift ist auf den Wohltäter der Kirche, den Propst Ulrich (1180–1212), zu beziehen, ein seltener Fall der Nennung einer mit dem Kirchenbau verbundenen Person, zumal an so ungewöhnlich herausgehobener Stelle.

Während die Ikonographie des Tympanons mit der Darstellung Christi als Erlöser offensichtlich ist, bleibt die Interpretation der (Trage)figürchen an der Kapitellzone des Gewändes vieldeutig. Am ehesten lassen sich die Gestalten als Gaukler in Übereinstimmung mit den Figuren an vergleichbarer Stelle am Schottenportal der Regensburger St. Jakobskirche verstehen.

Die dreischiffige Krypta ist in zwei in Bodenniveau und Gewölbehöhe beträchtlich differierende Teile geschieden (Bild 109). Im höheren Ostteil mit Sitznische in der Apsis tragen Rechteckpfeiler die gurtlosen Kreuzgratgewölbe mit geradem Scheitel, während die entsprechenden Gewölbe im tiefer liegenden Westteil einen Stich aufweisen und auf stämmigen Säulen mit flachen Polsterkapitellen und zum Teil steilen attischen Basen ruhen. Die Säulenschäfte sind Monolithe aus Granit, Basen und Kapitelle sind zum Teil aus Tuff oder wie auch die Pfeiler aus Kalkstein gefertigt. Durch die beiden niedrigen, heute vermauerten Rundbogenöffnungen in der westlichen Abschlußwand war die Krypta ehemals einsehbar.

Isen ist historisch und kunsthistorisch ein Ableger des Freisinger Doms. Baugeschichtliche Rätsel gibt die zweiteilige Krypta auf, die beim gegenwärtigen Forschungsstand nicht näher geklärt werden können. Einerseits spricht die archaische Formensprache im westlichen Kryptenteil für dessen zeitliche Priorität, andererseits läßt der Baubefund vermuten, daß eine bestehende Krypta im Ostteil nachträglich nach Westen erweitert wurde. Innerhalb der Entwicklung der Bauplastik im altbayerischen Raum liegt Isen im Schnittpunkt der Einflüsse von Regensburg und Salzburg.

Literatur

KDB, Oberbayern, I, S. 1973–1997; Richard Hoffmann, Johannes Neubauer, *Die Pfarrkirche St. Zeno in Isen,* Kleine Kunstführer Nr. 87, München und Zürich ³1984; Haas, S. 291; Weber, S. 253–257; Karlinger, S. 73–75, 143.

Petersberg. St. Peter und Paul

Geschichte

Die romanische Kirche auf dem Petersberg im Dachauer Land entstand in der kurzen Blütezeit eines Klosters im 12. Jahrhundert. Benediktinermönche besiedelten des Kloster vor 1104, das anstelle der Burg Glonneck der Grafen von Scheyern errichtet wurde. Schon im 11. Jahrhundert hatten Graf Otto II. von Scheyern und seine Gattin Haziga von Aragon ein Kloster in Bayrischzell am Fuß des Wendelsteins gestiftet, in das zwölf Mönche aus der Reformabtei Hirsau einzogen. Wenig später übersiedelte der Konvent nach Fischbachau im Leizachtal und errichtete dort einen Kirchenbau, der 1087 geweiht wurde. Wegen der rauhen Bedingungen bemühte sich das Kloster um erneute Verlegung, die durch Otto III. von Scheyern mit der Überlassung der Burg Glonneck ermöglicht wurde. Die erneute Übersiedlung des Klosters an diesen Ort wurde am 7. November 1104 in einer päpstlichen Urkunde bestätigt. Doch auch in Petersberg hielt sich der Konvent nur bis 1119, als die Niederlassung aufgegeben und endgültig nach Scheyern verlegt wurde, wo sich das Kloster im 13. Jahrhundert zu einem bedeutenden kulturellen Zentrum entwickeln konnte.

Auf dem Petersberg im Glonntal bei Dachau verblieb als Zeugnis des kurzen Gastspiels des Scheyerner Hausklosters nur die 1107 vom Freisinger Bischof geweihte romanische Klosterkirche. Sie liegt heute einsam auf einer Lichtung auf umwaldeter Höhe. Die architektonische Gestalt beruht auf größter Klarheit und konsequenter Einfachheit (Bild 110). Die dreischiffige Basilika von fünf Achsen schließt mit drei parallelen östlichen Apsiden. Die Westfront ist eine schlichte Querschnittfassade. Ein Turm fehlte bis zur Errichtung eines kleinen Aufsatzes auf der südlichen Nebenapsis. Am Außenbau sind jegliche Schmuckformen vermieden. Der Zugang in die Kirche erfolgt jeweils seitlich im Süden und Norden durch niedrige Eingänge.

Der kastenförmige Innenraum ist geprägt von wohlräumigen Proportionen (Bild 111). Die Arkadenreihen des Mittelschiffs besitzen einen eigenartigen Stützenwechsel. Nach einer etwas weiteren Chorarkade weist das Langhaus eine Folge von zwei Rechteckpfeilern, Rundstütze und wieder zwei Rechteckpfeilern auf, also eine einmalige Unterbrechung der Pfeilerreihe. Nur die Rundstütze besitzt eine in steilen Proportionen und mit derben Wülsten profilierte attische Basis. Die Säule endet mit einem Halsring, über dem ein flaches, gestauchtes Schildkapitell ansetzt, während die Rechteckpfeiler aus Schmiege und Platte geformte Kämpfer besitzen.

Die unprofilierten Rundbogenarkaden sind weit geöffnet. Über der niedrigen Sargwand belichten (heute in moderner Blankverglasung) an der Südseite vier und an der Nordseite fünf schlanke rundbogige Fenster das Innere. Die Apsiden im Osten sind in eine eingezogene Schildwand eingelassen. An der Hauptapsis ist der Kämpfer durch ein Profil betont. Durch die Farbfassung sind die seitlichen Wandstücke der Schildbogenarkade wie inkrustierte Lisenen herausgehoben. Die tektonische Gliederung der Apsis wird auch durch die Ausmalung in mehreren Registern unterstrichen.

Die Wandmalereien an der Hauptapsis sind nach der Freilegung 1906 stark überarbeitet worden, die der seitlichen Apsiden zur gleichen Zeit dazuerfunden. Neben dem kleinen Mittelfenster der Hauptapsis befand sich rechts und links die Darstellung der Martyrien der Heiligen Petrus und Paulus. In dem darunterliegenden Register wurde das Bild einer thronenden Maria flankiert von stehenden Engelsfiguren freigelegt. Die Apsiskalotte zeigt am Fuß Fragmente der romanischen Wandmalerei, aus denen Christus als Weltenrichter in der Mandorla, umgeben von den Evangelistensymbolen, sowie die flankierenden Heiligenfiguren von Petrus und Paulus rekonstruiert wurden. Die Ausmalungen der Seitenkapellen sind kompositionellen Vorbildern der Regensburger Buchmalerei der Romanik nachempfunden und erst 1907 durch Professor Hans Haggenmiller ausgeführt worden.

Die Kirche von Petersberg kann heute als ein Musterbeispiel des romanischen Kirchenbaus in Altbayern gelten, nachdem so viele Bauten verlorengingen. Sie verkörpert in reiner Form den Typus der alpenländischen Basilika. Der Bau ist aufgrund der schriftlichen Überlieferung eindeutig zwischen 1104 und 1107 zu datieren.

Literatur

KDB Oberbayern, I, S. 314f.; Haas, S. 278; Hugolin Landvogt OSA, *Die romanische Basilika auf dem Petersberg bei Dachau*, Kleine Kunstführer Nr. 831, München und Zürich [5]1980; Georg Brenninger, *Die romanische Basilika auf dem Petersberg bei Dachau*, Kleine Kunstführer Nr. 831, München und Zürich [6]1986; Weber, S. 319–322.

Frauenchiemsee. Das Kloster Frauenwörth

Geschichte

Die Chiemseeinseln zählen zu den ältesten Stätten alpenländisch-christlicher Kultur in Bayern. Auf den beiden größten, inmitten des Sees gelegenen Inseln, der Fraueninsel und der Herreninsel, sind frühe Klostergründungen bezeugt, wenngleich die Anfänge der Klöster im dunkeln liegen.

Eine vermutete erste Gründung eines Klosters auf der sogenannten Fraueninsel bereits für die erste Hälfte des 7. Jahrhunderts gehört in den Bereich der Legende. Historisch überliefert ist die Klostergründung 766 durch Herzog Tassilo III., wobei aber unklar bleibt, ob sich dies auf das Frauenkloster oder ein parallel gegründetes Benediktinerkloster auf der Herreninsel bezieht. Für den Zeitraum von 770 bis 782 existieren Baunachrichten, 782 weihte der Salzburger Erzbischof Virgil eine Kirche zu Ehren der heiligen Maria. Seitdem die Überreste eines Klosters auf der Herreninsel archäologisch nachgewiesen wurden, sind Zweifel an der Zuordnung der historischen Nachrichten lautgeworden. Die erste namentlich bekannte Äbtissin auf der Fraueninsel war die später (1928) seliggesprochene Irmingard (gest. 866), eine Tochter König Ludwig des Deutschen. Ihr Grab wurde 1861 bei Ausgrabungen von Vladimir Milojčić im Mittelschiff der Klosterkirche aufgedeckt. Der archäologische Befund des Grabes erweist die karolingische Entstehung des im Zusammenhang mit dem heutigen Bau stehenden Vorgängers.

Beide Chiemseeklöster wurden im Verlauf der Ungarneinfälle, wohl 907, zerstört. Während die Niederlassung auf der Herreninsel danach aufgelassen wurde, siedelten Benediktinerinnen schon in der ersten Hälfte des 10. Jahrhunderts wieder auf der Fraueninsel.

Der älteste heute noch stehende Teil des Klosters ist die den Klosterbezirk nach Norden abschließende Torhalle. Die zweigeschossige, im Erdgeschoß in drei Schiffen tonnengewölbte Torhalle ist in die Flucht jüngerer Klostergebäude einbezogen. Die Ausmalung in der Michaelskapelle des Obergeschosses ist ausschlaggebend für die Datierung des Baus, die neuerdings allgemein in ottonische Zeit gesetzt wird. Die Wandmalereien wurden gleichzeitig mit einer Grabungskampagne 1961/62 freigelegt und konserviert.

Die bestehende Klosterkirche stammt im Kern aus der ersten Hälfte des 11. Jahrhunderts. Wohl gleichzeitig entstand der 1395 und 1626 überformte Campanile. Die frühromanische Klosterkirche, ursprünglich eine dreischiffige, flachgedeckte Basilika mit eigentümlichem gerade geschlossenen Umgangschor, erlebte in mittelalterlicher Zeit mehrere eingreifende Veränderungen. Im 12. Jahrhundert stattete man den Bau mit einem groß angelegten Freskenzyklus aus, der sich jedoch wegen späterer Einbauten, insbesondere der spätgotischen Einwölbung der Kirchenschiffe 1472 bis 1476, nur in wenigen Resten erhalten hat. Die im 12. Jahrhundert angebaute Westvorhalle wurde 1468 als Taufkapelle umgebaut und darüber ein neuer Nonnenchor errichtet.

1491 und 1572 brannte es im Kloster, doch blieben der architektonische Bestand der Klosterkirche und die wandfeste Ausstattung weitgehend von Zerstörungen verschont.

Die Barockisierung des 17. Jahrhunderts griff kaum in den Baubestand ein. Nach der Säkularisierung 1803 setzte schon 1836 unter König Ludwig I. die Ordenstradition wieder ein. 1927 bis 1928 erfolgte eine umfassende Restaurierung, bei der Reste der romanischen Wandmalereien im Chor freigelegt werden konnten. Wesentliche Erkenntnisse sind den archäologischen Untersuchungen 1960 bis 1964 zu verdanken. Die jüngste Restaurierung 1977 konnte Walter Haas zu einigen Beobachtungen nützen, die die Kenntnis des romanischen Baus wesentlich erweitern.

Frauenchiemsee, Wandmalerei in einer Bogenlaibung des Chors: Reiherpaare, die aus einem Krug trinken, und Engel. ▷

Die Torhalle

Die Torhalle gehört zum ältesten erhaltenen Baubestand des Klosters (Bild 113). Sie war ursprünglich den Klostergebäuden freistehend vorgelagert. Das Erdgeschoß ist dreiteilig mit einer breiteren, rundbogig geöffneten mittleren Durchfahrt. Die drei quer zur Längsrichtung des Baus von Nord nach Süd angeordneten Schiffe sind jeweils tonnengewölbt. Die seitlichen Räume sind von der Durchfahrt durch je zwei Pfeiler mit engen und niedrigen Arkaden getrennt. An das Torhaus schließt sich östlich ein nahezu quadratischer schmalerer Anbau an, der wohl in beiden Geschossen den Chorraum kleiner Kapellen bildete. Westlich grenzen an die Torhalle ein jüngerer Zwischenbau und das sogenannte Vikariatshaus an.

Das Äußere der Torhalle zeigt sich heute steinsichtig, von allen älteren (historischen) Putzschichten befreit. Die rundbogige Tordurchfahrt öffnet sich ohne ein Gewände, flankiert von Doppelarkaden über niedrigem Sockel in der Flucht der seitlichen Nebenräume. Die Arkadenöffnungen besitzen einfach gebildete Kämpferprofile aus Schmiege und Platte. Im Obergeschoß befinden sich in zentrierter Anordnung drei hoch, nur knapp unter der Traufe ansetzende Rundbogenfenster mit beidseits abgeschrägter Laibung.

Das Innere der Torhalle mutet archaisch an (Bild 115). Die drei tonnengewölbten Schiffe kommunizieren durch niedrige Arkadenöffnungen miteinander. In die seitlichen Räume dringt durch die Doppelarkaden nur spärliches Licht. Während im Westen der Torhalle ein Treppenhaus aus einer – dem Befund der historischen Farbschichten zufolge und nach der Fensterverteilung im Obergeschoß zu urteilen – sekundären aber nur wenig jüngeren Bauphase anschließt, ist dem Torbau östlich ein rechteckiger Annex verbunden, der in beiden Geschossen den Chorraum kleiner dort situierter Sakralräume aufnahm.

Im Erdgeschoß befand sich eine Nikolauskapelle und im Obergeschoß, das den durchlaufenden Hauptraum des Torbaus bildet, die Michaelskapelle. In deren Sanktuarium wurde das 1681 errichtete barocke Ziegelgewölbe 1963 abgebrochen und der ursprüngliche Raumeindruck wiederhergestellt. Von herausragender Bedeutung sind jedoch vor allem die 1961 aufgedeckten monochromen Malereien von Engelsgestalten an den Umfassungsmauern des Chorraums. Nur teilweise erhalten sind die fünf von ursprünglich sechs Darstellungen der Erzengel sowie die knappe architektonische Gliederung durch Pilaster in den Ecken des Raumes. Die Figuren sind als rote Pinselzeichnungen *al fresco* auf weißem Grund mit sicheren Konturstrichen und souverän stilisierter Faltenbildung in den Gewändern aufgetragen. Hans Sedlmayr glaubte die Ma-

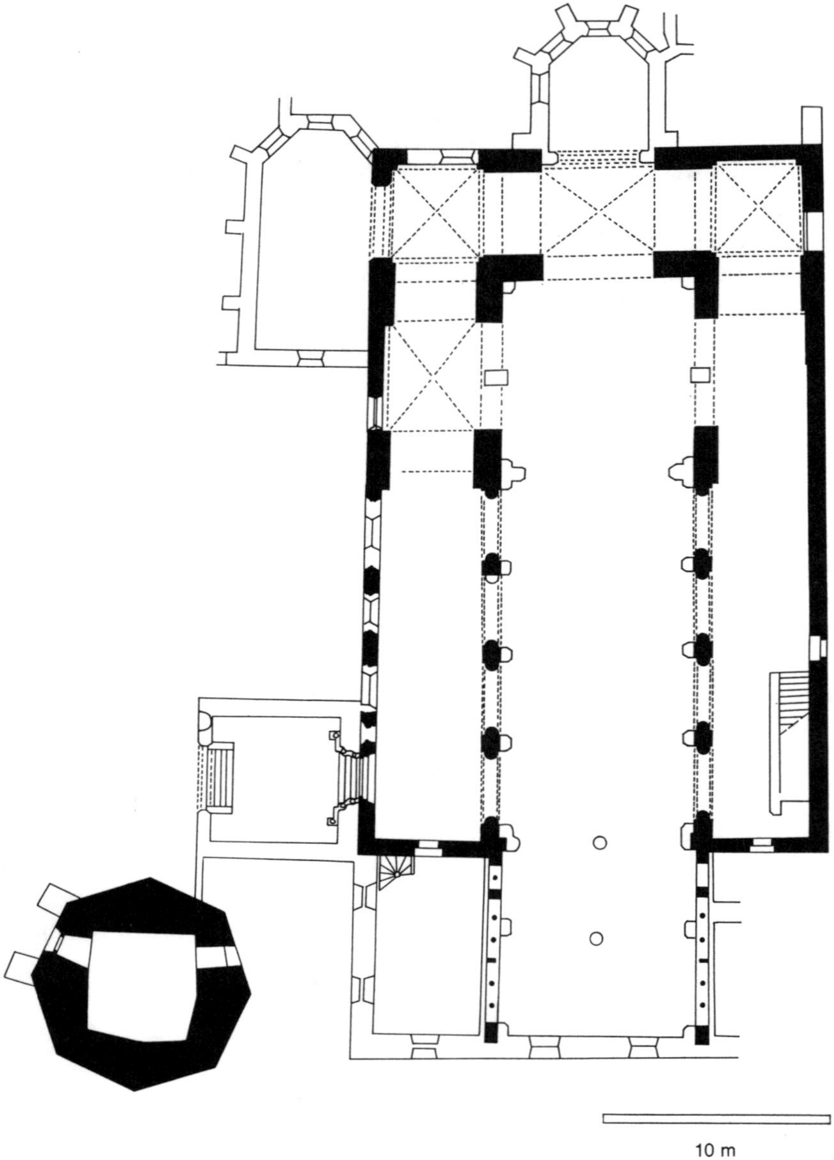

Frauenchiemsee
Klosterkirche

lereien der Torhalle aus stilistischen Erwägungen und unter Berücksichtigung der historischen Überlieferung in die Zeit um 860, also zu Lebzeiten der ersten Äbtissin Irmingard, datieren zu können. Dieser frühe zeitliche Ansatz würde die gesamte Torhalle in spätkarolingische Zeit rükken. Mit sehr viel größerer Wahrscheinlichkeit können die Malereien der Torhalle jedoch in die erste Hälfte des 11. Jahrhunderts datiert werden. Dabei muß außerdem noch die Möglichkeit bedacht werden, daß es sich bei den Malereien um Vorzeichnungen für eine *al secco* geplante Ausmalung handeln könnte, worauf Otto Demus zuerst aufmerksam machte. Die Datierung ins 11. Jahrhundert würde jedenfalls auch besser zur Formensprache der architektonischen Details passen, denn insbesondere die offensichtlich im originalen Verband stehenden Obergeschoßfenster mit ihren schrägen Fensterlaibungen wären in karolingischer Zeit kaum denkbar. Die von Sedlmayr postulierte Nähe zur berühmten Lorscher Torhalle (vgl. D. v. Winterfeld, Die Kaiserdome Speyer, Mainz, Worms und ihr romanisches Umland, Würzburg 1993, S. 23 ff.) besteht vor allem, durch die Funktion begründet, im Typologischen. Der Vergleich der Dekorationssysteme im Kapellenobergeschoß bleibt auch angesichts des komplexen Befunds in Lorsch fragwürdig. Eine Datierung in ottonische Zeit wird neuerdings auch durch dendrochronologische Untersuchungen gestützt, wenn auch letzte Zweifel hinsichtlich der Zuordnung der ins letzte Jahrzehnt des 10. Jahrhunderts datierten Bauhölzer bleiben.

Die Klosterkirche

Die Klosterkirche St. Maria ist als romanischer Bau vor allem wegen ihrer Malereien berühmt. Die Architektur der Kirche erschließt sich aufgrund ihrer zunächst eher unübersichtlich erscheinenden Anlage und der Veränderungen aus jüngerer Zeit dem Betrachter nur schwer. In dem durch spätgotische Umbauten, barocke Ausstattung und nur einseitige Belichtung verunklärten Raum steckt jedoch ein architekturgeschichtlich hochbedeutender frühromanischer Kirchenbau. Um sich den romanischen Kernbau vorstellen zu können, muß man sich zunächst die spätgotischen Wölbungen wegdenken. Es verbleibt – wenn man von einigen Anbauten absieht – dann ein Kastenraum mit einem vierjochigen Mittelschiff und zweijochigem Chorraum, um den die Seitenschiffe rechtwinklig herumgeführt werden, in seiner Art der früheste Chorumgang Süddeutschlands.

Nach den Erkenntnissen von Walter Haas sind in der heutigen Kirche die gesamten Umfassungsmauern im Norden, Osten und Süden, die Längsmauern des Mittelschiffs einschließlich der Trennung von Mittelschiff und Seitenschiff im Chorraum durch Bogenstellungen als vorgotischer Bestand gesichert (Bild 117). Die Längsmauern sind im romanischen Bestand jedoch niedriger als die heutigen nach der Errichtung der spätgotischen Gewölbe. Der westliche Abschluß des Mittelschiffs, die Trennung des Chors vom Langhaus und vor allem die Obergeschosse der Ostteile des romanischen Baues gehen heute ab. Nach Haas hat man sich die Ostteile als eine Art Querriegel vorzustellen, der über Mittel- und Seitenschiff jeweils Emporen aufnahm. Während die mittlere Empore, die sich ehedem wohl zum Chorraum mit Bogenstellungen geöffnet hat, zusammen mit der spätgotischen Johanneskapelle in der heutigen »Institutskapelle« aufgegangen ist, existieren die ursprünglich vorhandenen Eckemporen über den gewölbten Ostjochen der Seitenschiffe nicht mehr. Die Ostanlage von Frauenchiemsee ist in der baulichen Struktur und der Anordnung der Räume im Innern dem Typus karolingischer Westwerke vergleichbar. Im Westen befand sich ehemals, anstelle des jetzigen Nonnenchors, eine nur erdgeschossige Vorhalle. Erstaunlicherweise haben sich die Arkaden des romanischen Baus samt der Pfeiler erhalten. Allerdings treten zum Mittelschiff spätgotische Gewölbevorlagen hinzu. Die romanischen Pfeiler bestanden aus einem rechtekkigen Kern mit halbrunden Vorlagen in der Laibung. Diese gehen ohne Kapitell oder Kämpfer trapezförmig in die rechteckigen, leicht zurückgestuften Arkadenbögen über. Die für bayerische Verhältnisse bemerkenswerte Pfeilerform findet am ehesten in oberitalienischen Vorbildern des 11. Jahrhunderts eine Entsprechung (Nonantola, S. Michele; Ventimiglia, S. Michele).

Der Hauptzugang zur Kirche erfolgt heute von Norden durch ein Portal, das vielleicht bei der Errichtung der westlichen Nonnenemporen hierher versetzt wurde (Bild 116). In der in gotischer Zeit umgebauten Vorhalle erweckt das romanische Rundbogenportal den Eindruck eines Pasticcios. Während das grobe, archaische Ast- und Blattwerk von Türsturz und Tympanon in die Zeit der Frühromanik verweist, sind Stufengewände mit eingestellten Säulen und Archivolten ins 12. Jahrhundert zu datieren. Dem Portal ist ein Säulenpaar mit Löwenkopfbasen und fratzenhaften Kapitellen vorgestellt. Sockel und Kämpfergesims laufen durch und sind mit Flecht- und Blattwerkornamenten verziert; links und rechts ragen am Bogenanfang zwei turmartige Aufsätze über das Gesims. An dem spätgotischen, mit Eisen beschlagenen Türflügel (um 1475) ist ein bronzener Türklopfer in Form eines Löwenkopfes befestigt, dessen ornamentale Stilisierung in die erste Hälfte des 13. Jahrhunderts weist (Bild 114).

Die Malereien im Chor

In den Jahren 1960 bis 1965 wurden oberhalb der spätgotischen Gewölbe an den Sanktuariumshochwänden Reste romanischer Fresken freigelegt. Erhalten haben sich jeweils fragmentarisch fünf Figuren an der Nord-

und vier Figuren an der Südwand, die oben und an den Seiten von einem etwa 14 Zentimeter breiten gemalten Rahmen eingefaßt sind. Aus den überkommenen Resten läßt sich eine Höhe der Figuren von mehr als zwei Metern errechnen. Die Bildfelder beider Seiten maßen ursprünglich etwa 2,30 x 8,35 Meter, wohl unterbrochen durch Fenster. Davon hat sich in den Gewölbezwickeln nur etwa ein Zehntel der ehemaligen Gesamtfläche erhalten. Ein weißes Schriftband mit weit verteilten Buchstaben, die Bernhard Bischoff als Überreste eines nicht mehr zu rekonstruierenden Textes in leoninischen Hexametern interpretierte, begrenzen die Bildfläche nach oben. Daran schließt sich ein Deckenfries aus perspektivischem Bandmuster an, der einen älteren Mäanderfries ersetzt, von dem kleine Reste erhalten sind. Aufgrund detaillierter restauratorischer Untersuchungen konnten genaue Hinweise auf die Arbeitsweise des Freskanten gewonnen werden: Ein Raster von roten Schnurschlägen deutet die Architekturmotive und Rahmen der Bildflächen an; die Anlage der Figuren erfolgte durch Ritzungen in den weichen Kalk; die Umrisse wurden dann mit roten Pinselstrichen festgelegt. Die Ausmalung erfolgte den eingehenden Untersuchungen Johannes Tauberts zufolge mit sehr wäßriger Farbe, die einen zügigen Farbauftrag gestattet. Die Heiligenscheine wurden anstuckiert.

Von den fünf Figuren der Nordwand ist die mittlere als Christus identifizierbar. Auf ihn weisen rechts ein Engel und ein bärtiger Greis mit Nimbus, während zur Linken die rechte Gesichtshälfte eines ebenfalls bärtigen Mannes mit Nimbus und ganz im Osten eine durch Inschrift als Gedeon bezeichnete Figur zu erkennen sind. Die zentrale Gruppe zeigt Christus in der »verschlossenen Pforte« (*porta clausa*) nach einer Vision des Ezechiel; der Prophet deutet mit der Rechten auf Christus.

Von den vier Figuren der gegenüberliegenden Seite sind drei mit einem Nimbus versehen. Durch Beischriften sind zu identifizieren: Moyses (Moses) und (Aar)on, nach Osten gewendet; im Hintergrund ist der Mauerring einer Stadt erkennbar. Die unnimbierte Gestalt im Osten, nach der Inschrift *Ierobam* einer der beiden gleichnamigen israelitischen Könige des Alten Testaments, blickt nach Westen. Die frontal dargestellte Figur kann als Christus gedeutet werden, ein vorgezeichnetes Kreuz im Nimbus läßt dies vermuten. Die anderen drei Personen sind offensichtlich auf ein verlorenes zentrales Motiv ausgerichtet. Sedlmayr vermutete eine thronende Muttergottes. Nach der ikonographischen Deutung von Romuald Bauerreiß und Klaus Wessel sind an den Hochwänden des Sanktuariums Mariensymbole wiedergegeben, so die Porta clausa als Sinnbild der Jungfräulichkeit in der Mitte der Nordwand. Gegenüber weisen alttestamentarische Szenen im typologischen Sinn auf Maria hin. Moses hat seinen Blick vermutlich auf den brennenden Dornbusch gerichtet, ein weiteres Symbol der Jungfräulichkeit Mariens. Gedeon schließlich erhielt ein Zeichen durch das betaute Vlies, auch das ein mittelalterliches Symbol für die unbefleckte Empfängnis Mariens. Hier ist wohl dargestellt, wie Gedeon die frischgeschorene betaute Wolle zwischen zwei Brettchen auspreßt.

Während an den Hochwänden des Sanktuariums die Präfiguration der jungfräulichen Geburt Christi durch Gestalten und Szenen des Alten Testaments wiedergegeben ist, stellt Christus – »Ich bin die Auferstehung und das Leben« – den Mittelpunkt des Arkadenprogramms dar. Im östlichen Bogenfeld blickt vom Scheitel der segnende Christus als Halbfigur zwischen zwei leuchtertragenden Engeln herab; diese werden bogenabwärts von Maria und Martha flankiert (Bild 118). Am nördlichen Bogen sind Halbfiguren von kraftvollen Engeln erhalten sowie Reiherpaare, die aus Vasengefäßen trinken (Farbtafel S. 369). Der südliche Bogen zeigt Taubenpaare in Vierpaßmedaillons mit Bäumen und Rankenwerk. Das Programm symbolisiert in Lebensbrunnen und Lebensbaum die Verheißung ewigen Lebens durch Christus. Die Trennung der Malereien über dem gotischen Gewölbe von den Malereien in den Bogenlaibungen des Chorraums scheint angesichts des ikonographischen Zusammenhangs eines großangelegten mariologischen Programms nicht gerechtfertigt. Hans Sedlmayr hatte die schon 1928 aufgedeckten Malereien in den Bogenlaibungen einer anderen Hand zugewiesen und diese im Gegensatz zu den Malereien über den Gewölben, die er um 1130 ansetzte, zehn Jahre später datiert. Stilistische Unterschiede sind unverkennbar, doch ist für die Ausmalung des Sanktuariums ein einheitliches Programm vorauszusetzen und auch aufgrund des maltechnischen Befunds eine einheitliche Ausführung der Malereien in einer Bauphase, wenngleich wohl durch mehrere Maler anzunehmen. Die stilistischen Beziehungen zur Salzburger Malerei vor der Mitte des 12. Jahrhunderts können als gesichert gelten.

Der Turm

Der gleich einem italienischen Campanile freistehende Glockenturm des Münsters gilt mit seiner mächtigen Zwiebelhaube als Wahrzeichen der Insel (Bild 112). Seine isolierte Lage nördlich der Kirche ist ebenso einmalig wie seine vom Boden auf achteckige Form und seine außergewöhnliche Stärke (Durchmesser 8,80 Meter). Wie Grabungen 1961 bis 1964 ergeben haben, erhebt sich der wuchtige Turm über den Resten mehrerer Bauten, deren älteste bis in die Zeit um 800 zurückreichen. Sein an die Seeoner Türme erinnerndes Äußeres lassen als Entstehungszeit das 11. Jahrhundert annehmen. Eine ursprüngliche Funktion als Wehr- und Fluchtturm ist aufgrund der Reihen von Fensterluken nach allen Seiten denkbar. Das Obergeschoß mit den Spitzbogenfenstern kam 1395 hinzu, die Zwiebelhaube – eine der ältesten Bayerns – wurde nach dem

Brand des spätgotischen Spitzhelms 1572 aufgesetzt. Erneuerungen fanden 1626 und 1956 statt.

Literatur

KDB Oberbayern, 1, VI, S. 1756 ff.; Weber, S. 75ff.; Vladimir Milojčić, Hans Sedlmayr, W. Bertram, Kurt Wessel, *Zweiter Bericht über die Untersuchungen auf den Inseln im Chiemsee (Obb.) mit drei Exkursen*, in: Deutsche Kunst und Denkmalpflege, 19, 1961, S. 95ff.; Vladimir Milojčić, *Bericht über die Ausgrabungen und Bauuntersuchungen in der Abtei Frauenwörth auf der Fraueninsel im Chiemsee 1961–1964.* Mit Beiträgen von Hartmut Atsma, Bernhard Bischoff, Peter von Bomhard, Bernhard Hänsel, Hans Sedlmayr und Johannes Taubert (Abhandlungen d. Bayerischen Akademie d. Wissenschaften. Phil.-Hist. Klasse N. F. 65 A-C, München 1966); Vladimir Milojčić, *Ergebnisse der Ausgrabungen auf der Fraueninsel im Chiemsee, 1961–1964*, in: Heimatbuch des Landkreises Traunstein, 2, 1969, S. 3–16; Vladimir Milojčić, *Zwei karolingische Klöster*, in: Vor- und frühgeschichtliche Archäologie in Bayern, München 1972, S. 205–211; Bernhard Hermann Röttger, *Zur Bauanalyse des Münsters Frauenchiemsee*, in: Münchner Jahrbuch der bildenden Kunst N. F, 8, 1931, S. 87–98; Friedrich Oswald, *Beziehungen der Klosterkirche Frauenchiemsee zur Baukunst Oberitaliens im 11. Jahrhundert*, in: Zeitschrift für Kunstgeschichte, 29, 1966, S. 311–314; *Vorromanische Kirchenbauten*, Katalog der Denkmäler bis zum Ausgang der Ottonen, bearb. von Friedrich Oswald, Leo Schäfer, Hans Rudolf Sennhauser, München 1971, S. 405–407; Walter Haas, *Die Klosterkirche von Frauenchiemsee vor dem spätgotischen Umbau*, in: Jahrbuch der Bayerischen Denkmalpflege 34 (1980), 1982, S. 21–46; Alexander Freiherr von Reitzenstein, *Romanische Wandmalereien in Frauenchiemsee*, in: Münchner Jahrbuch der bildenden Kunst N. F, 9, 1932, S. 211 ff.; Otto Demus, *Romanische Wandmalerei*, München 1968, S. 189f.; Romuald Bauerreiß, *Vom Sinne der neuentdeckten Freskenreihe im Münster von Frauenchiemsee*, in: Studien und Mitteilungen zur Geschichte des Benediktinerordens, 72, 1961, S. 64ff.; Hermann Dannheimer, *Torhalle auf Frauenchiemsee*, München und Zürich ³1983; Hermann Dannheimer, *Torhalle Frauenchiemsee. Steinmetzarbeiten der Karolingerzeit. Neufunde aus altbayerischen Klöstern*, Ausstellungskataloge der Prähistorischen Staatssammlung, hrsg. von Hans-Jörg Kellner, 6, 1984, S. 44ff. (Nr. 8–14).

Die Bildseiten

Petersberg. St. Peter und Paul

110 *Langhaus und Chor.*
111 *Die Kirche von Südosten.*

Frauenchiemsee. Das Benediktinerinnenkloster Frauenwörth

112 *Der Turm von Westen.*
113 *Außenansicht der Torhalle.*
114 *Türklopfer des Nordportals.*
115 *Inneres der Torhalle.*
116 *Nordportal.*
117 *Klosterkirche. Blick aus dem nördlichen Seitenschiff in das Hauptschiff.*
118 *Wandmalerei am östlichen Sanktuariumsbogen: Maria von Bethanien und ein Engel.*

Bad Reichenhall. St. Zeno

119 und 120 *Reliefs am Westportal.*
121 *Gesamtansicht des Westportals.*
122 *Langhaus und Chor.*
123 *Skulptierter Pfeiler im Kreuzgang.*

Bad Reichenhall. St. Nikolaus

124 *Inneres nach Nordost.*

Berchtesgaden. St. Peter und Johannes

125 und 126 *Skulptierter Pfeiler und Säule des Kreuzgangs.*
127 *Kreuzgang.*

Urschalling. St. Jakobus

128 *Die Kirche von Süden.*

III

112

FRAUENCHIEMSEE

114

BAD
REICHENHALL ▶

119

120

122

123

125

126

BERCHTESGADEN

128

URSCHALLING

Bad Reichenhall. St. Zeno

Geschichte

Das am Alpenrand an der Saalach gelegene Reichenhall verdankt seine Bedeutung der seit alters betriebenen Salzgewinnung. Erzbischof Konrad I. von Salzburg gründete hier 1136 ein Chorherrenstift, das der Augustinerregel unterstellt war. Nach dem Tod des Erzbischofs Konrad 1147 stifteten die Haller eine jährlich Salzabgabe für den Kirchenbau. Weihedaten sind für eine Kapitelskapelle 1190, für eine Propstkapelle St. Maria 1208 und wohl als Schlußweihe 1228 überliefert.

Nach einem verheerenden Brand 1512 kam es bis 1520 zu einem eingreifenden spätgotischen Umbau der Kirche, in den das romanische Kirchenschiff weitgehend mit einbezogen, die Ostteile aber stark verändert wurden. Weitere Umgestaltungen erfolgten im 17. und 18. Jahrhundert und 1866 bzw. 1877. Seit der Säkularisation ist die ehemalige Kollegiatstiftskirche Pfarrkirche. Schon beim spätgotischen Umbau der Stiftskirche wurde die basilikale Raumform mit Flachdecke zugunsten einer Anlage von Wölbung und Dächern, die einen Verzicht auf die Belichtung des Obergadens bedingte, aufgegeben. Doch erst bei einer Erneuerung 1911/12 wurden alle Bauteile unter einem einheitlichen Dach zusammengefaßt.

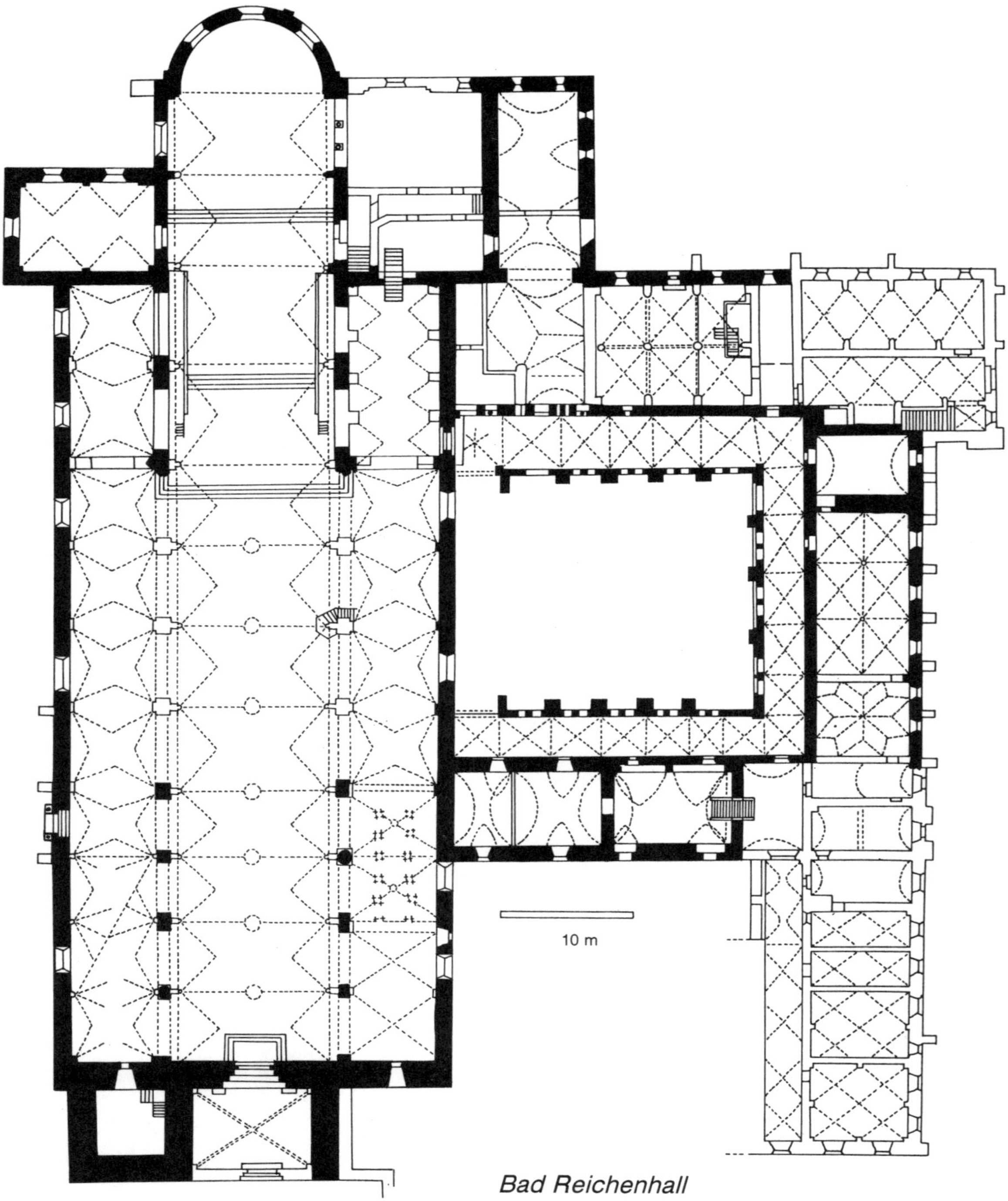

Bad Reichenhall
St. Zeno

An die ehemalige Stiftskirche der Augustinerchorherren schließt sich südlich das ehemalige Kloster mit dem Kreuzgang an. Die Kirche umschließt in ihrem heutigen, von der Spätgotik geprägten Erscheinungsbild das Mauerwerk des größten romanischen Sakralbaus Oberbayerns (Bild 122). Die 1228 geweihte Kirche war eine dreischiffige, flachgedeckte Basilika mit Doppelturmanlage im Westen und einer eigentümlich als Querriegel ausgebildeten Ostanlage, für deren ursprüngliches Aussehen bei einer Außeninstandsetzung 1973/74 wesentliche Anhaltspunkte gewonnen werden konnten. Walter Haas rekonstruierte den Ostbau als zweigeschossigen Baukörper, durch dessen Untergeschoß die Seitenschiffe scheinbar »durchgesteckt« waren und mit Apsiden in der Flucht der Seitenschiffe endigten. Die Obergeschosse nahmen beiderseits Emporen auf, deren Funktion sich nicht mehr genau bestimmen läßt, die aber möglicherweise als Kapellenräume genutzt wurden und mit denen das überlieferte Weihedatum von 1208 in Verbindung gebracht werden kann. Im Erdgeschoß des Presbyteriums lief die Arkatur des Mittelschiffs ohne Änderung in der Jochweite durch, so daß im Innern keine querhausartige Raumwirkung festzustellen war. Die Emporenobergeschosse öffneten sich lediglich in drei kleinen Biforien zum Hauptchor. Außerdem konnte Haas die Aufteilung des kastenartigen Innenraums durch Schwibbögen in drei Kompartimente, das zweiachsige Presbyterium, einen zweiachsigen Psallierchor und das acht Pfeilerarkaden umfassende Kirchenschiff wahrscheinlich machen.

Vom romanischen Bau ist außen noch die halbrunde lisenengegliederte Apsis mit umlaufendem Rundbogenfries erkennbar.

Der repräsentativste und am meisten ausgestaltete Bauteil der romanischen Kirche ist das Westportal (Bild 121). Das mehrfach gestufte Gewände ist trichterförmig in die sehr starke Fassadenwand eingetieft. Die enorme Mauerstärke der Westwand ist darauf zurückzuführen, daß sie gleichzeitig Turmwand für den einzig fertiggestellten Nordturm ist, dessen Pendant auf der Südseite nicht mehr ausgeführt wurde. Das Portal ist zwischen beide Turmblöcke in eine Art Vorhalle eingelassen. An der gesamten Portalanlage herrscht ein strenger Farbwechsel von roten und weißen Marmorquadern, die aus den Leonbacher Brüchen in Adnet und den Untersberger Brüchen stammen. In die drei Stufen des Portalgewändes sind jeweils Säulen eingestellt. Außerdem flankiert jeweils eine auf eindrucksvoll gestalteten Löwen stehende vorgestellte Freisäule die Portalanlage. Die Löwen ihrerseits ruhen auf einem eigenen, der Westfassade vorgezogenen Sockel und wenden sich der Portalöffnung zu. In den Pranken halten sie fest umklammert ein Beutetier.

Die schlanken Säulen sind im Wechsel rund und polygonal. Die Kanten des Gewändes sind, ebenfalls abwechselnd, mit Kehlen oder Stäben profiliert. Die am Gewände vorhandenen Zierformen setzen sich in den Archivolten entsprechend fort. Die attischen Basen der Säulen stehen auf einem gemeinsamen, der Trichterform des Portals folgenden Sockel. Die von den Säulen getragenen Kapitelle verschmelzen mit den kapitellartigen Bildungen der Gewändekanten zu einem fortlaufenden Band gleichartiger, in zwei Reihen mit Blattwerk besetzter horizontaler Gliederungselemente, zusätzlich betont durch den wulstförmigen, der Zickzackform des Gewändes folgenden Kämpfer. Auffällig sind allerdings die offensichtlichen Schwierigkeiten beim Versatz der vorgefertigten Werkstücke, wie Abarbeitungen beim nachträglichen Anpassen der Kapitelle zeigen. Der Kapitellzone entspricht am Bogenfeld ein in flachem Relief mit verschlungenen Weinranken und darin verborgenen drolerieartigen Tier- und Menschengestalten verzierter Architrav. Das Tympanon ruht auf ornamentierten Kragsteinen. In das Bogenfeld sind, nochmals zurückgestuft, in stark plastischem Relief die thronende Muttergottes, begleitet von den sich ihr mit gebeugten Knien zuwendenden heiligen Bischöfen Zeno und Rupertus dargestellt. Die Figuren sind durch Beischriften in Kapitalbuchstaben mit Kürzeln gekennzeichnet: Mater misericordia, S. Zeno und S. Rupertus. Die Gestalten sind von glatter, straffer Plastizität. Ihre Gewänder sind streng stilisiert, doch die Figuren bewahren darunter ihre kräftige Körperlichkeit.

Auf der Randfläche des Tympanons befinden sich in strenger geometrischer Verteilung verschiedenfarbige Marmorinkrustationen, die stilisierte Blütenmotive, Mond, Sterne und Sonne darstellen.

In der Kapitellzone des Portals wechseln zweireihige Kelchknospenkapitelle über den Säulen mit teils stereometrischen Blattkapitellen über den Gewändeteilen. Die Kapitellformen wie das Ornamentmotiv des Türsturzes finden unmittelbare Entsprechungen in Salzburger Bildwerken der Franziskaner- und Peterskirche; die jedoch stilistisch noch weiter fortentwickelt, der spätesten romanischen Kunstblüte zuzurechnen sind. Reichenhall, das historisch eng mit Salzburg verbunden war, kann als ein Erstlingswerk dieses »Salzburger Stils« (Karlinger) angesehen werden. Für die Datierung gibt das Weihedatum 1228 einen Anhaltspunkt. Ein zeitlicher Ansatz um 1220 würde auch gut mit den unmittelbar folgenden Salzburger Beispielen zusammengehen.

In der Disposition verweist die Portalanlage auf oberitalienische Vorbilder, auf die auch die Technik der Inkrustation am Tympanon einen Hinweis geben kann. Neben dem Portal sind beiderseits gleichermaßen derb und naiv gestaltete Flachreliefs mit Darstellungen des Sündenfalls – Adam und Eva bedecken vor Gott ihre Blößen – und der Erlösung des Menschen durch einen Schutzengel (?) in die Wandflächen eingelassen (Bild 119 und 120).

Der Kreuzgang

Vom südlich an die Klosterkirche anschließenden Kreuzgang haben sich drei Flügel vollständig erhalten, allerdings mit gotischen Gewölben anstelle der ursprünglichen Flachdecken. Der Kreuzgang öffnet sich mit zweiteiligen rundbogigen Fensterarkaden. In die Biforien sind schlichte Trennungssäulchen mit wechselnden, meist aus dem Würfel entwickelten Kapitellformen eingestellt. Einige Kapitelle und Kämpfer sind kerbschnittartig, zum Teil mit Flechtbandornamenten verziert. Der bedeutendste Schmuck des Kreuzgangs ist ein in der Mitte des Westflügels in das Gewände der Kreuzgangarkaden eingelassener, aufrecht stehender, etwa ein Meter hoher skulptierter Quaderblock. In der Laibung des Gewändes zeigt er ein ganzfiguriges Herrscherbildnis, das laut Inschrift FRIDERICUS IMP. als Friedrich I., Barbarossa, bezeichnet ist (Bild 123). Das Relief auf der zur Innenseite des Kreuzgangs gerichteten Fläche zeigt übereinander angeordnete Tierdarstellungen, die als Illustration der Äsopschen Fabel von Wolf und Kranich gedeutet werden. Zuunterst steht ein Fuchs, der mit scharfer Wendung seinen Kopf zurückgenommen hat, über ihm, in aufrechter Haltung, ein Wolf und ein Kranich, dessen Schnabel im geöffneten Rachen des Wolfes steckt. In der Tierfabel wird die Versinnbildlichung von Untreue und Verschlagenheit gesehen.

Das Bildnis Kaiser Friedrich Barbarossas im vertieften Reliefgrund wird von einem hochrechteckigen Rahmen eng umschlossen. Der Kaiser tritt dem Betrachter en face gegenüber, in seiner Rechten hält er ein den Rahmen überschneidendes Lilienszepter, in seiner Linken den Reichsapfel, und auf dem Haupt trägt er eine dreiblättrige Krone. Das mit den Reichsinsignien ausgestattete Kaiserbildnis bringt die Verbundenheit der Chorherren mit dem Stauferkaiser, der 1170 in Salzburg weilte und das Reichenhaller Stift St. Zeno nachweislich förderte, zum Ausdruck. Der Darstellung in Reichenhall wird man – stärker als den kleinen Figuren am Portal des Freisinger Doms – Bildnischarakter einräumen müssen. Sie gibt auch einen weiteren Anhaltspunkt für die zeitliche Einordnung der Bauplastik des Kreuzgangs in die letzten Jahrzehnte des 12. Jahrhunderts.

St. Zeno in Reichenhall ist der wichtigste bayerische Vertreter eines vom prägenden Salzburg aus bestimmten Stils in der Bauplastik der Spätromanik. Im Bautypus der Klosterkirche mit der kennzeichnenden Ostemporenanlage klingt einerseits die Verwandtschaft zur Ostanlage der Klosterkirche von Frauenchiemsee an, andererseits werden über Salzburg Beziehungen in den Osten bis zum Dom von Gurk in der Steiermark offenkundig. Bis auf den örtlichen Reflex in der Reichenhaller Pfarrkirche St. Nikolaus ist St. Zeno ohne direkte Nachfolge im bayerischen Raum geblieben.

Literatur

KDB Oberbayern, I, S. 2880–2928; Karlinger, S. 62–64; Walter Haas, Richard Strobel, *St. Zeno in Reichenhall. Zum Bautypus der romanischen Stiftskirche,* in: architectura, 6, 1976, S. 1–28; Haas, S. 260f.

Bad Reichenhall. St. Nikolaus

Geschichte

Im Jahr 1181 wandten sich die Bürger von (Reichen-)Hall an den Bischof von Salzburg mit der Bitte, eine Kirche zu Ehren des heiligen Nikolaus errichten zu dürfen. Unmittelbare Baunachrichten fehlen. Überliefert ist jedoch, daß die Haller Kirchen 1196 niedergebrannt wurden, nachdem sich die Bürger geweigert hatten, den Salzzehent an den Landesherrn zu entrichten. Nochmaligen Schaden verursachte ein Stadtbrand von 1515. Bei der anschließenden Wiederherstellung wurden bis 1552 sämtliche Dächer erneuert, über den Seitenschiffen der ursprünglich basilikalen Kirche durchgängig Emporen errichtet und ein neuer Turm aufgeführt. Die Barockisierung des Innern von 1616 wich seit 1860 einer neuromanischen Ausstattung unter anderem mit Wandgemälden von Moritz von Schwind. Außerdem wurde die Kirche 1861 bis 1864 nach Westen um ein Joch verlängert und erhielt gleichzeitig eine neue Westfassade mit nördlich anschließendem neuromanischen Turm. Nach Kriegsschäden 1945 und der Wiederherstellung folgten Restaurierungsarbeiten1967/68 und 1991, die im wesentlichen unter Preisgabe der jüngeren Ausstattung auf eine Wiedergewinnung des mittelalterlichen Raumeindrucks zielten.

Die Pfarrkirche St. Nikolaus war ursprünglich eine gewölbte dreischiffige Basilika mit einer querhausartigen östlichen Emporenanlage und dreiapsidialem Schluß. Im Äußeren, das im übrigen stark von den Veränderungen des 19. Jahrhunderts geprägt ist, hat sich der romanische Charakter am deutlichsten in der Ostansicht bewahrt. Während die Hauptapsis und die erneuerte nördliche Nebenapsis nur schlicht gestaltet sind, weist die südliche Nebenapsis reicheren figürlichen Schmuck auf. Ein Rundbogenfries ruht auf Konsolen, die wechselnd aus Köpfen oder Kelchblattmotiven gebildet sind. Bei den Kopfkonsolen kommen sowohl Menschenköpfe als auch Löwen- und andere Tierköpfe vor. Die Bogenfelder sind entweder ornamental mit Palmetten, Tiergestalten oder menschlichen Büsten gefüllt.

Im Inneren kommt trotz der Veränderungen späterer Epochen noch immer die Wirkung des romanischen Baues zur Geltung (Bild 124). Das ursprünglich basilikale Langhaus umfaßt vier annähernd quadratische Joche. Die Gliederung des Wölbungsbaus im gebundenen System ist unverändert erhalten. Die kreuzgratgewölbten Doppeljoche des Langhauses werden wie die einfachen Joche der Seitenschiffe durch Gurte getrennt (Gurte 1860 erneuert). Runddienste auf Rechteckvorlagen tragen die Gurtbögen des Mittelschiffs. Durch das Aufrißsystem bedingt, wechselt die Stützenform im Langhaus. Den Pfeilern an den Jochgrenzen sind in der Laibung der Arkaden halbrunde Stützen vorgelegt, die die Mittelschiffarkaden aufnehmen. In den Zwischenjochen werden die Arkaden von einfachen, relativ schlanken Rundstützen getragen. Der Stützenwechsel mit der Betonung der Jochgrenzen durch die Pfeilerstellungen und die aufragenden Halbsäulenvorlagen mit den Gurten und ihren Rechteckvorlagen unterstreichen die Selbständigkeit der Mittelschiffwölbung. Alle Stützen besitzen achtseitige Pyramidenkapitelle; durch Abschrägen in konkaven Flächen wird der Übergang von der quadratischen Kämpferplatte zum Säulenrund vermittelt. Ähnliche Kapitellbildungen sind vor allem in Beispielen aus dem Salzburger Bereich bekannt. Die Basen sind attisch, aber flach proportioniert und besitzen kräftige Eckzehen.

Urschalling, Wandmalerei: Der Sündenfall. ▷

Im Ostjoch ist der Aufriß des Erdgeschosses in den Emporengeschossen wiederholt. Die Raumbildung mit den östlichen Emporen ist abhängig von der Stiftskirche St. Zeno in Reichenhall, deren lange, durch Schriftquellen überlieferte Bauzeit von 1147 bis 1228 sich mit der Erbauung der Pfarrkirche nach 1181 überschneidet. Die vollständige Wölbung und das differenzierte Gliederungssystem des Wandaufrisses von St. Nikolaus läßt sich enger als die größere Stiftskirche an oberitalienische Vorbilder anschließen. Den unmittelbaren Zusammenhang mit dem Salzburger Kunstkreis bestätigte zusätzlich das im 19. Jahrhundert abgebrochene Westportal, das in schichtweise wechselndem farbigem Marmor ausgeführt war.

Literatur

KDB Oberbayern, II, S. 2869–2875; Berthold Riehl, *Denkmale frühmittelalterlicher Baukunst in Bayern,* München 1888, S. 19–21; Walter Haas, Richard Strobel, *St. Zeno in Reichenhall. Zum Bautypus der romanischen Stiftskirche,* in: architectura, 6, 1976, S. 28; Haas, S. 261.

Berchtesgaden. Die Stiftskirche St. Peter und Johannes

Geschichte

Das ehemalige Augustinerchorherrenstift St. Peter und St. Johannes Baptist wurde zwischen 1102 und 1105 von Berengar von Sulzbach und dessen Mutter Irmgard gegründet, die das Gebiet des Berchtesgadener Landes als Witwengut aus ihrer ersten Ehe besaß. Von Rottenbuch kamen zunächst vier Kleriker nach Berchtesgaden. Nach anfänglichen Schwierigkeiten brachte noch der erste Propst Eberwein das Stift zu Blüte, unterstützt wurde er vom Salzburger Erzbischof Konrad I., der auch das Chorherrenstift Reichenhall förderte. In seinem Todesjahr schenkte der Gründer, Graf Berengar I., dem Stift großen Grundbesitz. 1142 wurde Berchtesgaden durch ein Privileg von Papst Innozenz II. päpstliches Eigenkloster. Der Förderung durch die Kaiser Friedrich Barbarossa und Heinrich VI., die Forstrecht und Schürfrecht auf Salz und Metall gewährten, verdankte das Kloster seine Prosperität, die letztlich den Aufstieg zur Fürstpropstei im Spätmittelalter ermöglichte. Das Chorherrenstift, das auch die Begehrlichkeit der Salzburger Nachbarn geweckt hatte, geriet seit dem späten 16. Jahrhundert in die Hand der Wittelsbacher, die regelmäßig bis 1723 die Pröpste stellten.

Nach der Säkularisation kam die Propstei 1810 an das bayerische Königshaus. Die seither als Jagd- und Sommerschloß genutzten Klostergebäude befinden sich noch heute im Besitz der Wittelsbacher.

Von den Bauten des 13. Jahrhunderts sind nur das romanische Westportal der Kirche und der Kreuzgang – dieser gehört zu den eindrucks-

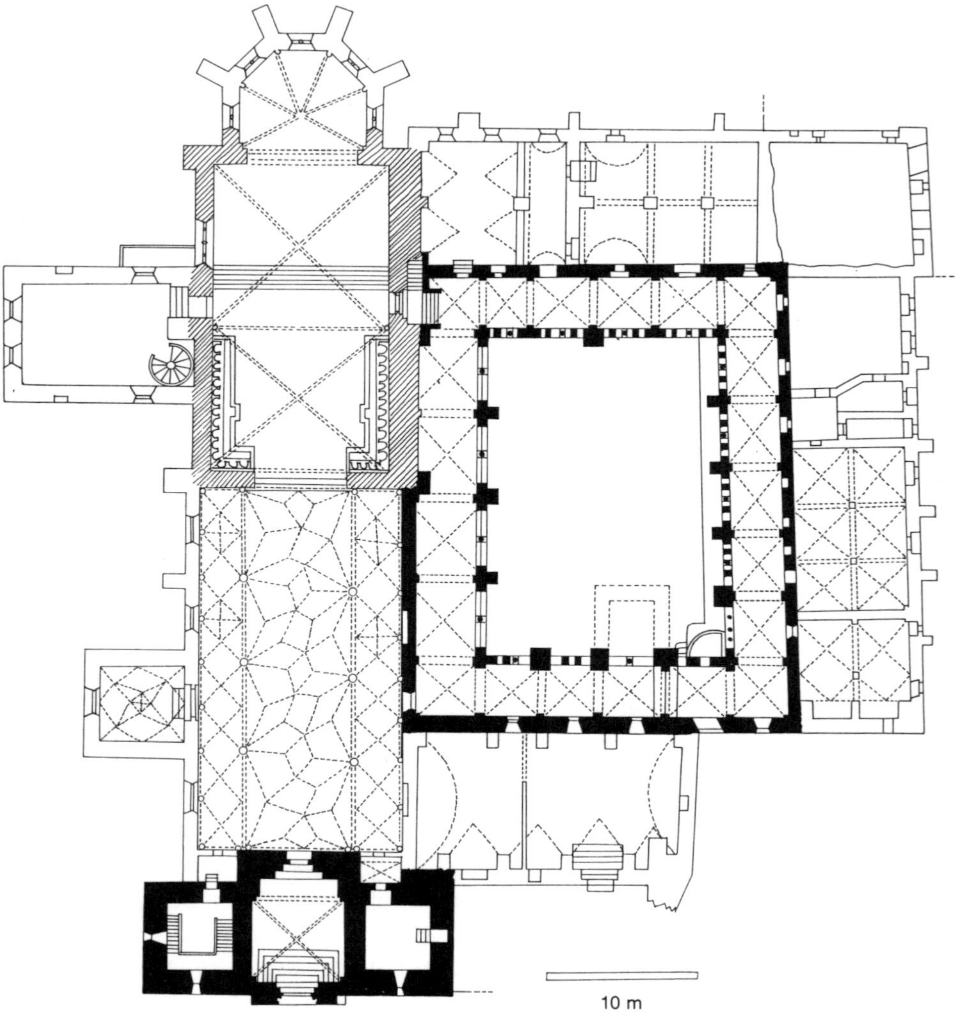

Berchtesgaden
St. Peter und Johannes

vollsten Beispielen in Bayern – erhalten. Der Chor der Stiftskirche wurde um 1300 gotisch erneuert und schließlich das ursprünglich basilikale Langhaus zu einer vierjochigen spätgotischen Halle umgebaut. Die neuromanische Doppelturmfassade ist ein Bau von 1865/66 nach Plänen von Heinrich Hübsch.

Das dreistufige romanische Hauptportal aus farbigem Marmor blieb zwischen den neuromanischen Türmen stehen, doch sind fast alle skulptierten Werkstücke, Basen, Säulen und Kapitelle 1865/66 erneuert worden. Das Portal folgt in einfachen Formen dem Salzburger Typus, wie er uns auch in Reichenhall begegnet.

Von der romanischen Ausstattung hat sich ein besonders wertvolles bronzenes Weihwassergefäß erhalten. Es ist in zwei Registern mit Reliefs verziert, in der oberen Zone findet sich der segnende Christus, umgeben von den zwölf Figuren der Apostel in Blendarkaden. Im unteren Bildstreifen sind Personifikationen der vier Paradiesflüsse und dazwischen wohl die Szene einer Novizeneinkleidung und Maria Magdalena mit dem Engel am Grabe Christi dargestellt.

Beachtung verdient vor allem der Kreuzgang, der trotz seiner späteren Überbauung zu den bedeutendsten seiner Art in Süddeutschland zählt. Er hat seine romanische Anlage weitgehend bewahrt (Bild 127). Nur im Nordflügel wurden in der Zeit um 1600 die Gewölbe erneuert, während in allen übrigen Teilen die ursprünglichen Wölbungen erhalten sind. Breite Gurte, die zum Innenhof des Kreuzgangs hin auf entsprechenden Lisenen lagern und an den Innenwänden von Konsolen abgefangen werden, trennen unterschiedlich große Gewölbejoche voneinander. Auch der Grundriß des Kreuzgangs ist nicht ganz rechtwinklig. Größte Variation herrscht allerdings in der Gestaltung der sich zum Hof hin öffnenden Fensterarkaden. Es sind jeweils Gruppen von drei oder vier rundbogigen Arkaden zu einer Einheit zusammengefaßt. Die Stützen der Arkaden sind teils als Doppelsäulchen, seltener als einfache Säulen oder als Pfeiler in je unterschiedlicher Form ausgebildet. Die Schäfte der häufig als Doppelsäulchen geformten Stützen sind teilweise rund und schlank, teilweise polygon, teilweise gewunden. Durch den Wechsel der Stützenformen, die Stufung der Arkadenbögen und die weiten Joche des Kreuzgangs ergibt sich eine ungewöhnlich lebhafte, malerische Raumwirkung. Dieser Eindruck wird noch durch die unterschiedliche Detailausbildung von Kapitellen und Basen und durch die vielfältige ornamentale Dekoration unterstrichen. Die Basen sind attisch, jedoch mit unterschiedlichsten Profilen und meist mit Eckzehen ausgebildet. Die typologisch jüngste, flache Basenform tritt auffallend häufig am Ostflügel auf. Die Kapitelle sind in der Mehrzahl als Schildkapitelle, zum Teil mit verschlungenen Flechtbändern und geometrischen Ornamenten ausgeführt. Daneben begegnen aber auch korinthisierende Kapitellformen und Kelchblattkapitelle. Die Kämpfer sind ebenfalls größtenteils skulptiert und gelegentlich sogar mit figürlichen Darstellungen geschmückt. Einen besonderen Dekor weist ein Säulenschaft im Südflügel des Kreuzgangs auf. Am unteren Ende des Schafts sind zwei schmale, hochrechteckige und rundbogig schließende nischenartige Blendfelder ausgespart, die mit Figuren im Relief ausgefüllt sind (Bild 125 und 126). In einer Nische sitzt eine männliche Gestalt mit Tierfüßen und einer Leier in den Händen, über ihm ein vierfüßiges Tier. Der leierspielende, bartlose Mann trägt eine Kopfbedeckung in der Art einer phrygischen Mütze; allgemein wird in der Figur eine Darstellung des Orpheus gesehen.

In einer zweiten Nische an demselben Säulenschaft ist eine stehende männliche Gestalt mit langem Haar und gegürtetem Gewand wiedergegeben, die in ihren Händen einen nicht genau zu identifizierenden Gegenstand hält. Eine überzeugende Deutung dieser Figur ist bisher nicht gelungen. Ebenfalls am Südflügel befindet sich ein konisch verjüngter Pfeiler, der in der Laibung in derb ausgearbeitetem flachen Relief die Gestalt einer zweischwänzigen Sirene unter einer Blattrosette zeigt. Unter der Sirene ist eine rätselhafte Halbfigur mit merkwürdiger Haartracht in Form einer Spirallocke zu erkennen.

Die im nördlichen Kreuzgang aufgestellten eindrucksvollen Löwenskulpturen, die vielleicht vom Nordportal der Stiftskirche stammen, gehören zu den qualitätvollsten Werken spätromanischer Bauskulptur in Oberbayern.

Ein ikonographischer Zusammenhang der einzelnen Darstellungen ist nicht festzustellen. Selbst in der Variation der unterschiedlichen Schmuckformen am Kreuzgang ist kein Programm zu erkennen. Aufgrund der stilistischen Merkmale läßt sich der Kreuzgang in die Zeit um 1200 datieren, wobei die stilistisch jüngsten Einzelformen des Südflügels wohl erst in den ersten Jahrzehnten des 13. Jahrhunderts entstanden sein dürften.

Literatur

KDB Oberbayern, I, S. 2929–2971; Karlinger, S. 70–73; Stefan Hirsch, *Ein frühes bayerisches Zeugnis vom Mythos der Allmacht der Musik. Orpheus im Kreuzgang der Stiftskirche von Berchtesgaden,* in: Das Münster, 26, 1973, S. 362–367; Walter Brugger, *Stiftskirche Berchtesgaden,* Kleine Kunstführer Nr. 551, München und Zürich ^{4}1990.

Urschalling. St. Jakobus

Geschichte

Die heutige Filialkirche St. Jakobus, die in weithin sichtbarer Höhenlage über dem westlichen Chiemseeufer aufragt, gehört wegen ihres Freskenschmucks und ihres geschlossenen, urtümlichen Raumbilds zu den kunstgeschichtlichen Kleinodien des Chiemgaus. Die Kirche entstand wohl zusammen mit einer Burg der Grafen von Falkenstein, die seit 1158 die Vogteirechte über den westlichen Chiemgau innehatten. Die ursprünglich nur zweijochige Kirche mit östlicher Apsis wurde bald nach ihrer Erbauung um ein weiteres Joch im Westen verlängert. Im späten 14. Jahrhundert erhielt die Kirche eine einheitliche spätgotische Ausmalung. Im Äußeren verleiht der barocke Turm über der Apsis dem Bauwerk ein heiteres Aussehen.

Beschreibung

Mächtige Umfassungsmauern umschließen den einschiffigen, in zwei Jochen kreuzgratgewölbten Kirchenbau (Bild 128). Das westlich angrenzende tonnengewölbte dritte Joch wurde – wie der Befund der rundbogigen Öffnung dieses Vorjochs zum eigentlichen Kirchenraum und die Spuren der Abarbeitung der ursprünglichen Westmauer eindeutig beweisen – erst in einer sekundären Bauphase vorgelegt. Der erhöhte Chor,

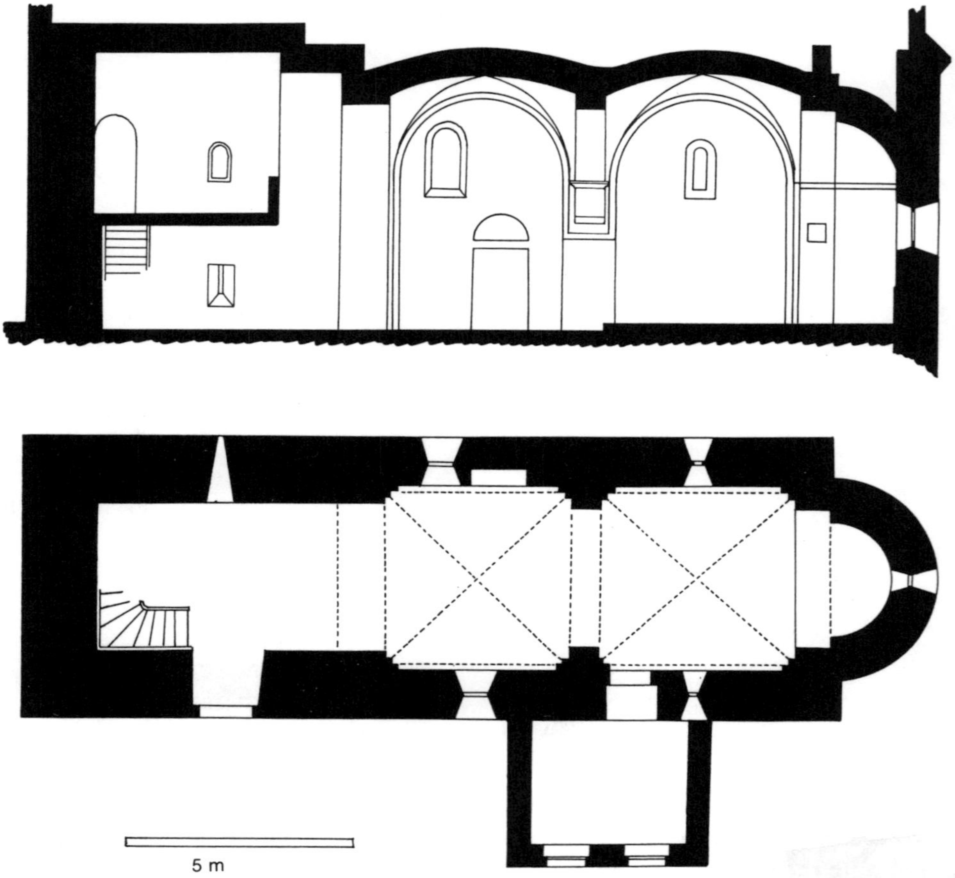

Urschalling
St. Jakobus

der die Apsis und das halbe östliche Joch einnimmt, ist neben der noch näher zu betrachtenden Westanlage eine kennzeichnende Besonderheit der Kirche von Urschalling. Die Erhöhung des Chorbereichs und seine Trennung vom Kirchenraum durch eine Schrankenmauer wurde 1966 nach gesichertem Befund rekonstruiert. Für eine Kirche von den Ausmaßen Urschallings ist die Betonung des Sanktuariums in dieser Form höchst ungewöhnlich und nicht schlüssig zu erklären. Eine zu vermutende Krypta unter dem erhöhten Chor war jedenfalls nie vorhanden. Merkwürdig sind auch die allerdings nicht zugänglichen Befunde im westlichen Vorjoch der Kirche, das offensichtlich von altersher eine hölzerne Empore besitzt. Im barocken Dach über dem Gewölbe ist aller-

Ortsregister

Kursiv = ausführliche Beschreibung